JEAN DES CARS

女王传奇

LA SAGA DES REINES

欧洲12位女王的荣耀与宿命

[法] 让·德卡尔 著　　涂悦玥 沈亚男 译

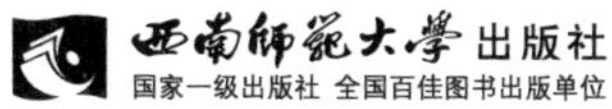

西南师范大学出版社
国家一级出版社 全国百佳图书出版单位

万墨轩图书
WIPUB BOOKS

献给莫妮克和约瑟芬

目录

前言

历史有时掌握在女人的手中。在此，我决定讲述12位女性君主的命运。她们在长达5个世纪之久的时间里，书写了欧洲历史进程中颇为灿烂的篇章。

她们是根植在我们心底的象征。她们或有南山之寿，或是红颜薄命。那些在她们引领下的子民，有的成为伟人标杆，有的成为悲剧传奇；那些秘密的宫廷阴谋，那些她们所享有的幸福，所遭受的苦难，都深深地吸引着后人。

维克多·雨果的这句话虽有失公正：“王后是如此的脆弱而不值一提！”然而后面这句评价又让人心悦诚服：“女人有一种卓越非凡的力量，这种力量由真实、才干、外貌和脆弱所构成。”女王或王后是国家最高地位的代表，她们作为帝王或摄政者的妻子，在所处的时代留下独属的印记：签订协议、策划阴谋、迎击王位的斗争、发动战争、寻求或实现和平。她们的行动，她们的聪明才智，抑或是纯粹的魅力，都是君主王朝的核心价值。她们或嫁作他人妇，或终身未婚，或品行端正，或众所周知地拥有诸多情人，或拥有广阔疆域。若没有她们的存在，历史一定迥然不同，定不能如此引人入胜。

根据年代顺序，首先出场的是凯瑟琳·德·美第奇，她的政治手段卓越非凡，在惨绝人寰的宗教战争中大肆歼灭对手，毫不留情。在此混乱之中，“凯瑟琳夫人”安排了一场法兰西“大清洗”。其次，是被误称为“贞洁女王”的英格兰女王，伊丽莎白一世。在新教和天主教这两个不可调和的宗教共存的情况下，她用强硬和务实将英格兰推向世界第一强国之列。随后是人格复杂的瑞典女王克里斯蒂娜，为了更好地树立威望而身着男装，相比实施权力，她更崇尚灵性的生活；她虽身为路德宗教徒，但出乎意料地皈依了天主教，这使她成为极少数得以下葬在梵蒂冈的女性之一。接下来出场的哈布斯堡 - 洛林王朝玛丽亚·特蕾西娅，在诸多争议中继承了德意志神圣罗马帝国，她是16个孩子的母亲，是与普鲁士不懈斗争的战士，是启蒙时代的改革家。俄国女皇叶卡捷琳娜二世致力于百科全书与艺术的发展，通过扩张帝国版图使人忘却她的德意志血统。法兰西末代王后玛丽·安托瓦内特，她心灵纯洁，优雅迷人，然而她并没有准备好迎击凡尔赛的阴谋诡计，最终自食其果，成为穷奢极欲的牺牲品。她的奢华品位成为一种时尚，却也摧毁了民望；面对波涛汹涌的大革命，她在审判过程中以及上断头台之时都极大地展现了身为王后的尊严。19 世纪，大英帝国维多利亚女王于 18 岁加冕，严格是她职责的准则，她的生活比人们想象的更愉快，直到她的丈夫过早地离世，在位的 64 年间她巩固了大不列颠君主政体。欧仁妮皇后比传说中更为聪明，也非常浪漫且宽厚大方，以优雅高贵著称，代表了第二帝国时期女性优雅的胜利。奥地利皇后与匈牙利王后伊丽莎白，也称茜茜公主，在她有生之年就已凭借她的美貌、离经叛道和不幸遭遇成为传奇。虽在维也纳受到指责，不受人民爱戴，但是她在布达佩斯很受尊敬，并预见了后来巴尔干半岛的骚乱。哈布斯堡-洛林王朝齐塔，奥匈帝国最高皇后，为第一次世界大战而忧心忡忡，使其拥护者欢欣鼓舞，也赢得了对手的钦佩；她在贫困、轻视和威胁中背井离乡长达63年，凭借着信仰在逆境中幸存下来，成功返回维也纳。作者也亲眼见证了欧洲人对旧时君主制的怀旧之情。瑞典公主阿斯特里德成为美丽、大方、善良的比利时王后，立刻获得了人民的喜爱。她的意外死亡震惊了比利时。尽管如此，她完美的形象始终留存在世人心中，也许是因为其在位时间过于短暂。

最后出场的是英国女王，也是英联邦女王——伊丽莎白二世。她是20世纪最后一位加冕的女王，执政时间已超过60年，是世界上消息最灵通的女人，然而她在她的保留地[①]强制实行君主立宪制。遵循其高祖母维多利亚的足迹，2012年，为了庆祝登基钻禧，英国和其他英联邦成员国举行了大型庆典，女王当时发表了庄重的宣言——“为国家服务”，直到生命的最后一刻。

这些女性或坐拥权力，或对世人影响深远。她们永远留在我们的脑海之中。

让·德卡尔（Jean des Cars）

---

① 指殖民统治者划给当地原住民的土地。——译者注

Catherine de Médicis

法兰西王后：凯瑟琳·德·美第奇

帘幕后的权力者

Le pouvoir de l'ombre

漫漫历史长河中，1572 年 8 月 24 日的圣巴托罗缪大屠杀，是西方宗教战争中最惨绝人寰的一幕。对此，凯瑟琳·德·美第奇恐怕难辞其咎，然而她并不是该惨案的唯一始作俑者。作为亨利二世的遗孀，这位王太后没有任何实权，她只拥有对她的孩子们(3 位法国国王和 1 位纳瓦尔王后）的影响力。没有人会想到这个来自佛罗伦萨商人世家的女性后裔，有朝一日会统治法兰西。那么她有着怎样的家族背景？“庶民、银行家、煽动者、依靠暴民造反起家的平民……这就是 1470 年的美第奇家族。”[①]这个家族的传奇历史被人们广为流传：1513 年，乔凡尼·德·美第奇成为罗马教皇，称号利奥十世。这个重大历史事件象征着佛罗伦萨的强大和罗马教廷的尊贵，当时的法国国王弗朗索瓦一世为拉近与罗马教皇的关系，促成了美第奇家族的最后一任合法

① 摘自西蒙娜·贝尔蒂埃撰写的《法兰西王后在瓦卢尔的时光》，法卢瓦出版社，1994 年。

继承人洛伦佐二世，即利奥十世的侄子与倾国倾城的法国公主——玛德莱娜·德·拉·图尔的婚姻，后者的母亲来自于波旁-旺多姆家族，其父在奥弗涅拥有大片地产。婚礼于1518年4月28日在昂布瓦斯举行。1519年4月13日的佛罗伦萨，迎来了小公主凯瑟琳·德·美第奇的诞生。因此，她有二分之一的法国血统。可怜凯瑟琳无缘了解自己的母亲，她的母亲在她出生后15天便撒手人寰，她的父亲随后也于5月4日逝世。她成为利奥十世收养的一名孤女，在罗马被祖母和姑祖母抚养成人。1523年，利奥十世去世后，随着新任教皇任命敕书的颁布，又一任美第奇家族传人，前任教皇的堂弟，再次在红衣主教的教皇选举会中被予以教皇重任，称号克雷芒七世。他是凯瑟琳的另一个叔祖。由此，他成为她的监护人。他用他的富有给予了家族雄厚的财力支持。然而，在同一时期，弗朗索瓦一世却在追逐着他昂贵的意大利之梦；与教廷的新联姻显得弥足珍贵，却未想暗中激怒了他的宿敌——查里五世。罗马帝王与西班牙国王的愠怒使得法国国王相信，他的这个联姻计划完美无缺。于是凯瑟琳被安排嫁给了法国国王最小的儿子亨利，其封号为奥尔良公爵。

鲁本斯画中那奢华的马赛婚礼

不得不提的是，年轻的美第奇本可许配给王储，却由于出身卑微，最终被许配给了最小的王子。终其一生，凯瑟琳都认为自己出身正统（毕竟，是法国国王钦定她为王妃），她的孩子们本可坐拥一切，但是由于她的卑微出身，所有勃勃野心都破灭了。凯瑟琳在订婚后的两年学习了法语，时至 1533 年秋，14 岁的凯瑟琳抵达法国马赛（1481 年被法国并入普罗旺斯地区），开始了她人生的新篇章。她奢华的婚礼庆典被后来的鲁本斯以油画的形式定格在历史史册，该系列名画现保存在卢浮宫之中。弗朗索瓦一世为了庆祝这举国同庆的一刻，决定建造一个从普罗旺斯伯爵宫殿延伸出去的木质城堡，这个昙花一现的建筑是为了他的新儿媳而建，更是为了在 10 月 11 日为这对新人赐福的教皇而建。凯瑟琳其貌不扬，甚至单纯从外貌来看并不讨人喜欢，但是她非常聪明伶俐且涵养深厚。她从克雷芒七世那里继承了对艺术的热爱和语言天赋。她通晓拉丁语及希腊语，她学习数学和天文学，着迷于占星术，同时还善骑术并喜爱狩猎。但更重要的是，她富有生活情趣，在她的生活中充溢着意大利文艺复兴的精致艺术。在她所居住的华美宫殿里，随处可见她对建筑、装饰、奢华及重大庆典活动的优雅品味。她也热爱音乐和诗歌。教皇大肆赐予他的这位侄女各式各样旁人梦寐以求的奇珍异宝。这些珠宝透过凯瑟琳的肌肤，闪烁着仙境般的梦幻光芒。

在刚进宫的日子里，她巧妙运用大量的外交手腕去学习和适应宫廷生活。由于弗朗索瓦一世的王后埃莱奥诺尔（同时也是神圣罗马帝国查理五世的姐姐）对她非常喜欢，导致国王的情妇（令人难以忍受的埃唐普公爵夫人）对她很是嫉恨。她的丈夫亨利也毫无意外地受到嫌恶。令人惊讶的是，她居然与她的公公，也就是当时的国王相处得相当融洽。弗朗索瓦一世欣赏她的骑术，她也是宫廷中第一个可侧身御马驰骋的女子。国王对她很是赞赏。她在所有的节日庆典中永远是那么亲切友善、讨人欢喜，任何时候看到她都是一副好心情的样子，也不争风吃醋。她以她的优雅和自然在宫廷赢得了一席之地。相反的，在与亨利的这段夫妻关系中，她却大失所望。她爱亨利，亨利高大且强壮，热衷于锻炼，她立刻就坠入了爱河。然而现实是残酷的，她很快发现亨利只爱一个女子，就是黛安娜·德·波迪耶，宫廷总管路易·德·布希泽的遗孀。这其中有着一段不平凡的故事。实际上，亨利对她的一见钟情要追溯到他的童年时代，一段异常凄惨的时期。在帕维亚战役后，1525 年，弗朗索瓦一世被囚禁在马德里，他重获自由的条件是必须同意他的两个儿子 (8 岁的弗朗索瓦和 7 岁的亨利) 作为查理五世的俘虏并且取代他们父亲的王位。两个孩子被囚禁长达 4 年之久。一直到了巴约讷，他们都由祖母路易斯·德·萨瓦和宫廷总管的夫人抚养长大。这位夫人被小亨利的悲惨身世所感动，在他前额留下轻轻一吻。黛安娜一直是一个绝世美人: 高挑的身材，黄金般的秀发，优雅动人的姿态。这个温柔的吻深深烙在亨利的心里。在他被囚禁于西班牙的日子里，他一直对她念念不忘，回到宫廷后他终于找到黛安娜，这份感情于是一触即发并愈为激烈。亨利对她的爱恋从未退却，直到她生命的最后一刻，她一直是亨利的“宫廷首席情妇”，即使她比亨利年长 20 岁。

然而矛盾的是，作为亨利的首席情妇，黛安娜很鼓励且支持亨利和凯瑟琳的婚姻，因为她发现自己与凯瑟琳有亲属关系，凯瑟琳与亨利的结合使得自己与王室家族的关系更近一步，这一发现大大地满足了黛安娜的虚荣心。

婚后9年无子嗣

1536年8月10日，弗朗索瓦王储在一场老式的室内网球赛后猝死。死亡原因是比赛后过热，灌入大量“冰水”而导致肺充血。亨利继任成为新任王储。凯瑟琳的地位由此发生了根本性的变化，为王室传宗接代的任务也愈发显得紧急。实际上，虽然她的丈夫有规律地履行夫妻义务（在黛安娜的鼓励下！），凯瑟琳的肚子却始终没有丝毫动静。然而，在1537年的一场意大利战役中，亨利遇到了一个叫作菲利帕·杜琪的意大利女子，短暂的艳遇后，菲利帕·杜琪为亨利诞下一名女婴，这名女婴的诞生更证明了凯瑟琳不育的问题，宫廷里开始传出王储即将离婚的言论。黛安娜·德·波迪耶自荐为这名女婴的教母，抚养培育这个孩子成人。

国王弗朗索瓦一世的儿媳凯瑟琳的地位如履薄冰。宫廷议论纷纷，流言蜚语漫天飞。年轻貌美的露易丝·德·吉斯可以成为亨利新任王妃的完美人选。这时的凯瑟琳第一次展现出她的从政意识，她含泪跪倒在弗朗索瓦一世脚边，提出愿意为了王朝的未来牺牲自己。国王拥抱亲吻了她，并向她担保他绝不会让这种情况发生的。国王及王储的两位情妇为了维护自身利益，也很可能为凯瑟琳辩护求过情。毕竟凯瑟琳是个随和又好相处的人，天知道如若一个年轻的新王妃上位，彼时平静的宫廷会激起怎样的波澜。黛安娜年龄偏长，很有可能会遭到排挤。终于，漫长的等待没有白费，1544年1月19日，在长达10年的婚姻之后，凯瑟琳不负众望，在枫丹白露诞下一名男婴，赐名弗朗索瓦。12年间，这个美第奇家族的女子为王室生了10个孩子。其中

3 个孩子未能存活下来：路易出生于 1549 年，一岁时夭折；1556 年出生的双胞胎姐妹维多利亚和让娜不满周岁便已夭折。幸存的 7 个儿女健康状况各异：长子是未来的弗朗索瓦二世；1545 年出生的伊丽莎白是未来的腓力二世的第三任夫人；1547 年出生的克洛德是未来的洛林公爵夫人；1550 年出生的查理成为未来的查理九世；亨利出生于 1551 年，是未来的亨利三世；玛格丽特出生于 1553 年，是未来著名的玛戈王后，亨利·德·纳瓦尔的夫人；埃居尔-弗朗索瓦出生于 1554 年，是不安分的安茹公爵[①]兼阿朗松公爵，他曾和英格兰女王伊丽莎白一世订婚。凯瑟琳聘请了当时最著名的占星术士为她的每一个孩子占卜命相。星象结果显示“凯瑟琳所有的子嗣都将登上王位”。

1547 年 3 月 31 日，弗朗索瓦一世在朗布伊埃与世长辞。凯瑟琳、亨利与黛安娜及时赶到，在国王临终前一直守候在他身边。至此，王储亨利继位，成为法国国王亨利二世，凯瑟琳为王后。

耐心的王后与受宠的情妇

这一年，新任国王及王后 28 岁，黛安娜已有 48 岁，然而岁月似乎在她身上静止了。她健康的生活及得当的保养方式在当时看来非常前卫。她合理调控饮食，保证充分的睡眠，只用冷水沐浴。她的生活

① 埃居尔-弗朗索瓦与他的哥哥亨利三世都受封过安茹公爵。——译者注

很规律，作为一名优秀的骑手，她每天清晨都会上马训练骑术。她与亨利的亲密关系要追溯到十几年前，亨利刚成为王储不久的时候。她让他耐心等待，因为当未来国王的情妇远比当奥尔良公爵（第二王位候选人）的情妇来得荣耀。在她的阿内城堡，黛安娜“统治”着这个庞大的住所。狩猎女神狄安娜占据着入口处最醒目的位置，头戴一轮新月，她身畔的强壮的雄鹿正是国王的象征。这座精美的高浮雕铜像出自文艺复兴大师本韦努托·切利尼之手。文艺复兴推崇各种具有象征意义的符号，然而所有君王宅邸墙壁上的王室成员名字的首字母缩写图案，却与其象征意义背道而驰。两个大写的字母“D”交错缠绕在字母“H”之间。这是为了向黛安娜表达敬意？然而我们也可以把它看成是凯瑟琳的两个“C”。这样一来，当高傲的首席情妇因国王的过世而离开城堡之后，王后就不会重新更换这处装饰了。亨利在重建阿内封地时表现得很慷慨大方，1547 年他又给黛安娜送了一份大礼——舍农索城堡（黛安娜日后非常喜爱的地方）。旧时的波耶小城堡构造精巧，矗立在谢尔河畔，黛安娜想到了一个主意：建一座桥将城堡与河的左岸衔接起来。菲利贝尔·德洛姆起草了施工草图。现今舍农索城堡的所有美丽与独特都源自于这次改建。与此同时，黛安娜还建了一片雄伟壮丽的花园以供休闲娱乐之用。在后来的日子里，这座桥又在凯瑟琳的命令下被扩建成一道长廊。凯瑟琳一直觊觎舍农索城堡，但她一直等到她的丈夫过世后才把城堡占为己有。

出于对自己身份地位的考虑，凯瑟琳没有展现对国王宠妃的敌意与憎恶，因为她深知这样除了会招惹她丈夫生气之外毫无益处。这位美第奇家族的女子秉持着耐心，同时她还有一个王牌：她是所有王子公主的母亲。王子公主们的童年基本上是在布卢瓦和昂布瓦斯度过的，小时候由米耶尔夫人抚养长大，1551年开始交由佛罗伦萨银行家的妻子安东尼·德·贡狄照顾。凯瑟琳完全信任这对夫妇，小公主小王子们和这对夫妇生活直到10岁，他们才得以进入圣日耳曼的宫廷。身为母亲的影响力（我们都知道这一影响力的重要性）是王后的唯一权力，除了两个例外。第一个例外发生在1552年，亨利二世对战安东尼·德·波旁的时候。依照惯例，国王会把摄政权委托给王后。保有佛罗伦萨式观念的王后在查看了委托摄政权的资料后，她发现实际上自己几乎没有任何实权，但她依然选择了接受摄政。她忍耐着，但她没有上当受骗。第二个例外更为严重。弗朗索瓦一世与神圣罗马帝国查理五世之间连绵不绝的战火，一直延续到他们的儿子亨利二世与腓力二世。1557年的这场战争发生在法国的北面及东面。法军在蒙莫朗西公爵的带领下，在圣康坦惨败。这场战争的参与者有西班牙国王及其盟友萨瓦公爵。腓力二世威胁要攻入巴黎，凯瑟琳出面干预。在沉重的哀悼中，她来到市政厅向市政长官要求筹款以组建一支武装军队保卫巴黎。她成功获得了筹款，这一举动使得查理五世未能入侵首都巴黎。王后英明的决定拯救了巴黎，使得法国重获战争优势，而弗朗索瓦·德·吉斯的军事才能又再次使得这一优势得以增强。

也就是在这时，亨利二世却突然与腓力二世签订了一个出人意料的《卡托-康布雷齐和约》。凯瑟琳对此条约并不满意。至此，法国彻底放弃了路易十二和弗朗索瓦一世一直以来对意大利的野心。凯瑟琳认为战争的代价太过昂贵，因为对她来说，法国所获得的唯一好处是得到加莱及由凡尔登教区、图尔教区和梅斯教区组成的“三主教区”，然而却要放弃占据了30年的萨瓦省及其所有意大利属地。众所周知，加莱及三主教区在后期显现出了强大的优势。这一条款的关键很可能在其他地方，如西蒙娜·贝尔蒂埃所写：“法国和西班牙在无休止的战争中筋疲力尽，于是协商和解，以便对抗另一个威胁：改革之风遍地开花。”意大利战争后紧接着迎来了宗教战争。

圣安东尼街上的比武悲剧

为了巩固这条和约，法西两国定下了两门婚事：其一是法国国王亨利二世的长公主伊丽莎白和西班牙腓力二世的结合；其二是亨利二世的姐姐玛格丽特与萨瓦公爵的结合。第一场婚礼于1559年6月22日在巴黎通过代理的方式完婚。第二场婚礼于28日举行。与往常的婚礼庆典一样，婚礼按中世纪习俗举行了比武竞赛。比武在圣安东尼街上举行，街上安置了竞技台及数个观礼台以防骑士们受到正面袭击。国王热爱比武。他身着奢华铠甲，头戴金色柱形尖顶头盔。他佩戴着属于黛安娜的颜色：黑与白。几个回合的胜利出击，国王准备最后迎击他的苏格兰近卫军队队长蒙哥马利。人们后来才发现，国王在匆忙之间没有将面甲的挂钩扣好。于是，头盔掉了下来。亨利的眼睛被对手的长矛刺伤。当众人试图拔掉插在他脸上的庞大碎片的时候，亨利痛苦得惨叫不已。昂布瓦斯的外科医生对此表示束手无策，因为伤口感染使脑部受到腐蚀坏死，国王承受着异常的痛楚。1559年7月19日13时，他在凯瑟琳的怀中逝去。亨利二世享年40岁。凯瑟琳深爱着她的丈夫，怀着深深的绝望和痛苦，一步不离地守在亨利的床边。然而虽然身怀悲痛，她的应对方式却非常政治化。她首先决定身着黑色丧服，与瓦卢瓦的传统白色丧服相反。这一举动表明了她将终身不再改嫁，至此她作为妻子的生涯彻底结束了。她将图章改为一支断矛，以此向逝者致敬，也象征着生命的中断，上面刻有铭文："此处浸满了我的泪水，载满了我的痛苦。"按习俗，她应该在杜尔纳尔王宫服丧，因为国王是在此地去世的，然而她在服丧的地点上再次选择了与传统背道而驰。随后更是将此王宫夷为平地，现在它的旧址已被孚日广场取代。亨利二世惨剧带来的巨大悲痛也许是她违反习俗的原因之一。但是她的决定也出于政治原因，因为她离开杜尔纳尔是为了回到卢浮宫，更接近权力的中心——她的长子继位成为弗朗索瓦二世。此外，她在塞纳河边的宫殿布置了一间黑色基调的吊丧室，并向所有访客开放。

至于黛安娜，她在这个事件中则表现得非常顺从。她即刻归还了所有亨利二世供她使用的珠宝首饰，但在她看来，凯瑟琳还是相当宽宏大度的。凯瑟琳给她留下了所有的财产，除了舍农索城堡。凯瑟琳用肖蒙城堡（黛安娜终身未在该城堡生活）换取了舍农索城堡。于是舍农索城堡成为凯瑟琳的主要居所，她将连接城堡与谢尔河畔的桥扩建为长廊，她在保留"黛安娜花园"的同时也新建了属于她自己的花园——"凯瑟琳花园"。舍农索城堡永远地成为亨利二世夫妇及其情妇的象征。日后的凯瑟琳将会在这里统治着法国。

弗朗索瓦二世即位那年 15 岁。他"瘦弱，丑陋，身体孱弱。身体构造畸形使得他呼吸困难，只能常年张着嘴呼吸。鼻水和口水从耳部的脓肿处流出，很可能患有结核症。与此同时，他愚笨，暴躁，有种病态的侵略性”。他作为君王年纪尚轻，却已成年，并于 1558 年 4 月 24 日与比他年长的玛丽·斯图亚特成婚，登基时已成婚一年。玛丽很美貌，身高比他高，但重要的是更聪明也更成熟，她是苏格兰女王。事实上，她是苏格兰国王詹姆斯五世与玛丽·德·吉斯的女儿。这桩婚事是自路易十一起，为了拉近苏格兰与法国关系的著名的“老同盟”的产物。玛丽·德·吉斯作为苏格兰王后的生活异常沉重。在失去两个孩子后，她于 1542 年 12 月 8 日诞下一名女婴，即小玛丽·斯图亚特。她的丈夫苏格兰国王詹姆斯五世作为苏格兰军队的首领，刚刚经历了对抗英格兰的惨败一战。在女儿出生的六天后他就去世了。玛丽·德·吉斯接管了苏格兰的统治权，年仅 9 个月的小玛丽·斯图亚特 1543 年在斯特灵城堡的皇家小礼拜堂加冕为苏格兰女王。她出生不久就被订了婚。亨利八世为了实现英格兰与苏格兰的联合，想要将她许配给自己 5 岁的儿子爱德华。然而亨利二世和凯瑟琳提议让玛丽·斯图亚特与他们刚出生的儿子弗朗索瓦于 1548 年 6 月订婚。在这个日子，一队法军登陆苏格兰带走了小玛丽。她的母亲独自继续进行一场已注定失败的斗争，并于 1560 年去世，将苏格兰留在混沌的边缘。

精神脆弱的儿媳

玛丽·斯图亚特在法国宫廷长大，与她吉斯家族的表兄们还有亨利二世与凯瑟琳的孩子们一起生活。玛丽是那么的迷人、优雅、娇媚而有魅力。亨利二世很喜欢她，她在法国备受宠爱。她受到完美的教育。但不能不提，她继承了她母亲吉斯家族的血统。这个强大的天主教家族把玛丽·斯图亚特视为他们权力游戏的有力王牌。弗朗索瓦二世疯狂地爱着他的妻子，因此会听令于吉斯家族。他是如此的软弱无能。因此，从现实角度来说，他妻子的舅舅们——吉斯家族即将成为法兰西真正的幕后统治者。然而，近几年宗教改革的浪潮在王国内愈演愈烈。而且，自 1540 年起，路德宗遭到排挤，并被明显更难调和的加尔文教取而代之。在日内瓦这个神权政治共和国，约翰·加尔文宣扬鼓动一场更为激进的宗教改革。在法国，镇压新教的行动却使得新教党派愈发繁盛。即使在宫廷，也有很多宗教改革问题：弗朗索瓦一世的姐姐也改宗了；至于凯瑟琳·德·美第奇，虽然她并不是一个极端宗教主义者，却也开始考虑该采取何种态度来对待宗教改革，并不遗余力地给予新教理解与支持。“凯瑟琳夫人”不敢冒犯加尔文教徒，因为他们大可损害她脆弱的权力。而且，让凯瑟琳用法语或是用拉丁语听弥撒其实也是无关紧要的事情。某些大家族也参与其中，王室权力的弱点使得对政治野心勃勃的群体组成联盟，依靠信仰组建一种新型封建主义。在亨利二世的统治下，未来的内战初见雏形。吉斯家族作为坚定的天主教拥护者，将成为联盟的创立者。当新近在宗教改革中改宗的科利尼支持波旁家族的雄心的时候，身为长子的纳瓦尔国王安东尼和他的兄弟孔代家族的王子路易，都是坚定的胡格诺派（16 至 18 世纪法国天主教徒对加尔文派教徒的称呼）。

凯瑟琳暗中观察这些阴谋诡计和分裂企图，却不予干预。两派人马对权力虎视眈眈，准备好互相厮杀；再加上她与她的儿媳玛丽·斯图亚特关系不和。玛丽·斯图亚特视自己的婆婆为“商人的女儿”，对其非常傲慢无礼。两人在议会各自占据一席之地，却并无实权。受吉斯家族所操控，弗朗索瓦二世在1559年年末继续实行对异教分子的迫害政策，促发了昂布瓦斯阴谋，这一事件被视为宗教战争的悲剧序幕。1560年3月17日，一名新教贵族集合了一大批胡格诺派教众，想要让身处布卢瓦的国王释放他们的宗教领袖。实际上，他们想要吉斯家族的党羽除掉弗朗索瓦二世。阴谋风声走漏，宫廷匆忙撤出布卢瓦，转向更易防守的昂布瓦斯，在此地国王签署了和解敕令。此举无果，因为阴谋家们固守在城堡周边。在短暂的战斗之后，惩罚将是残酷的。胡格诺派教徒或被悬挂在城堡的阳台和城堞中，或被斩首碎尸后扔进卢瓦尔河。凯瑟琳及其儿媳在这场可怕的斗争中起了协助作用。在玛丽·斯图亚特濒临昏厥的时候，王太后无动于衷而且镇静异常。凯瑟琳意识到法兰西王后及苏格兰女王的精神承受能力远不如她。这场惨绝人寰的大屠杀使所有的目击者都受到了精神创伤，也增强了凯瑟琳的力量。她可以参与议会的决议，在她的住所接待为新教请愿并要求信仰自由、崇拜自由及知识自由的科利尼上将，也接待认为竞相传播异教会被罚入地狱的吉斯家族的洛林红衣主教。此时，苏格兰女王玛丽·斯图亚特那远方的祖国灾难频发。英格兰女王伊丽莎白一世，接替了她天主教的同父异母姐妹——冷漠无情的“血腥玛丽”成为女王，被爱丁堡议会认可为苏格兰合法女王。前来挽救苏格兰天主教宝座的外国军队（主要为法国军队）只得被迫撤离。“老同盟”就此终结。

在这段时间内，年轻的国王弗朗索瓦二世健康状况急剧下降。1560年11月16日，狩猎归来后，他的左耳由于巨大肿胀而疼痛难忍。

脓肿最终破裂开来，本以为可得以康复，然而国王却于 12 月 5 日去世了。年仅 17 岁。“来自上帝从天国传来的突如其来的启示，刺穿父亲眼睛的恶灵也穿过了儿子的耳朵。”加尔文在葬礼祷告时如是说。此时，凯瑟琳的儿子查理年仅 10 岁，她的摄政生涯开始了。

弗朗索瓦二世早逝与摄政生涯的开启

凯瑟琳以国王监护人的身份开始摄政生涯，但一切并不如想象中的那样一蹴而就。王太后需要有正统血缘的王子的支持，即作为新教领袖的安东尼 · 德 · 波旁，虽然他自己也有成为监护人的资格。凯瑟琳一如既往地运用了巧妙的手腕。安东尼的弟弟路易 · 德 · 孔代曾落入吉斯家族的陷阱，被指控反对王室权力，于是身陷囹圄，被判处死刑。凯瑟琳向安东尼 · 德 · 波旁提出可以还他弟弟自由，以此交换安东尼在议会对她的支持。安东尼同意了这一条件，凯瑟琳也在评审委员会面前履行了她的承诺。一切就绪，现在只需要在国家分崩离析之前使她的任命被承认。凯瑟琳所做的不是摄政，而是“统治法国”：她以摄政为名，却拥有所有权力，她很精明地没有接受称号。这时的凯瑟琳 41 岁，这个身着黑衣的女子尽管身材臃肿，却有着绝佳的气质与仪态，让人印象深刻。她以勇气闻名，也以计谋多端闻名；她将二者同时用于国家的管理上。她以摄政为名的统治生涯还有 3 年，因为她儿子将于 14 岁成年后即位。

1560 年 8 月，玛丽 · 斯图亚特做了一个重要的决定：她要离开法国，夺回她的苏格兰王国。在这期间，吉斯家族与腓力二世的儿子唐·卡尔洛斯的联姻尝试宣告失败。因此西班牙未能出于宗教联盟的立场而派遣一支军队听命于她，玛丽对此表示很失望。她有众多追求者，然而没有一人能为她提供军事支持。玛丽·斯图亚特鼓足勇气，也可能是并未意识到正冒着天大的危险（包括严重影响时任英格兰和苏格兰女王的表姑——伊丽莎白一世）。与此同时，她的婆婆于 9 月在普瓦西召开了一次秘密会谈，尝试找到让天主教和新教和解的策略（一个让两教都能融合的方案）。两派之争如此激烈，以至于必须寻求私下会议来调和矛盾。结果是全面失败，这意味着凯瑟琳的失败。她意识到两派的诉求差别之大，法国内战一触即发。

1562 年 3 月，吉斯公爵点燃了战争导火索：公爵在肖蒙和圣迪济耶两地之间的瓦希稍作停留以做弥撒，此时正值胡格诺教徒在谷仓举行礼拜，于是公爵发动了疯狂的大屠杀，50 多人死亡，其中包括妇女及儿童。法国的统治者为之震惊，新教徒怒火高涨。第一场宗教战争就此展开了。天主教徒占领了普瓦捷和布尔日，新教徒占据奥尔良和卢瓦尔地区。英格兰人刻不容缓地登陆勒阿弗尔前来救援，凯瑟琳想从胡格诺派手里收回鲁昂。1562 年 8 月 26 日鲁昂被收回，但安东尼·德·波旁由于受伤严重，不久之后便去世了。由于《萨利克法典》在纳瓦尔的失败，他的妻子胡安娜·达尔布雷继承了他的王位。他们的继承人亨利年仅 9 岁，即未来的亨利四世。

天主教军队以蒙莫朗西元帅为首领，在德勒抗击由孔代亲王带领的新教势力。前者得益于吉斯公爵的军事才能，再次在战争中占了上风，不过，后来蒙莫朗西元帅被胡格诺派囚禁，同时孔代亲王也被天主教派擒获。形势不太乐观，尤其是当弗朗索瓦·德·吉斯被一个可能受雇于海军上将科利尼的新教间谍珀尔托·德·梅日所刺杀后，形势愈发紧张。凯瑟琳担心从刺杀者口中泄露更多该阴谋的始末，于是赶紧将其处决了。对她而言，是时候终结这场将法国四分五裂的战争了。

1563 年 3 月 19 日经凯瑟琳批准的《昂布瓦斯和解敕令》，尝试管理新教的宗教活动，限制缩小他们的礼拜活动。新敕令在显贵和随从间的规定有着显著的差别，后者的待遇低于前者。于是内战看起来似乎结束了，至少暂时结束了，但是凯瑟琳不承认胡格诺派领袖与英格兰的勾结。英格兰军队曾为支援法国新教占据了勒阿弗尔，现在却要求法国以加莱作为交换！胡格诺派不愿支持英格兰伊丽莎白一世操盘的叛国行为，于是加入了天主教的军队，并希望从英格兰手中夺回勒阿弗尔。结果天主教和新教联合起来对抗他们共同的敌人英格兰！最终通过支付伊丽莎白一世一笔补偿资金，使加莱最终得以保全，这一系列事件显示了凯瑟琳卓越的政治才能。

查理九世宫廷巡游两年

1563 年 8 月 15 日，随着凯瑟琳的儿子查理九世成年，“凯瑟琳夫人”失去了统治法国的种种特权，然而她并没有放弃。为了维持其影响力，她为国王组织了以安抚平定为名的“全国巡游”。她通过运用马基雅维利原则证明了她的聪明才智——引进“一定要站在权力中心”的概念。她为了维持宫廷内不同宗教势力的共存，允许海军上将科利尼进入议会，同时也保留宽容谨慎又充满智慧的人道主义天主教徒——法国掌玺大臣米歇尔·德·洛皮塔尔。凯瑟琳才华横溢，又有一群才能各异的美貌女子为之服务。她们就是著名的凯瑟琳·德·美第奇的“空中军团”，她们衣着精美、首饰奢华，就像蝴蝶与蜻蜓一样围绕在女主人身边，蜂后凯瑟琳身着全黑，显然是为了更彰显其地位。这是绝佳的沟通艺术！在宫廷里，迷人的年轻女子的使命是吸引相互斗争的两派战士，使其分心，参与诗词、音乐与舞蹈这类和平的消遣娱乐活动。更重要的是，这一切都做得了无声息，没有人知道，也没有不合时宜的意外怀孕来打扰这愉快的宫廷生活！也许修道院的惩戒将要来临，但这样的娱乐活动（其作用是让人忘却痛苦）在美妙的王室巡游期间持续了两年多：从1564年1月24日至1566年5月1日。

这样一支庞大的队伍里既不缺猎鹰，也不缺鹦鹉和长尾猴，整个全国巡游既为了向民众展示宫廷，也为了介绍年轻的查理九世。游行队伍途经枫丹白露、巴勒迪克、特鲁瓦和桑斯。当队伍来到新教位于马孔的领地，内阁大臣们和被300位黑骑兵簇拥的纳瓦尔王后胡安娜·达尔布雷也在此恭候。她有不良企图吗？没有！她前来感谢凯瑟琳帮助她的小亨利，自从小亨利的父亲安东尼·德·波旁去世后，小亨利就一直在法国宫廷中居住。可以肯定的是，胡安娜希望她的儿子跟她一起回去，但她并不想和凯瑟琳产生任何过节，因为凯瑟琳对这位纳瓦尔王子的胡格诺派家庭教师很是敏感。终于到了1565年6月15日的巴约讷。凯瑟琳期待她女婿腓力二世的出席，他却没有来。另一方面，她很幸福地与女儿伊丽莎白重逢，对她来说伊丽莎白的品位变得太西班牙了。当阿尔伯公爵代表国王将王位传给年轻的查理九世后，凯瑟琳原本想将她 12 岁的女儿玛戈嫁给西班牙王位继承人唐·卡尔洛斯的联姻计划也最终失败。奢华的庆典持续了八天八夜，却没有收到任何成效。“全国巡游”在拉罗歇尔受到冷漠的接待，卢瓦河流域终于有了片刻的安宁。那么这场浩浩荡荡的巡游有巩固王室权力吗？丝毫没有。“对天主教根深蒂固的狂热崇拜，胡格诺派的蛮横无理，这些都是王室权力削弱的少数原因之一。最终结果与预期完全背道而驰。这场示威演习最终展示的只不过是王室的衰弱罢了。”①

1566 年夏天，佛拉芒新教徒在荷兰对教堂及宗教圣物进行大肆抢劫掠夺，新的战争爆发了。腓力二世决定出征荷兰平定叛乱，但凯瑟琳拒绝其军队由罗纳河谷经过。她征集了一支由 6000 名瑞士雇佣兵组成的军团防守北面边境。毫无疑问，法国胡格诺派梦想与他们的教友共同作战对抗西班牙。凯瑟琳不希望这样一场战争的爆发，然而她却继续征用她的瑞士雇佣军团。因为和新教徒不一样，坐拥教皇援助金的她并没有资金困难问题。她将在蒙索昂布里城堡度过 1567 年的夏天。在那里，她得知有一大群胡格诺派聚集在这个地区，准备包围城堡擒住国王。

① 摘自埃马纽埃尔·布哈桑，《查理九世》，阿尔托出版社，1986 年。

危机四伏，寻求外援

新教徒的所为让查理九世怒火冲天。幸运的是，瑞士雇佣军团正在蒂埃里城堡驻军，他们被紧急召集。1567年5月28日凌晨3点，城堡被全方位地包围得严严实实，全体宫廷人员离开蒙索连夜赶赴巴黎。第二次宗教战争拉开序幕。永不灰心的凯瑟琳·德·美第奇，她绝不会饶恕新教徒使她被迫羞辱逃亡。王室军队首领蒙莫朗西将军死于其中一场战斗。1568年3月23日，黑衣王后火速与孔代王子签署了《隆格瑞莫和约》，但这份和约从未真正起效过。所有人都在寻求异国盟友。巴伐利亚的新教给胡格诺派增派援军。凯瑟琳向腓力二世和萨瓦公爵求援，在获得两者的外援之前，她可以凭借教皇慷慨的援助金再次聘用瑞士军团。法兰西陷于水深火热之中。凯瑟琳任命她最宠爱的儿子亨利即安茹公爵为摄政官，以顶替蒙莫朗西将军的职位空缺。这一年亨利16岁。大部分的领导人都在年纪轻轻的时候就领会到了血的教训。凯瑟琳巧妙地根据经验调整各项行动以组织国家的守卫。1569年3月在雅尔纳克和1569年10月于蒙孔图的军事胜利都凸显了她儿子（即未来的亨利三世）这个优秀的军事家的才能。

1570年8月8日的《圣日耳曼敕令》标志了第三次宗教战争的结束。新教徒有史以来第一次获得可供避难的安全场所。这些避难所分别是拉罗歇尔、蒙托邦、干邑和拉沙里泰。海军上将科利尼曾是这场内战中最活跃的新教领袖之一，活跃到有人悬赏以取其性命。一直寻求缓和局面的凯瑟琳决定一笔勾销科利尼的领导错误，使其重回议会。这是令人震惊的消息，却尤其明智。王太后认为，科利尼离自己越近越容易被掌控。但未想科利尼是狡猾的，他很快赢得了查理九世的信任，而这将在未来导致他的失败。

在这脆弱不堪的和平之下，凯瑟琳安排了国王与神圣罗马帝国斐迪南的女儿——奥地利的伊丽莎白的联姻。查理九世现在 20 岁了，他身材高大，很瘦，相貌英俊，但和他的兄长一样，患有结核病，他经常感到疲劳，咳嗽并吐血，但这些并不阻碍他进行高强度的体育运动。与所有瓦卢瓦家族的人一样，他喜好狩猎。人们说他暴躁易怒。更重要的是，他的妻子伊丽莎白很快发现他深深爱着他的情妇玛丽·图谢。

热衷于王室联姻的凯瑟琳决定要策划玛戈的未来。腓力二世不想要这个儿媳，神圣罗马帝国马克西米利安二世和葡萄牙国王也都谢绝了联姻。王太后不仅仅是因自尊被伤而恼火，更多的是担心忧虑，因为她的女儿有嫁不出去的危险。不同寻常的是，查理九世负责操办起他妹妹的婚事来。他决定让玛戈嫁给亨利·德·纳瓦尔。凯瑟琳也同意了这个提议。这场联姻的目的是为了确保纳瓦尔及贝阿恩对法国的服从。此外，继脆弱的《圣日耳曼敕令》后，胡格诺派国王和天主教公主的婚姻将是两派和解的一个重要标志。亨利的母亲胡安娜·达尔布雷对此并不怎么热情，她担心玛戈会影响到她儿子的信仰。因为玛戈完全没有放弃天主教的意图，并且以她的聪明才智完全可以促使她的丈夫放弃新教信仰。命运替胡安娜做了了结：1572 年 6 月 9 日，在她儿子婚礼的两个月前，胡安娜·达尔布雷与世长辞。

如果说亨利和玛戈的婚礼让人难以忘怀，必然是因为婚礼上发生的惨剧。悲剧的根源要回溯到几个月以前。在长久的等待后，海军上将科利尼终于得以重返议会，回归后他很快便对国王产生了极大的影响。鲁莽轻率又自命不凡的他，成功说服查理九世军事干预荷兰以支持新教反抗西班牙。国王认为，面对拥有一切权力的母亲及在战争中屡获奇功的弟弟，这是一个证明自己的好机会。于是国王同意加入英格兰及托斯卡纳大公的联盟，共同对抗哈尔斯堡势力。然而，很快就因为伊丽莎白一世和托斯卡纳大公的退出，这个计划宣告失败了。凯瑟琳突然间发现她的儿子已经转向胡格诺派阵营，居然不准备与荷兰联盟直接对抗西班牙。她为此训斥她的儿子，国王跪在她的脚边请求她的原谅。但凯瑟琳看穿了科利尼留在议会的意图，并且很肯定他会重新取得对查理九世的控制权并削弱她的权力。因此，必须除掉科利尼。这场王室婚礼将敲响这位海军上将的丧钟。

圣巴托罗缪大屠杀与“血色婚礼”

沉浸在丧母的巨大悲痛之中的新郎亨利，在一队贝阿恩和纳瓦尔代表人的陪伴下抵达巴黎，一行人全着黑色丧服。婚礼于 1572 年 8 月 18 日周一在巴黎圣母院的广场前举行（由宗教的特性所要求），接着新婚夫妇进入教堂，但只有玛戈参与礼拜仪式。为了彰显两个教派的和解，凯瑟琳把这场婚礼筹划得异常奢华，整个婚礼持续了几天几夜，晚会后还有众多舞会。天主教徒对这场联姻很不满意，尤其是在宫廷和巴黎市内。突然间大批的胡格诺派聚集在卢浮宫附近，让天主教徒很不安。吉斯家族想要科利尼为 9 年前派人暗杀弗朗索瓦公爵偿还血债。他们渴望复仇。他们负责处决这名海军上将。8 月 22 日周五早上，当科利尼离开议会的时候，杀手佩戴一支火枪，在窗边伺机守候。杀手莫勒维尔笨拙地暴露了行迹，行刺未遂，仅仅刺伤了科利尼的右手及左手肘。受伤的科利尼被护送回家，由昂布瓦斯医生负责照顾包扎伤口。非常伪善的查理九世和凯瑟琳前去看望海军上将，并宣称他们必定会严查这起暗杀事件。凯瑟琳很担心，如果进行审讯，对她是个威胁，因为很有可能由此暴露她间接支持了这次刺杀行动。因此科利尼必须死。23日的下午，王后集结了她的亲信，其中包括贡狄、讷韦尔和她的儿子亨利。这次密会决定的暗杀目标将不仅仅是科利尼海军上将，而是所有为婚礼而聚集到巴黎的改革派主要首领。只有亨利·德·纳瓦尔和亨利·德·孔代两个新教王子可以逃过死劫，但他们将被囚禁在卢浮宫内。现在只剩下通知国王这个计划，并说服他斩首新教阵营已经势在必为且不可不做。在这个夜间密会结束的时候，查理九世怒吼："这就是你想要的？那么杀了他们！杀了他们全部！"

接下来发生的事情众所周知。第一个受害者是海军上将科利尼，随后屠杀在巴黎及其他天主教城市蔓延开来，对胡格诺派的大屠杀始于8月24日周日凌晨，即圣巴托罗缪大屠杀日。杀戮持续了整整三天，预计死难者人数有三四千，有些预计为一万人，因为大屠杀在其他城市延续了整个秋天。

凯瑟琳未曾料想这次对少数人的暗杀演变成如此大规模的屠杀。诚然，她对海军上将科利尼的暗杀负有责任，然而未想到一发不可收拾。其实，如果科利尼死于准确瞄准的火枪之下，这一连串的惨剧就绝不会发生了。暗杀的失败及随后产生的混乱激起包括凯瑟琳在内的阴谋者都参与到这场惨剧中，却未曾想到这次由宗教原因引起的小范围犯罪会释放出如此深重的仇恨。民众的盛怒将一场限定的行动转化为不可预计的镇压。他们匆忙草率地做出了这个决定，然而没有任何一个王后的占星术士能够预见到其后果的严重性。凯瑟琳毫无疑问地做出了回应或者说坐视不管，她更多考虑的是政治因素而不是信仰因素。她梦想的和平沾染了满满的鲜血。从那以后，王室陷入恐怖的混乱之中。

对亨利和玛戈来说，这是怎样的一场婚礼！“血色婚礼”。9 月 26 日，亨利放弃新教信仰（这并不是最后一次！），玛戈对此表示很满意。1573 年 8 月，在亚盖洛王朝最后一位波兰国王逝世后，玛戈接待了前来给年轻的安茹公爵亨利授予王位的波兰大使，她的美貌和魅力大获全胜。忙于为亨利获取王位的凯瑟琳替自己的儿子提出了王位申请，但亨利对于要离开法国非常伤心。他尽可能地推迟了离开法国的时间，丝毫没有即将启程的热情。

绝望的凯瑟琳与瓦卢瓦王朝的终结

毫无疑问，查理九世在他的母亲面前是软弱无能的，然而他愿意担负起这场“为拯救国家必须进行的”大屠杀的责任。他被各种极端偏激的观点和令人难以忍受的叙述所淹没，舆论认为国王应担负起第一天就死去至少 1000 名受难者的大屠杀罪责。国王喜爱的诗人们也不会原谅他这不可饶恕的罪行了。受良心责备所折磨，查理九世这个被诅咒的国王，在 1574 年 5 月 31 日，大屠杀后不到两年的时间内逝世了，享年 24 岁。他的弟弟在一年前成为波兰国王，现在重返法国。他并不着急返回法国，他在威尼斯逗留了许久。他的母后没有耐心了，她对王位的空缺表示担心。王太后现在 55 岁了，始终被怀疑是大屠杀的真正幕后阴谋者。然而在那么多的惨剧之后，“凯瑟琳夫人”是满意的：她终于看到她最宠爱的儿子登上法国王位——亨利三世，她把所有的希望都寄托在亨利三世身上，尤其是为了保持她的影响力。然而很快王太后就失望了，因为新任国王聪明古怪，喜欢自己统治一切。在和解的后期，他在各种临时任务上削弱了凯瑟琳的权力。1578 年，病中的王太后展开了一次法国南部的旅行，她促进更多的宽容的法令得以实施，并尝试拉近与女婿亨利·德·纳瓦尔的关系，因为后者掌握着政治实权。亨利·德·纳瓦尔在圣巴托罗缪大屠杀后并没有重新成为新教徒，他放弃新教信仰是为了保命吗?

在凯瑟琳人生的黄昏时期，她遭遇了王位继承的问题。她的儿子弗朗索瓦二世和查理九世都没有留下子嗣，亨利三世的王后也没有生下王位继承人，她忧虑这将是瓦卢瓦王朝的终结。更甚的是，她最小的儿子埃居尔 - 弗朗索瓦，在 1576 年再度被封为安茹公爵，但他只专注于攻打西班牙和荷兰的天主教。1584 年 6 月 10 日，他在弗朗德尔死于结核病。最后一名瓦卢瓦王朝的继承人就此离世。凯瑟琳的噩梦是看到她的贝阿恩女婿成为王位的继承人。她也许故意地忘记了这样一个事实——波旁家族也是圣路易的后代。她不得不同意让一个胡格诺派教徒统治法国，并且很沮丧地看到她的女儿玛戈和亨利之间的不和愈演愈烈。她的女婿谈到要休妻，这一行为将彻底隔断与瓦卢瓦王朝的关联。对太后来说，这种前景就是一场噩梦。她打拼下来的政治成果很可能会化为乌有。1588 年的平安夜，病中的凯瑟琳在布卢瓦城堡度过。她知道天主教联盟在巴黎势力很强大，也知道吉斯公爵是首都的真正首领。他对亨利三世是个威胁。亨利三世嫉妒他的权力，担心会处于敌对的危险之中，于是命人于 12 月 23 日早晨在布卢瓦刺杀吉斯公爵。随后国王来到他的母后那里，王太后的房间在二楼，是现今唯一一间保存着原有装饰的房间，房间中有 237 幅木雕版画。

他很开心地对她说："巴黎的首领死了。"

根据坊间流传的一个版本，不堪重负的王太后回答道："上帝保佑你不会成为一个一无所有的国王。"

另一个版本是，她沉默了一阵子，考虑到令人担忧的现实：在 15 年的婚姻之后，她的儿子始终没有任何孩子。

凯瑟琳不是刺杀吉斯公爵的罪魁祸首，也不是杀死自己兄弟吉斯主教的合谋。毫无疑问的是在事发的第二天，国王被开除了教籍。

1589 年 1 月 6 日，吉斯公爵被刺杀后的 12 天，王太后在布卢瓦城堡与世长辞，享年 70 岁，她曾与国王在这里避难，毫无疑问她为她最宠爱的儿子所犯下的不可饶恕的错误而感到筋疲力尽。其实，凯瑟琳已失去权力，她的儿子也不那么信任她。亨利三世，由于过于担忧他脆弱的王冠，希望让王冠远离各种纠纷。他深谙他母亲偏好暴力的外交手段。王太后费尽心思在八场宗教战争中保护她儿子们的遗产，但她没有预料到她的儿子亨利三世和亨利·德·纳瓦尔的联合，更没有预料到亨利三世被修道士雅克·克莱蒙刺杀，也没有预料到王国被贝阿恩夺取，波旁家族最终成功调解了法国各派。如果说后世对凯瑟琳·德·美第奇政治手段的评价褒贬不一（一派认为是家族厄运的传承，另一派认为这些行为是为了捍卫公众利益），然而她的艺术影响力是毋庸置疑的。她下令修建杜伊勒里宫城堡，支持克卢埃的画作和帕利希的工程，除此之外，她精湛的园艺技术也令人称道。因此，凯瑟琳·德·美第奇还是一位文艺复兴的王后。

Elizabeth Ire d'Angleterre

英格兰女王：伊丽莎白一世

黄金时代之谜

L'énigme d'un siècle d'or

如果说有那么一个词贯穿了她的童年并改写了她的整个人生，那么这个词将是“私生女”。这一记羞辱的耳光，一个臭名昭著的标签，并不能阻碍亨利八世和安妮·博林的女儿，在她的统治下，英国跻身16世纪末欧洲强国。莎士比亚被这个命运带有浪漫色彩的文艺复兴公主所吸引，尤其是发生在她身上的那些丑闻、家族斗争、宗教差异和政治争论，其中任意一个都是绝佳的文学题材，也体现了伊丽莎白时代鲜明的特征。她是英格兰最后一任拥有绝对统治权的君主。尽管当时的世界动荡起伏，但在她统治的黄金时代，她始终是一个带有传奇色彩的女子，谜一般的存在。

她的母亲安妮·博林无疑是亨利八世的六个女人中最有名的一个。安妮·博林原本是法国国王弗朗索瓦一世的妻子克洛德王后的女侍从官，而后重返英格兰宫廷。她的亲妹妹玛丽在几年前曾是亨利八世的情妇，因此她的家族在宫中很有势力。1525年，她重操旧职，成为英格兰王后凯瑟琳（西班牙国王的女儿，神圣罗马帝国查理五世的姨母）的女侍从官，很快便吸引了爱好女色的亨利八世，使其为之着迷。安妮不是很漂亮，但是热情开朗有活力，优雅动人，很有魅力，善于展示自己，并且在法国宫廷中受到良好的熏陶。凯瑟琳王后是亨利八世长兄亚瑟的遗孀，他们只生了一个女儿，即生于1516年的玛丽·都铎，亨利八世对他的王后很厌烦。安妮聪明狡猾，并且吸取了她妹妹早早被抛弃的教训，回绝了国王的追求。亨利为她的美貌智慧所倾倒，疯狂地爱上了她，一心想要迎娶安妮为后。于是他向教皇克雷芒七世提出与第一任妻子凯瑟琳王后的婚姻无效申请，但是教皇拒绝了他的请求。婚姻无效的申请过程从1527年一直持续到1533年。在此期间，安妮·博林被国王的真诚所打动，于1532年秋天同意成为他的情妇。1533年1月25日，怀有身孕的安妮私下成为亨利八世的第二任妻子，然而这时的婚姻无效申请尚未被通过！1533年6月1日，安妮在威斯敏斯特被加冕为英格兰王后，这时距坎特伯雷大主教宣布国王与阿拉贡的凯瑟琳的婚姻无效仅仅八天，罗马教廷表示拒绝承认这次王后的加冕。国王成为英格兰教廷的最高领袖后，出台《上诉限制条例》，禁止英国教会法庭上诉到教皇，禁止教会不经英王允许发布规章。亨利八世与罗马教廷的分裂只为了博得安妮·博林一笑，但这个事件成为欧洲历史的转折点。

3个月之后，王后安妮·博林产下一名女婴，即未来的伊丽莎白女王，女孩儿比她同父异母的姐姐玛丽·都铎小17岁。亨利八世对安妮·博林的激情很快冷却了。他的第二任妻子被指控多项通奸罪，其中一项指控直指安妮与她的兄弟乱伦，然而这些罪状却并没有任何实质性证据。1536年，安妮·博林被判处死刑，很快被斩首，亨利八世杀妻的行为酷似“蓝胡子”的血色传说。小伊丽莎白在母亲安妮被斩首后也被剥夺王室称号，成为私生女，直到 11 岁的时候才被重新认可为合法继承人。她是如何忍受这连续不断的侮辱的？她还将有一个同父异母的弟弟，国王第三任妻子珍·西摩的儿子。珍·西摩在产后几天死于产褥热，她是亨利八世众妻子中唯一因自然原因死亡的，并且也是唯一以王后之礼下葬的王后。珍的儿子是个在希腊语和拉丁语方面都极富天赋的王子，他将继承亨利八世的王位，封号爱德华六世，但他的身体很虚弱，受结核病影响，健康状况与日俱下。爱德华即位时年仅 10 岁，1547 年至 1553 年，英格兰连续由两个摄政大臣统管，在爱德华的短暂统治期间，新教势力在英格兰得到巩固。

一对同父异母的姐妹花

自 1509 年亨利八世登基以来，长期作为英格兰至高统治者的他，并不需要守卫王权或防范其他觊觎王位的人，虽然经历了 6 次婚姻，然而在他去世时，却没有留下任何一个适龄的统治者。亨利八世的遗嘱规定：他的儿子爱德华为第一继承人，除此之外继承顺序依次为玛丽·都铎与伊丽莎白。这个继承顺序毫无逻辑可言，法律上也颇有争议，因为按照官方说法，玛丽和伊丽莎白都是私生女。其实，天主教和新教两派都持有同一个观点，对他们来说，两个公主都是不合法的私生女。玛丽出生的时候是合法的，然而国王与凯瑟琳的婚姻无效申明使得她在新教眼中始终是私生女的身份。至于伊丽莎白，对于天主教来说她的合法性没有任何意义，因为她的母亲安妮·博林与亨利八世再婚时，第一任王后的婚姻无效申请尚未通过，因此这次婚姻是不被罗马教廷所承认的。同时，这两名继承人还拥有自己的支持者和反对者，两派都各自持据自身的宗教观点。

在爱德华六世未成年期间，英格兰首先由珍的兄弟领导，这位年幼国王的舅父爱德华·西摩自称“反天主教”，他是第一代萨默塞特公爵。爱德华·西摩是个宽容的人，他意识到王国的困境，因为甚至连坎特伯雷大主教都还没有在两教派中做出最终选择。爱德华·西摩于1552年被处决，后被诺森伯兰公爵取代。爱德华·西摩的弟弟托马斯先后向伊丽莎白和玛丽求婚，最终娶了亨利八世的遗孀凯瑟琳·帕尔。有流言表明，伊丽莎白在她父亲去世后受到凯瑟琳·帕尔的保护和接待，第二任摄政王托马斯曾试图强奸伊丽莎白但未遂，这一经历使得她的精神受到强烈刺激，并对男性产生抵制情绪。但这一流言只是后人的猜测，并无实际证据。

1553年，爱德华六世逝世，享年15岁。诺森伯兰公爵试图在遗嘱中指定他自己的儿媳，亨利七世的曾孙女简·格雷为新任继承人。混乱的继承权问题再次卷土重来？玛丽和伊丽莎白逃离了伦敦。篡位者的“统治”仅仅持续了九天！玛丽·都铎在伊丽莎白的陪伴下，带领一支军队重返伦敦取得了胜利，形势得到反转，亨利八世的遗嘱再次得到拥护。以诺森伯兰公爵为首的所有谋反者都被处以死刑，立即执行斩首。1553年，玛丽·都铎加冕为合法君主，取消了她兄弟的决定，捕杀已婚神父，重设拉丁语礼拜，并命议会出示证明她的父亲和第一任妻子凯瑟琳婚姻的唯一合法性。如此一来，她同父异母的妹妹伊丽莎白作为私生女将不能再拥有王位继承权。

被控参与新教叛乱

为了重建与罗马教廷的关系，玛丽女王将大批英格兰的圣公会教徒处以火刑，其中包括她父亲的两名亲信。怀亚特[①]以拥立伊丽莎白为名，煽动新教徒阴谋策反，虽然时年20岁的伊丽莎白完全没有参与暴乱，玛丽还是坚持将她囚禁在以阴森恐怖闻名的伦敦塔。不得不说玛丽对伊丽莎白的怨恨实则事出有因：1533年，随着伊丽莎白的出生，玛丽被她的父亲剥夺了继承权；虽然她从始至终都保持天主教信仰，然而直到1544年，亨利八世才重新赐予她继承权，紧随爱德华王子之后。身为伦敦塔中的囚徒，伊丽莎白虽然内心仍是新教徒，表面上却被迫公开宣称已放弃新教信仰。表面的皈依终于使得她重获自由，被发配到曾属于亨利八世产业的哈特菲尔德庄园。聪慧的她利用被宫廷强制隔离的这段时间学习了六门语言，其中包括意大利语和法语，稍后还学习了西班牙语和一些德语。她的家庭教师让她获得与外国大使直接交流的机会，甚至在后来成为女王之后，她也不需要翻译就能直接与外国使者沟通。她的父亲，虽然粗暴，却不乏精致品味，伊丽莎白受到了非常悉心的教育。得益于剑桥著名的人文主义学者的教导，她很快就熟练掌握了古希腊语和拉丁语。

受艺术和文学启蒙的伊丽莎白喜爱舞蹈，并非常重视宫廷音乐。远离伦敦的她为了变成更好的自己而努力，为未来的发展打下扎实的

① 托马斯·怀亚特，英国诗人、政治家，有传闻说他是安妮·博林的情人。——译者注

基础。如果说伊丽莎白具有浓郁的都铎家族的气质，那么不得不说她学习了很多自律的艺术，她善于隐藏并调节情绪，这得益于受佛罗伦萨派启发的政治教育。

在这段时间中，冷酷无情的君主——天主教教徒玛丽·都铎加剧了对新教徒的迫害；在处死了至少 300 人之后，她获得了“Bloody Mary”（血腥玛丽）的绰号。然而她引起的流血事件可能并不比她父亲和伊丽莎白多，当然也绝不比他们少。

玛丽·都铎最大的错误是没有意识到，拒绝重返罗马教廷统治的英格兰新晋中产阶级已成为少数派，同时他们深受西班牙信仰的影响；商人不再接受马德里和佛拉芒的命令，而服从商业竞争对手，因为弗兰德已归属西班牙统治。在没有了解事实的情况下，和父亲脾气如出一辙的玛丽·都铎选择了站在民意的对立面，要知道，当时的民众希望回归基督教起源，让道德主义成为政治准则。然而玛丽从小受她母亲影响，在极端严厉的天主教环境下成长，而舆论，不管是出于信仰还是反抗，却越来越对新教有利。这里要再提的是，尽管年纪轻轻，短命的爱德华六世却与加尔文很契合，严惩打击疑似贪污受贿的罗马教廷。英格兰的主流观点与玛丽·都铎根深蒂固的信仰背道而驰。她所受的苦恼折磨都得不到排解。

已经 36 岁的玛丽女王一直拒绝结婚，直到驻伦敦的西班牙大使馆向她陈述了与腓力二世（查理五世的儿子，同时也是王位继承人）联姻的种种益处。与西班牙的联姻将会加强日益衰落的天主教在英格兰的势力。

在镇压了第一批叛乱军之后，玛丽·都铎顶着议会的反对意见，于 1554 年在温彻斯特大教堂与腓力二世举行了婚礼。这场自作主张的婚礼惹恼了两位新教主教，但他们将在火刑中丧生。于是，与西班牙敌对的英格兰成为哈布斯堡的附属国，卷入与法国瓦卢瓦王朝无止境的战争中。英格兰并不赞成本国前景被如此束缚，也不赞成他们的女王嫁给最反对新教的国王。1558 年，英国失去加莱这个在欧洲大陆最后的据点，该事件又加剧了玛丽·都铎的不受欢迎程度。由于被丈夫轻视和疏远，使得她没有按预期怀孕，她逝世时 42 岁，在 5 年的统治后，按亨利八世的遗愿，伊丽莎白继任王位。至此，一个打压折磨英格兰圣公会教徒的天主教女王消失了，取而代之的是一位新教女王，英格兰新教改革的女儿。

成功登基，推广新教

伊丽莎白于 1558 年 11 月 17 日即位成为女王，登基这年她 25 岁，比玛丽·都铎即位时还年轻。从那以后，她终于可以全心全意拥护她的宗教信仰，她的新教倾向贯穿在各项国家的内务和外事政策之中。她和她父亲一样秉承马基雅维利主义，她也继承了她父亲那一丝不苟的果敢与坚定，还有他的能力与才干以及富丽堂皇的品位。同时，伊丽莎白也继承了她母亲的优点，特别是她的魅力，谎言的艺术和撩人的仪态气质。聪慧的女王拥有天赋异禀的判断力并秉持务实主义。与她的父亲亨利八世一样，她清楚地意识到宗主教堂所代表的利益和其反映出的民族情感。无论她个人的宗教信仰如何，她有时甚至会持宗教怀疑论，但她选择将新教作为培育坚定的爱国主义精神的酵素。为了表达对议会和民众采纳圣公会作为国教的高度满意，她拒绝了西班牙腓力二世国王（玛丽·都铎生前的丈夫）的联姻请求。这个政治行为受到人们高度赞赏，与此同时，神圣罗马帝国查理五世的儿子的求婚被认为动机不良。在她的议会团队里，女王身边围绕着众多经验丰富的顾问，其大部分来自于商业小资产阶级。例如威廉·塞西尔，未来的伯利勋爵，担任王后政治上最亲密的顾问长达近40年的时间，毫无疑问是16世纪英格兰最伟大的人物之一；其次还有1544年到1579年担任掌玺大臣的尼古拉·培根；莱斯特伯爵罗伯特·达德利，毫无疑问是女王的情夫，并一直是她忠诚的朋友；华兴汉爵士，于1573年至1590年肩负保护伊丽莎白女王安全的重任，同时担任国家首席秘书长；最后，还有埃塞克斯伯爵。虽然女王不是独自一人治理国家，尽管有这些大臣的协助，但她仍坚持亲自处理各项国家事务。议会几乎每天都会举行会议，讨论各种经济与宗教问题，重要的外交事务以及民众对行政问题的投诉。从最重要的文件到最小的问题，事无巨细，女王成为事必躬亲的英格兰专制主义的化身。

在她同父异母姐姐的血腥统治之后，伊丽莎白必须小心谨慎行事。

她小心提防着极端新教主义的阴谋，比如被称为“清教徒”的极端加尔文主义者，她对有苏格兰支援的天主教少数党也不放松。亨利八世的二女儿寻求折中之道。亨利八世曾发布《最高权威法》奠定了圣公会的基础，但在玛丽·都铎统治期间圣公会失去统治地位。1559年，通过积极寻求议会的帮助，伊丽莎白女王在位时再次发布《最高权威法》，恢复了圣公会的国教地位。这项确定了英格兰与罗马天主教廷分裂的《最高权威法》，必须由教士、议会成员及所有的公职人员宣誓。为抑制极端宗教主义以保持不可或缺的和平，伊丽莎白在公职人员中排除了极端天主教徒和极端新教徒。国家教会在君王的绝对统治下，独立于罗马教廷。比起宗教权威，女王更多的是非宗教权力。这个宣誓的有效期长达将近三个世纪，直到维多利亚的统治中期才终止。如果说伊丽莎白在推行《最高权威法》的时候没有遇到阻力，那么她在同一年重新发布更温和的《公祷书》（*Prayer Book*）和爱德华六世短暂统治期间的加尔文主义的《1558 年单一法令》时就没那么幸运了。这条王室法令激起了反对浪潮。

突然之间，女王生命垂危，1562 年 10 月 10 日至 17 日，女王身患天花，卧床不起。这将是个惩戒吗？并不是，她最终大病痊愈！1563 年，伊丽莎白颁布了一条新法律，该法律由议会通过，有 39 条规章。这些规章反映了女王的折中主义政治取向：在罗马天主教主义和日内瓦加尔文主义之间寻求平衡。圣公会教廷只容许两件圣事（洗礼和领圣体），拒绝承认炼狱和圣人崇拜。然而这对于罗马教廷来说实在难以接受，因为当教士的不婚规定被废弃后，教规不再是万无一失百无纰漏的了。很快，英格兰女王被逐出罗马教廷，如同当年她的父亲一样。然而，按理说，伊丽莎白并未对任何一个宗教有狂热盲目的崇拜，但她必须给她的王国树立一个团结统一的宗教。由于担忧有人会假借追求信仰之名而引发战争，伊丽莎白对此采取了明智的政策：用英格兰惯例取代她熟悉的拉丁惯例。女王终于想起来，语言也是促进联合的有利因素。

拒绝结婚的她是“贞洁女王”吗?

在拒绝了腓力二世的联姻请求后，女王又谢绝了几个求婚者，其中包括斐迪南大帝的儿子、腓力二世的叔叔——哈布斯堡王朝的查理大公。之后，她又拒绝了阿朗松公爵的求婚，后者于1579年8月17日至29日旅居伦敦，是法国国王亨利三世的兄弟，亨利三世膝下无子，所以阿朗松公爵是潜在的王位继承人。女王并没有对这次求婚动心，海峡两岸的联姻计划就此破灭。不得不指出的是，这场联姻的打算只不过是一场外交幻想，因为他们第一次会见时，伊丽莎白时年46岁，而阿朗松公爵年仅24岁。对后者来说，伊丽莎白年纪过大，两者的结合是否能产下一名继承人也是个问题。阿朗松公爵是亨利二世和凯瑟琳·德·美第奇的孩子中最年幼，也是外貌最丑陋的一个，尤其是他那庞大而浮肿的鼻子；同时，他也是最不安分、最爱闹事并且性格古怪的孩子。阿朗松公爵于1584年6月10日死于肺结核。伊丽莎白犹记这次差一点的“订婚”，给凯瑟琳·德·美第奇寄过一封哀悼信：“夫人，我深深的遗憾不比您的少，我只期望能早日与您的另一个孩子（亨利三世）相见，以此寻求慰藉。”伊丽莎白的真诚值得怀疑，但51岁的她在这场哀伤的失败订婚中表现出了很多才华。

女王在泰晤士游船上参加庆典时被袭击，虽然最终幸免于难，但作为女王亲信的华兴汉爵士很担心她的安全。这个事件证明了由于始终没有继承人，英格兰王冠岌岌可危。然而伊丽莎白不怎么想要被保护，只是随身带着几个守卫。由于深受民众喜爱，她热衷于扎身人群之中，不在乎有可能会受到匕首或弩箭的攻击威胁。通过各国大使，尤其是法国和西班牙大使，女王受到各方催婚的压力，必须尽快产下继承人以延续都铎王朝。然而她即将 40 岁了。求婚的人络绎不绝，她却始终无动于衷。伊丽莎白不太可能如她声明的那样始终是处女。从她宠臣的数量之众，年纪之轻，相貌之俊，可以推测他们之间并非什么都没有发生。但她满足于与他们私通，某些恋情大概如同莱斯特伯爵和埃塞克斯伯爵，开始得过早，又或突如其来，一直延续到她的统治末期。相反地，即使女王身边一直围绕着男子，但她从未在精神上或政治上受其影响。据伊丽莎白所述，她的独身很可能是保持她权力不被瓜分的最好方式，如同路易十四一样地统治着王国。她就此总结道："身为女王不需要结婚。"她只愿意嫁给英格兰。要知道，在婚姻问题上她父亲并不是一个好榜样！

她主要关心的，是如何用最自由的方式对英格兰忠诚的天主教徒实施她的法律。将近 8000 名神父接纳了这个被他们戏称为"都铎教"的宗教。如果主教们不参与主日弥撒，他们将被定罪并罚款 12 便士。在实施的初期，她让议会通过了这些法令，女王仅仅要求主教们遵守宗教惯例，即使这些规定从前并不存在。唉！接下来的事件将迫使她实行一个更为彻底的改革政策。

巨大威胁：玛丽 · 斯图亚特

1570 年，伊丽莎白被罗马教皇逐出教廷，教皇曾宽恕了英格兰人对"无丈夫的女王"的忠诚宣誓。从此，女王与两派反对党的冲突开始了：其一为拒绝承认主教教阶制度的加尔文宗的长老派，其二为苏格兰独立与反叛势力的核心人物——天主教徒玛丽·斯图亚特。玛丽·斯图亚特于1542年生于爱丁堡西部林利思哥宫，她的父亲苏格兰国王詹姆斯五世在她出生后不久便逝世了，她未曾有机会认识她的父亲。小玛丽即刻被宣布成为女王，她首先在她母亲玛丽·德·吉斯的照顾下长大，她母亲以她之名摄政统治苏格兰，随后她在法国宫廷生活，因为她与未来的法国国王弗朗索瓦二世于1548年订婚，婚礼于1558年举行。她的丈夫早逝之后，她于1561年重返苏格兰。身为法兰西王后和苏格兰女王，她重新回到这个由于宗教改革而动荡不安的王国。虽然身为绝对的天主教徒，玛丽·斯图亚特并没有限制宣传严格宗教改革的约翰·诺克斯，但她保留了自己每日出席弥撒的权利。1565年，根据宗教仪式，她嫁给了她的表弟达恩利勋爵亨利，一个自大、可憎又愚蠢的年轻人。她很快就讨厌这个丈夫了，并找了一个担任她秘书的意大利乐师里齐奥做情人。嫉妒里齐奥的达恩利勋爵于1566年将这名乐师杀死了。爱丁堡人民对该事件表示很羞辱，反对这项重罪的造反运动应声而起，玛丽躲进城堡产下一名男婴，即未来的詹姆斯六世。玛丽同父异母的私生子哥哥，聪明但心术不正的马里伯爵不惜一切想要夺取他妹妹的王位，策划了一起马基雅维利式的不择手段的阴谋。1567年2月9日，他委托阴谋家博思韦尔去暗杀达恩利勋爵，随后又于1567年5月15日促使不知情的女王嫁给这个刺杀了她前任丈夫的凶手！毫无疑问这是个陷阱：玛丽·斯图亚特将在公众面前信誉扫地，名声败坏，因为她也许是杀害达恩利勋爵的同谋，并且她在事件发生后的仅仅3个月后就与被推定为杀害她前任丈夫的凶手再婚，这令人惊愕的行为也与王室的尊贵水火不容。天主教徒的舆论被激发了。6 月 15 日，天主教徒起义爆发了，玛丽 · 斯图亚特的拥护者被打败。博思韦尔在混乱中逃亡。丑闻女王被囚禁在岛上的列文湖城堡里。苏格兰地主（相当于苏格兰的贵族）和新教徒被他们女王的不端品行所激怒，强迫其退位并传位给她的儿子詹姆斯六世。她犯下的罪状和苏格兰的荣耀唯有靠她的退位才能洗掉。

自毁名声的苏格兰女王，这个漂亮的女子，与所有吉斯家族的女子一样身材高挑，皮肤是如此的白皙，以至于她饮酒的时候甚至可以看到酒的汁液在她颈上的经脉中流淌！玛丽擅长作诗，歌声优美动人，但因为一个令人讨厌的缺点——她火爆的脾气——不受人尊敬。她误入歧途的爱恋使得她无法听进那些深思熟虑的建议。与伊丽莎白的不婚相比，玛丽的轻浮更严重败坏了天主教的名声；她从任何角度来看，都与伊丽莎白截然相反。在大仲马的著作中，对玛丽的描述不乏浪漫插曲：玛丽 · 斯图亚特为了赢回英格兰而越狱逃亡，期望能得到她的表姑伊丽莎白的保护。这又是一次失误。其实，玛丽作为亨利八世的侄孙女（她的祖母是亨利八世的姐姐），在伊丽莎白没有子女的情况下，拥有英格兰王位继承权的她是一个危险的竞争者，因为她有可能获得法国和西班牙军队的支持，并且有能力煽动天主教的阴谋党重返英格兰。在超过 18 年的时间里，她被软禁在各个城堡中，不断地请求与伊丽莎白会面。然而与席勒的话剧相反，现实中的伊丽莎白始终拒绝与玛丽相见。数次解救玛丽并让其取代伊丽莎白的行动最终都宣告失败，特别是诺福克公爵的行动，事情败露后，他于 1572 年被处死。

玛丽 · 斯图亚特的态度始终模棱两可，并不坚定。一方面，她向伊丽莎白申冤她与达恩利勋爵的暗杀事件没有关系，她是清白的；另一方面，她又因为想要推翻英格兰女王愚笨的拥护者而受到牵连。这两个理由——达恩利勋爵的暗杀丑闻和试图杀害英格兰女王的政治阴谋，足以让伊丽莎白将她狂热的表侄女置于严厉监控之下。1572 年 8 月 24 日的法国圣巴托罗缪大屠杀事件，上千名胡格诺派殉难者惨死，这一惨剧更坚定了伊丽莎白无情镇压天主教的决心。她在镇压上表现出毫不宽容的坚定，与玛丽 · 斯图亚特的政策截然相反。缺席周日礼拜活动的教徒必须支付 20 镑的罚金，这在当时是笔巨大的金额；稍后，在 1585 年，“教皇主义”神父和耶稣会的会士都将被吊死，没有任何理由或涉嫌密谋阴谋，只因为他们的非新教徒身份。迫害愈演愈烈。

踌躇 3 个月，处决玛丽 · 斯图亚特

对苏格兰前女王的诉讼建立在大量伪造的书信上。这些秘密信件时而用苏格兰语书写，时而用法语书写，而审判时用的是这些信件的英文译本。虽然玛丽 · 斯图亚特对此提出抗议，这些书信还是被认定为图谋刺杀伊丽莎白的证据。玛丽的兄弟马里是个恶毒的人，他通过制造大量伪造证据并销毁真实证据及其副本，大肆败坏他妹妹的名声，伊丽莎白的内阁大臣塞西尔和华兴汉爵士认定玛丽 · 斯图亚特是有罪的，他们认为玛丽必须消失。这起诉讼起于 1586 年，过程冗长且错

综复杂。预审进行了两次，既调查了达恩利勋爵的暗杀事件，也审查了玛丽退位的真实动机。被告的医生布尔古安应见证了他的主人在审讯时的明智和勇气。尊贵的玛丽·斯图亚特陛下宣誓保证她的清白，拒绝认罪。审判结果是玛丽被判有罪，处以死刑。除忍受了预料之外的酷刑外，更糟的是玛丽将面对死亡的来临。其实，伊丽莎白处于一个进退两难的境地。她应该下令执行判决吗？

英格兰女王，她能冒险下令砍下血缘相连的另一位女王的头颅吗？法国和西班牙将会怎么看待这个事件？天主教会有什么反应？她该表现得严酷无情抑或是温和宽容？同时，她应该如何向议会、向民众证明，君王有权合法地砍下另一名君王的头颅，这种做法是不是太不谨慎？伊丽莎白的态度模糊不清。3 个月以来，“证据”被放在她的书桌上，在一大堆杂乱的文件之中。她清楚明白处决命令就在她眼前，触手可及，只等她的签字便可生效。她一再推迟，装作不知道，却无法不去想着这件事。最终，1587 年 2 月 8 日，她签署了玛丽的处决文件，下令处死亨利八世的同族人。天主教徒玛丽在福瑟 - 陵格城堡的监狱受刑，命终于刽子手的斧头之下。伊丽莎白被玛丽行刑时的姿态和可怕的细节惊呆了，竟声称她在一堆文件下方签名时并没有仔细阅读文件的内容，她没有意识到自己将玛丽处以了死刑。然而可以想象在这 12 周的时间里，对两名女王而言都是虚伪而艰难的等待。英格兰女王面对丑恶的政治必要，必须砍掉与她身份同等的另一名女王的头颅。这就是所谓的“国家利益”。

西班牙无敌舰队沉没，英格兰攀至巅峰

处决玛丽·斯图亚特的事件在大多数天主教国家中激起了强烈的反响，群情激愤，西班牙是其中之一。

1588年5月30日，曾向伊丽莎白求婚被拒绝的腓力二世下达命令，一支由130艘军舰和1.7万名战士组成的舰队从里斯本出发。实际上，在宗教和王朝团结的托词背后，隐藏的是西班牙的私利，腓力二世希望结束由德雷克与霍金斯领导的英格兰私掠船在马德里殖民帝国的长期入侵。20年来，西班牙殖民者运输金银的武装商船被海盗扣留检查，这些海盗私下与伊丽莎白女王达成了秘而不宣的法令。此外，伊丽莎白还支持西班牙及荷兰的新教起义者。

这支舰队号称“无敌舰队”，由西班牙国王召集，受一名完全不称职的海军上将指挥。入侵英格兰的计划很快就破灭了。但其实暴风雨才是西班牙舰队最大的敌人。一半的军舰沉没或被摧毁了。这一卓越非凡的胜利加强了英格兰航海事业的使命感。伊丽莎白宣称：“我拥有身为一名国王的勇气与胆量。不仅如此，更有身为英格兰国王的勇气与胆量！”

无敌舰队的摧毁是名副其实的英格兰爱国狂热的起源。伊丽莎白成为传奇女英雄，被诗歌歌颂为荣耀女王，国家的化身，象征着国家的统一，并给予未来最强大的欧洲战舰以灵感；虽然受到西班牙一轮又一轮的威胁（1596年，1597年，1599年），伊丽莎白王国的航海事业却勇敢地开辟出一条新道路，国家独立不再受到威胁。与至高权威伴随而来的还有受益于商业团体而突飞猛进的经济发展，人口增长

以及以冶金业的建立、煤矿开采的兴起和新晋纺织业的建立为标志的第一次“工业革命”的萌芽。女王的其中一名宠臣沃尔特·雷利爵士于1585年发现了北美大陆的一片新土地，以伊丽莎白的“贞洁”为称号，这片新大陆被命名为“弗吉尼亚”。这是英格兰王国在北美洲的第一片殖民地，弗吉尼亚州在将近两个世纪后成为美国独立运动的摇篮。

君主制度在发展中进步，伦敦证券交易市场开放，女王在那里投入自己的金币，并制定同业公会的生产章程。同时，她也监督《手工业者及学徒章程》的制定。伊丽莎白是已知的欧洲第一个公共救济事业系统的开创人，她要求教区救助区内的穷苦人民，并发展培养地方责任制。当时的文学艺术也达到顶峰，威廉·莎士比亚、本·琼森和克里斯托弗·马洛等大批文学巨匠涌现，宫廷音乐得到快速发展，伊丽莎白得到了前所未有的赞扬。她的面庞抹脂涂粉异常雪白，佩戴着大得夸张的珍珠和珠宝首饰，因为女王无法不去嫉妒比她年轻的女子。她盛怒的发作令人胆战心惊，但这些并不影响她发挥出色的政治才能以达到各种目标。

尽管如此，她统治的最后十年却变得黯淡无光，农业收成不佳，爱尔兰的起义虽被镇压却没有为未来提供解决方法，失业问题再度浮出水面，税收负担加重。她的宠臣——埃塞克斯伯爵罗伯特·德弗罗的晋升和失宠象征着统治末期的些许灰暗。他成功取代了他的养父莱斯特伯爵，也赢得了女王的心。生于1567年的罗伯特比伊丽莎白年轻34岁，但这并不重要：他既英俊又富有魅力。不幸的是，他办事太笨手笨脚，他没有查清爱尔兰造反的情况，接着又秘密地与造反军会面。伊丽莎白深深地受伤了，她削去了罗伯特所有的爵位并将其驱逐出宫廷。为了复仇，罗伯特又冒失地与苏格兰的詹姆斯六世密谋策反。当他被捕时，女王犹豫了很久想要宽恕他，然而最终，他还是难逃被斩首的命运。

1603 年 3 月 24 日，女王在里士满与世长辞，享年 70 岁，她的统治历时 45 年。指定下一位继承人是女王必须要做出的决定，这也是最出乎人们意料的一次决定，我们无法确定女王这么做的主要动机是否是为了弥补或者赎罪。她指定的英格兰继承人，就是她曾经的敌人的儿子：此时他已经是苏格兰国王——詹姆斯六世。他将成为英格兰国王詹姆斯一世。当然，他是名新教徒。这对已逝的玛丽·斯图亚特是个多么大的欣慰：她的儿子能够戴上两个王国的王冠！

Christine de Suède

瑞典女王：克里斯蒂娜

北方星辰

L'étoile du Nord

人们熟知的瑞典女王克里斯蒂娜的形象来自于1933年鲁宾·马莫利安导演的著名电影。影片中葛丽泰·嘉宝以一种独特的方式演绎了女王的传奇一生，然而这部电影与真实历史存在些许偏差。经典的黑白电影由瑞典传奇巨星倾情演绎，将瑞典女王的一生搬上银幕。这是一场两个传奇的融合。很少有电影能如此绝佳地获得灵感去表现一位远远超越其时代的奇女子。然而真实的瑞典女王克里斯蒂娜又是个怎样的人呢？她热情，骄傲，古怪，威严专横，胆大妄为。她在当时的欧洲举足轻重。

她是瑞典历史上最伟大的征服者古斯塔夫二世的女儿，母亲是荷尔斯泰因-哥托普家族的德国公主，外祖父是有权选举神圣罗马帝国皇帝的封建诸侯及大主教的勃兰登堡选帝侯。古斯塔夫二世夫妇很恩爱，玛丽亚·埃莉奥诺拉步步跟随她的丈夫征战沙场。他们的女儿克里斯蒂娜必然是在现在的爱沙尼亚首都塔林怀上的。1626年12月8日她出生的那天，没有人敢通告她的父亲这个刚出世的孩子是个女孩儿，因为他一直希望能有个儿子。然而出乎意料的是他没有太失望，他将小克里斯蒂娜抱在怀里，大声宣布道："这个女儿就如同我的儿子一样！"他从小将克里斯蒂娜当王子般抚养，据他的士兵说，他经常带小克里斯蒂娜到军营去，并很早就教她怎样使用各种兵器。他的军事才能卓越非凡，早在15岁的时候就已经统领一支军队分队，并在应募加入丹麦、俄国和波兰的战争之前就已经能够管理公国领地。这就不难理解为什么克里斯蒂娜始终非常仰慕她的父亲。她个性很强势，憾不能为男儿身。她还轻视女人，这很可能是因为在她刚刚降临人世时，她的母亲很是气恼地叹气道："她皮肤黑得像个小摩尔人一样！"

天资聪颖的早熟少女

1632年秋，古斯塔夫大帝挥军深入现在的德国腹地。他的精力旺盛，素有"北方雄狮"之称。国王为了攻占领地并宣扬新教信仰而频繁征战。不幸的是，1632年11月6日清晨，浓雾漫天，百战百胜的国王在吕岑一役中战死沙场。年仅6岁的克里斯蒂娜作为他的唯一继承人登基成为瑞典女王。在他出发前，古斯塔夫二世曾向贵族议会起誓，宣称如果他无法回来，便由他的女儿继承王位。总理大臣阿克塞尔·奥克森谢纳惊叹于这个孩子与他的父亲如此相似，信守承诺的阿克塞尔在作为监护人期间给予了克里斯蒂娜严格的教育。年幼的女王对学习的热情孜孜不倦，求知欲很强，每天学习12个小时。10岁的时候，克里斯蒂娜就能用拉丁文回复来自路易十三国王使者的国书。14岁的时候，她学习了天文学和炼金术，凭借着过人的天赋，那些艰难的课程对她而言依旧得心应手。她后来说："我当时太过年幼，意识不到我的不幸，也意识不到我所继承的财富，然而我记得那些人跪在我脚边亲吻我的手让我很高兴。"克里斯蒂娜和她的父亲一样，总是给身边的人留下深刻的印象；她很明确自己的角色和她未来的职责。然而，她对瓦萨王朝王位的继承遭到了波兰国王的质疑。

15 岁的时候，还是少女的她就已经熟练掌握了好几门语言，其中包括希伯来语。一年后，她又继续进修拉丁语以便研读《圣经》。在高强度学习知识的同时，克里斯蒂娜还擅长剑术，马术技艺精湛，能像男人一样骑马，并强制自己在结冰的池塘和湖泊进行长时间的雪橇训练。然而她的母亲与她简直天差地别：王太后一直没有从丧夫之痛中走出来，举止古怪异常。在瑞典民众的眼中，身为日耳曼民族的后裔是她最大的缺点。人们忘记了她曾经给尊贵的瓦萨家族带来一位继承人，而瓦萨家族早在一个世纪以前就在瑞典强制推广路德宗。

1643 年，17 岁的克里斯蒂娜对管理融会贯通，开始了议会生涯。她对公共事务的意见和认知使得她父亲的老臣们都感到惊讶。她热衷于神学，也喜爱植物学，能说 12 种语言。众议员都频繁向她咨询各项事务，因为她虽然是个年轻女子，却如此的博学多才，并且喜爱长期被视为男子特权的激烈运动。

18 岁的女王想要成为一名男子

她暴躁多疑、野心勃勃、缺乏耐心、喜爱嘲笑别人，身边的人对她又爱又恨。1644 年，18 岁的克里斯蒂娜登基为“瑞典国王”，担负起领导国家的重任！她打压日益膨胀的贵族势力，表面上却佯装听取他们的意见。

与被好莱坞化妆师粉饰的葛丽泰·嘉宝截然不同，克里斯蒂娜并不是个美人。她个子矮小，左右两边肩膀高低不一，不仅如此，她还有轻微驼背的问题。年轻的女王尝试用夸张的奇装异服来掩盖身材的畸形。她拒绝穿高跟鞋，衣着很随意，随时随地都在奋笔疾书导致她总是穿着沾有墨渍的衣服出现在众人面前，同时她还讨厌蕾丝花边等装饰物。她的声音偏男性化，让人忆起她的父亲，她也有着和她父亲一样的大鼻子。她不修边幅，行为如男子般鲁莽无礼。然而她蓝灰色的眼眸闪烁着聪明才智和无上权威。她凭借着她的活力四射吸引了很多人。她摈弃了所有的女性特质，她自评：“我对女人所做的事和所说的话都感到无法克制的厌恶反感。我脾气暴躁，骄傲，爱嘲笑人，我不依靠任何人。我不信宗教，非常不虔诚，我热情洋溢的性格让我向往爱情也渴望名利。然而我的骄傲促使我抵制住了这一切欲望，我绝不让自己服从于任何人。”还有更尖酸刻薄的言谈：“我喜欢男人不仅仅因为他们是男人，还因为他们不是女人！”为了让自己的男子气概更完美，女王还将一头长发剪成了小平头，这一举动引起了一起轰动性丑闻！那又如何：尊贵的克里斯蒂娜陛下是“国王”！

她与她的大臣们背道而驰，她铺张浪费，随心所欲，因此议会尝试让她联姻，希望能平息她对权力的欲望，并疏导她异常丰富的精力。她的母亲心中有个人选，是丹麦国王其中的一个儿子，虽然在世纪之初，已故的国王古斯塔夫二世已经为丹麦与瑞典双方的争执画上了句号，但丹麦仍然被认为是一个动荡不安、统治欲很强的邻国。勃兰登堡的王子很快就被孤立了，因为他属于加尔文教派，而瑞典则是路德宗。

黎塞留密切关注联姻计划

早在克里斯蒂娜父亲的统治时期，法国国王路易十三就对瑞典的事务很感兴趣，因为两国都对哈布斯堡的强大势力感到担忧。1629 年 1 月 22 日，黎塞留派遣的使者查尔纳塞男爵说服古斯塔夫二世驱逐德国的西班牙人。在古斯塔夫大帝的缄默下，红衣主教表示法国会提供一笔巨额援款，前提是要限制引起法国天主教愤慨的日耳曼公爵们的自由。随之而来的是与波兰的休战。然而，瑞典因连年战争而有所削弱，现在只剩下波旁王朝作为联盟。因此黎塞留对克里斯蒂娜女王的联姻计划显示出了高度关注。所以，协助瑞典，并找出这位让人捉摸不透的瑞典女王的个人愿望就显得事关重大。他派遣了密探。通过这些密探，黎塞留了解到那位比女王年长 4 岁的表兄是最可靠的求婚者。女王很欣赏他，曾表示对他的爱至死不渝。然而在德国长期的战争生活将这个年轻人改造得粗鲁野蛮，还染上了酗酒的毛病。再次见到他时，克里斯蒂娜已经不那么肯定她的爱情了。此外，在她的表兄不在瑞典期间，另一位法国裔的候选人加布里埃尔 · 德 · 拉加尔迪出现了。他高大英俊并且十分勇敢，他的出现在巴黎引起了轰动。回到斯德哥尔摩之后，他被任命为皇家护卫队上校。人们都将他视为未来法国国王身边的大使。克里斯蒂娜在这两位求爱者之间犹豫不决，随后她解决了这进退两难的境况——拒绝了这两名求婚者。作为补偿，她赐予了他们众多荣誉。其中一人先后当过将军、总督，随后担任内阁大臣；另一人成为大元帅，出征国外。在这个躲避的策略之后，克里斯蒂娜女王似乎意识到她对男性的反感。她的性取向似乎很复杂。从生理上说，她并不是同性恋者。一天，出于反叛心理，仅仅是为了让他人吃惊，她将一名女官介绍为自己的"床上伴侣"。她表示不能忍受 "一个男人利用她，就像农民利用他的土地一样"，一种给人感觉很粗俗的生理结合。后来，她宣誓希望终身只献身给上帝，用这神秘的情感掩饰对男女交合的厌恶。对一些人来说，这份贞洁是她的天性导致的。难道说这个天不怕地不怕的女人会害怕肉欲之爱？确实，每次有男子向她表明爱意或欲望时，她都会逃跑，并因为这没有结果的感情赐予他来自王室的补偿。另一些人则认为，克里斯蒂娜是个思想自由的人，她喜欢与不同的男子交往，却又很快对他们感到厌倦，她没有只爱一个人的能力。女王感情的变化无常导致了两个结果。一方面，她赐予的大量头衔和抚恤金使得王室金库负担沉重；另一方面，她的拒婚也威胁了她对权力的欲望，因为没有生下继承人的女王必须退位。在卢浮宫，黎塞留已了解到瑞典女王是一个持久的障碍，然而红衣主教和路易十三均于 1643 年逝世。瑞典王国的未来飘忽不定。

"三十年战争"结束：欧洲为"和平女王"庆祝

虽然私生活混乱让国人不满，然而 1648 年 10 月，"三十年战争”后签署的《威斯特伐利亚和约》却在政治上让克里斯蒂娜树立了威信。如果说她父亲的伟大成就是将波罗的海纳为“瑞典湖泊”，那么克里斯蒂娜女王则是化解新教与天主教纷争（已沦陷为欧洲战争）的最伟大的胜利者之一。克里斯蒂娜女王占据巴伐利亚地区，通过打击神圣天主教帝国的心脏夺取了布拉格，但同时也给了对方波美拉尼亚西部、奥得河与威悉河入海口。这场如同闪电般快速的战争结束了丹麦的最高权力。同年轻的路易十四统治下的法国一样，瑞典也成为德意志 343 个邦国缔结和平的担保国之一。作为出席和约协商的唯一女性，克里斯蒂娜女王成为整个欧洲宗教和解的象征。

从那以后，她将夺取另一项声誉：博学的女王。通过与众思想家保持通信，女王决定将她的宫廷建立为知识的殿堂，并将其巴黎化。一部分瑞典知识分子还有些犹豫不决，认为法国文化劣于瑞典文化。基于驻荷兰的法国大使的建议，瑞典克里斯蒂娜女王与法国哲学家勒内·笛卡尔取得联系，笛卡尔彼时住在拉艾[①]，受到被流放的公主保护，这名公主据说既美貌动人又聪明智慧，“喜爱听笛卡尔的理论”。对这位瑞典女王来说，取代笛卡尔保护者的欲望变得不容忽视！

1647 年，女王派人询问《方法论》的作者：“对您来说，什么是人类最为恶劣的行为？”

笛卡尔写了封回信和一篇 12 页的《激情论》。克里斯蒂娜表示

① 他出生于 1596 年，出生的村庄也名叫拉艾（La Haye），位于都兰与普瓦图交界处，现今已命名为拉艾 - 笛卡尔。

很欣赏这位现代理性主义创始人的著作，然而对于爱情，她很难“判断一幅不了解其艺术原型的画作”。她邀请笛卡尔来到斯德哥尔摩。笛卡尔因两个原因而犹豫不决：瑞典恶劣的气候和女王出了名的反复无常。然而笛卡尔考虑到他虽然名声很大，但在荷兰不怎么受欢迎，同时他的地位也不稳定，最终，1649 年 9 月 1 日，这位耶稣会会士的老学生接受了瑞典女王的邀请，成为其座上宾客。他很确定：女王、宫廷和荣誉都在等着他。

应邀的笛卡尔客死他乡

这位哲学家想要住在王宫或周边的其他宫殿之中，但是，唉！女王太忙于她的希腊语课程而没有时间正式地接待笛卡尔。自尊受损的他感到很恼火。女王令他为一支芭蕾舞写诗，真是无稽之谈！当他终于被允许教授女王哲学的时候，对这个年老病衰的可怜人来说已经太晚了，他难以承受冬天刺骨的严寒，尤其是当女王在清晨 5 点召唤他的时候。女王声称所学知识过多会无法吸收领会，所以只能接受一小时的高强度学习。当时，他还要以黎塞留刚刚制定的《法兰西学院章程》为范本，起草瑞典学院相关章程。一次，从王宫授课回来后他就病倒了。他体质孱弱，面色苍白，因阵咳不止而筋疲力尽。受肺炎痛苦折磨了九天后，笛卡尔于 1650 年 2 月 11 日去世，享年 54 岁。意识到失去了一个杰出的才子和宗教改革最伟大的思想家，尤其是他在数学领域的杰出才能非常难得，女王想要为他举行国葬，然而她因路德宗教士对这位法国天主教徒的厌恶而不得不放弃了这个念头。笛卡尔于是被默默地下葬，直到 1667 年他的遗体才被运送回法国。

是出于模仿，还是因为如此吝啬地对待自己的贵宾而感到下意识的内疚？这次克里斯蒂娜自己也生病了，她的继承权问题被再次摆上了桌面。女王选择了她的表兄卡尔·古斯塔夫作为王位继承人，但她必须先为自己加冕才能任命下一任君主。在她的加冕礼上，此时有一名外国人异常留心克里斯蒂娜的一举一动。他是一名偷偷混在葡萄牙大使馆成员里的耶稣会会士——葡萄牙神父安东尼奥·马塞多。实际上，耶稣会的会士是被禁止进入宫廷的，但这个时期反宗教改革盛行，耶稣会会士被认为是将罗马宗教带入斯堪的纳维亚半岛的人。他们认为克里斯蒂娜是他们的同盟，因为她仲裁路德宗派时行事冷酷，但更因为新教与当时精神的发展不相容。而对女王而言，天主教有着一股诱人的吸引力：她梦想能了解梵蒂冈。

想要成为天主教徒！震惊罗马

她的改宗仪式和退位将紧紧相连。1651 年 8 月 7 日，在仅仅 7 年的统治之后，她向议会宣布她的双重决定。惊愕的贵族议员们恳求他们任性又反复无常的君王三思而行。挽留女王对他们也有利，因为女王是他们特权和财富的保证。不得不提的是，从本世纪初期起，连续不断的战争迫使长期缺乏资金的君主们，割让了一部分王室财富给贵族阶级。在议会内部，资产阶级和农民阶级强烈要求缩减支出，试图让贵族归还被转让的王室资产[①]以恢复王室财富，然而这一切努力只是枉费心机。在一个动荡不安的秋天之后，11 月 18 日，迫于压力的女王宣布：她将继续保持王位，条件是不可再向她提联姻的事宜——与英格兰女王伊丽莎白一世多么相似的举动。她的独身选择标志了那些稍纵即逝的爱情已转化为萦绕心头的烦恼。尽管如此，退位的失败再度削弱了这位君主的影响力，这个事件表现出她前所未有的反复无常。为了再度展示她的权力，并证明她不是一个被情绪的变化或者贵族阶层的要求所左右的玩偶，克里斯蒂娜处死了一对煽动反叛的父子。当瑞典女王感觉处于弱势地位的时候，她会变得非常冷酷无情。瑞典女王有可能改宗天主教的新闻在罗马引起了强烈的反响，影响之大，堪比新教自《威斯特伐利亚和约》执行后在斯堪的纳维亚半岛所取得的胜利。罗马教廷派遣了两名神学家会见女王。在 1652 年至 1654 年，瑞典宫廷非常引人注目。欧洲所有博学多才的人都聚集到了瑞典，其中有很多来自巴黎的学者。克里斯蒂娜继续扩展她的交际圈，尤其与法国女雅士文学沙龙、斯居戴里小姐的往来最为频繁。女王开始收集艺术珍品、钱币和书籍。她深思熟虑，与此同时，她的目光离瑞典越来越远。

形势越来越变化多端。1654 年 2 月 23 日，周一，女王以“只有

① 该条款直到 1680 年才得以执行，时年为卡尔十二世的集权统治，“得益于矿工业和冶金业的发展，也归功于商业的发达，这个时期的王国一片繁荣昌盛的景象”。来源于弗朗索瓦·勒布伦所著《十六、十七与十八世纪的欧洲与世界》，阿尔芒·柯林出版社，1987 年版；1990 年第三版更新。

上帝才知道”为由，公告了她退位的决定，这一次一切已成定局，不可挽回。她宣布她改宗天主教，并寻求罗马教皇的庇护。在此期间，受西班牙驻瑞典大使安东尼奥·皮蒙特尔的帮助，她打算定居西属尼德兰（现今的比利时）。瞬间谣言四起，大家猜测这位外交官是她的情人，然而这已不再重要了。克里斯蒂娜这个令人张皇失措的人物激起了所有的流言蜚语。

退位后，扮男装游历欧洲

在举办了隆重的庆典之后，瑞典女王克里斯蒂娜于 1654 年 6 月 1 日在乌普萨拉城堡签署了退位协议。尽管如此，她保留了其王室身份和其庞大产业的所有权，前提条件是绝不损害瑞典利益。6 月 6 日清晨 7 点，她身着盛装来到议会，很少看到她这样穿着双层貂皮大衣，头戴珍珠王冠，手捧黄金球。议会震惊了：弃位的当天，女王终于看起来像个女性了！她在继承人的陪伴下入场，一路上都在听他谈话。卡尔·古斯塔夫王子（未来的瑞典国王卡尔十世）准备好了。他在众人面前宣誓，大力赞扬了克里斯蒂娜，如同他的母亲一般。随后，克里斯蒂娜脱掉了象征着王权的徽章，身着素净的白袍将她的表兄引向王位。

1654 年 6 月 12 日，前任女王启程前往丹麦，随行护送队伍只有几名亲信，清一色都是男子。她也与随行男子同一装束：身着深色男式及膝紧身外衣，脚踏骑士靴，并随身佩剑。旅行中她化名为多纳伯爵，没有一个人能认出她来。途径汉堡和安特卫普后，她于 7 月中旬抵达布鲁塞尔。如同她所要求的一样，在入住大使住所之后，她处于斐迪南三世的保护之下，他是哈布斯堡王朝的神圣罗马帝国皇帝，同时也是匈牙利国王和波希米亚国王。那么罗马怎么看待这件事？可以知道的是瑞典人对于她的离开是长舒了一口气。然而，面对一位即将改宗天主教的昔日女王，罗马教廷除了欣喜也感到些许遗憾，因为她原来的身份本可以成为对路德宗的一次震慑性的报复。红衣主教们都倾向于迎接她的到来，然而新任教皇亚历山大七世不信任这名不可掌控的女子，他表示会接受克里斯蒂娜，条件是她必须先公开宣布自己的改宗天主教。于是，多纳伯爵开始了向罗马前行的漫长之旅。这是一场奇异的旅行。9 月 22 日，她离开布鲁塞尔，前往法兰克福和因斯布鲁克。在蒂罗尔的首府，她以一名傲慢女王的身份进城，一个来自瑞典外省的贵族评议团与她同行。11 月 3 日，她是以这种高傲的态度还是以谦卑的苦修士的态度，在因斯布鲁克的王室教堂放弃新教？

罗马用大炮致敬改宗仪式

她没有这么做。让民众震惊的是，这次女王身着黑色丝绸长裙，如此沉思的神态令到场的会众都为之流泪。仪式礼毕后，出乎意料的礼炮齐鸣向这名新生的天主教徒致敬！这场改宗仪式异常壮观而轰动一时。作为天主教徒的克里斯蒂娜知道瑞典新教永远不会原谅她背弃国家信仰，她将要面对重重困难。

由于她对奇怪时刻的偏好，改宗仪式于 1654 年 11 月 20 日凌晨 2 点在罗马举行。人们曾向她建议不要太过张扬，但令人完全意想不到的是，在浩瀚的好奇的人海中，她在大半夜径直向教皇的居所走去。必须强调，这场仪式异常壮观。一名北欧女王，放弃了她的王位，背弃了国家的宗教，只为了三次跪拜圣父教皇，这是史无前例的！她强制自己行屈膝礼三次，亚历山大七世殷切地将她扶起来。随后，她甚至入住了梵蒂冈，这是对一名女子非常罕见的荣誉。她公开表示能在这些珍宝中度过一夜是多么令她着迷。

第二天，她正式入驻罗马。她的女骑士服和 221 名随从引起了巨大的轰动。这场改宗仪式变成了一场戏剧。她在罗马旅居的初期过得如同蜜月一般。她入住富丽堂皇的法尔内塞宫（现在的法国驻意大利大使馆），拥有一批教廷大公，与最有才智的人交谈。她想要见所有的人，所有的人也都想见她。在罗马，她是所有话题的中心。然而，很快地，她放肆的言行举止和叛逆任性的爱好使得最宽容的人也厌烦了。她在朝圣的地方参观游览，大声喧哗嬉笑；她穿着低胸裙，嘲笑挡住男子雕像隐私部位的葡萄叶子。在参观能眺望圣天使堡的美第奇别墅的时候，她居然将大炮射向一座喷泉，只为了证明她是个好炮手！现在那枚炮弹还在那里躺着。最令人震惊的莫过于因为天气太冷，她居然把法尔内塞宫的家具用火烧了！另外，这了不起的克里斯蒂娜还关系到法国国王大使和西班牙国王大使的竞争。她将他们对立起来，让他们成为竞争对手，尝试从中获取钱财，她已经资金告急，因为她的生活一直陷在如此奢侈挥霍的漩涡中。

没多久，教皇就后悔这场令人尴尬、近乎有失体面、并且引起全面困扰的改宗了。如同一场瘟疫来临一般，教皇向大祭司求助。1656 年 7 月，不安分的克里斯蒂娜离开了罗马，留下了些许遗憾和一些债务。

疑为情人的骑士统领不幸被杀

9 月 8 日抵达巴黎，克里斯蒂娜在近郊贡比涅会见了马扎然。红衣主教马扎然从他的第二次战争中回来，这场战争的旷日持久前所未有，他向瑞典前女王许诺会支持她的那不勒斯王位候选人资格（异国的！），条件是王位必须在克里斯蒂娜死后归还给路易十四的兄弟。瑞典前女王认为，如此一来法国便能削弱西班牙的势力，保证在那不勒斯的强大统治力。吉斯公爵在非常仔细地观察克里斯蒂娜后描述道："她个子不是很高，但是身材很匀称，翘臀丰满，手臂很漂亮，手细腻白嫩保养得很好，然而她更像是个男人而不像个女人。脸盘很大却没有什么缺陷。鹰钩鼻，嘴巴挺大却不让人讨厌。她的牙长得还不错，有着一双流光溢彩的美眸。她总是在抹着厚重油膏的脸上扑上很多的粉。她表现出浓烈的巾帼丈夫的姿态。她说着很流利的 8 门语言，非常了解绘画和其他东西。总之，她是一个优秀出色的人。"她一直吸引着好奇的人们，包括仰慕她的人，也包括诋毁中伤她的人。

当克里斯蒂娜再次踏上意大利的领土时，却不能重返罗马，官方原因是罗马盛行瘟疫，然而更确切的原因是她曾给罗马留下许多糟糕的回忆，因此她定居在邻近佛罗伦萨的佩萨罗。在等待马扎然消息的时候，她的身边围绕着各式可疑人物，尊贵的古斯塔夫二世的女儿险象重生。然而这位位高权重的大臣出于对和平的渴望，对她的传唤视而不见。1657 年 10 月，愤怒的克里斯蒂娜突然来到枫丹白露，将她的怒火发泄到蒙纳尔德希身上，这位男士刚刚成为她的骑士统领不久，并且很可能是她的情人。她将蒙纳尔德希判处死刑，罪名是有背叛出卖西班牙利益的嫌疑。在法国这样一个她没有丝毫权力的国家，她命令她的守卫们在枫丹白露城堡的大长廊上将她的骑士统领刺死。蒙纳尔德希身穿锁子甲，击剑无法将其致死。她的守卫们必须将其割喉。这骇人听闻的一幕也是克里斯蒂娜的一个政治失误，她为此担负上了处决自己情人的恶名。马扎然为此惊慌失措，然而沾满鲜血的克里斯蒂娜在欧洲舞台上仍然占据了非常重要的位置，如同她永远都是瑞典的女王一般。

失望至极，企图重夺王位

在这场丑闻之后，她终于在 1658 年 3 月离开法国，将各种情绪和外界对她的斥责与非难都抛在脑后，与当年离开罗马的时候一样。她又将构想出什么来？瑞典国王于 1660 年 2 月离世，唯一的继承人是一个身体孱弱的 5 岁孩子。于是，与 150 年后拿破仑在法国所做的一样，她做了一个大胆的尝试——日夜兼程马不停蹄地重返瑞典。然而，在斯德哥尔摩，人们不能接受她三番两次地抛弃王位、背弃祖国的宗教和糟糕透顶的朝三暮四。她要求摄政的主张两次都被驳回了。由于无法得到王位的苦恼，她将她热切的目光投向了波兰。波兰是瑞典的竞争对手，也是其手下败将，此时王位处于空缺期。在她野心勃勃的计划中，她将得到红衣主教阿佐利诺支持，这位主教有着绝顶聪明的才智和令女人意乱情迷的英俊容貌。他担任国务秘书的职务，也就意味着他是梵蒂冈的外国事务部大臣。回想当年瓦萨王朝曾统治了波兰，克里斯蒂娜指望他能帮助自己。很不幸的是，她的候选人资格被除名了，漂泊不定的女王克里斯蒂娜鼓起勇气重返罗马。她在罗马城特拉斯提弗列地区的富丽堂皇的科西尼宫殿度过了30年。她在宫里陆续收藏了众多艺术价值极高的作品。很快地，宫殿的第三层陈列室塞满了全欧洲著名的奖章，这些艺术品的主人突然拥有了一笔来源不明的神秘财富。她资助剧院，成立了可以讨论所有主题的阿尔卡德学院，委托著名的小提琴家科雷利举办了音乐节，并专注于炼金术的试验，热衷于研究占星术。她也卷入政治阴谋斗争中，甚至试图选举她的好朋友——英俊迷人的红衣主教为罗马教皇。从外形上来看，她的外貌变得越来越男性化：她穿着及膝的男式紧身外衣和硕大的皮鞋。她说着俚语。她信奉宗教宽容，她无法掩饰对路易十四的嫉妒，因为后者成为“欧洲唯一真正的国王”。

1689年2月13日，与众不同的克里斯蒂娜染上了丹毒病，这是一种使皮肤肿胀的传染病。被病痛折磨了两个月的克里斯蒂娜在1689年4月19日凌晨与世长辞，享年63岁。在罗马，流言不胫而走：传说她的一名守卫勾引了一名侍女，她在惩罚这位守卫的时候死于她火爆的脾气。然而我们可以确定的是，在她知道自己死期将至的时候，她曾经要求行天主教徒的临终涂油礼，并用所有她掌握的语言高声朗诵她的忏悔书。在她的遗嘱里，她宣称她深深地笃信天主教信仰，她将红衣主教阿佐利诺立为唯一继承人。他继承了她的巨额财产，同时也继承了她同样巨额的债务。

罕见的恩典，葬于梵蒂冈

虽然她嘱托葬礼要简单朴实，然而从此将不再被她的不安分所惊扰的圣父下令举行了一场隆重盛大的葬礼。在巨大的殡仪马车上，镶嵌有白貂毛的绣金紫色大衣并列摆放在她的王冠与权杖边上。这是一场女王的葬礼。4 月 23 日，她的遗体由 100 多名举着火炬的教士护送，下葬在圣彼得大教堂的教宗石室。瑞典女王克里斯蒂娜被葬在由三层木与铅合制的棺材中，她是下葬在梵蒂冈的三名女性之一，其他两人分别是詹姆斯三世[①]的妻子玛丽亚·克莱门蒂娜·索别斯卡与公爵夫人玛蒂尔德·德·托斯卡纳，三人的墓葬在众教皇墓葬附近。

她收集的大量珍宝随后分散在欧洲各地。其中有些画作被奥尔良公爵菲利普二世收购，他在法国国王路易十五未成年期间担任法国摄政王。这些画作被用来装点奥尔良公爵在巴黎皇家宫殿的住所。但在大革命期间，这些画作被卖往英国。还有一部分令人惊叹的佳作现今成为萨瑟兰公爵的藏品。

该怎样评价这名如此传奇的女子？在她的回忆录里，上帝是她唯

① 斯图亚特王朝国王詹姆斯二世的独子，被詹姆斯党人奉为“英格兰国王詹姆斯三世”，又被称为老王位觊觎者。——译者注

一的交谈对象：“天主，您把我创造得如此伟大，以至于即使您让我成为全世界的帝王也不能让我满足！”她的肆无忌惮、她的为所欲为使整个时代绽放着无与伦比的光彩。在许多方面，克里斯蒂娜都是她所在时代的缩影。她的形象是巴洛克式的伟大与粗暴疯狂的结合。她不断追寻不现实的幻想，她曾想拥有一切，然而最终却失去了所有，或者说几乎失去了所有。她失望于复杂的恋情，她因权力的伪善而变得尖锐乖戾，她唯有在智者和艺术家的陪伴中才能找到乐趣。但是她长距离的欧洲骑行证明了她没有能力保持平静祥和的状态。无论是生理上抑或是心理上，她都未能了解幸福的真谛。事实上，瓦萨王朝的最后一位女子从未放弃作为女王的身份。她有着无节制的欲望和对知识的渴求，这是一名远远走在时代前面的女性。因此毫无疑问，她深深地感到不满，然而她始终带着无尽的毅力、荣耀和失败勇敢地面对一切。

Marie-Thérèse de Habsbourg-Lorraine

神圣罗马帝国皇后：玛丽亚 · 特蕾西娅

启蒙时代的改革家

Une réformatrice au siècle des lumières

在欧洲著名的女性统治者之中，玛丽亚·特蕾西娅独占一席。相比卡斯蒂利亚女王伊莎贝拉一世的排除异己；凯瑟琳·德·美第奇对竞争对手的毫不留情；英格兰伊丽莎白一世的冷酷与伪善；俄国女皇叶卡捷琳娜二世虽然表现得很出色，却引起了俄国的混乱；而神圣罗马帝国查理六世的女儿显然没有落下这些恶名。诚然，她也有缺点，但若是想找寻她败坏堕落的事迹或恶行，那绝对是徒劳。相反，她旺盛的精力，令人欣喜的工作能力，惊人的食欲，强健的身体，好战的脾气，对平庸丈夫的忠诚，对 16 个孩子的细心关爱，以及作为哈布斯堡王朝的一分子，她所持有的对欧洲命运的政治信心，这所有的一切使得这个女人攀上了权力的顶峰。她的任务要复杂得多：该王朝的世袭国只有一部分被纳入神圣罗马帝国。“哈布斯堡系统的几个最重要的成员国有荷兰、匈牙利、特兰西瓦尼亚和巴纳特，意大利不在其中。也就意味着奥地利君主制度的命运与神圣罗马帝国并不紧密相连。”① 并且还

① 让-保罗·布莱德，《奥地利的玛丽亚·特蕾西娅》，法雅尔出版社，2001 年；雷德，《坦普斯》系列，2012 年。

有某些以德语为官方语言的邦国，例如巴伐利亚、萨克森与汉诺威，已公开寻求脱离哈布斯堡王朝的统治。

作为一名见多识广的改革家，玛丽亚·特蕾西娅是 18 世纪的重要人物，她时常为国事担忧，她的首要目标是加强帝国的融合。通过调解多方矛盾，她非常好地平衡了生活与政务的关系，既不牺牲自己的私人生活，也不影响履行公共事务的义务，是成功平衡多重职责的楷模。更令人称赞的是，根据曾在七年战争中为她任职的法国元帅布罗格利公爵的评价，玛丽亚·特蕾西娅“从不惊慌失措，从不动摇信念，也从不灰心丧气”。她坚持努力，永不停歇。

23 岁的她像男人一样执政

以上三个性格特征铸就了这名女子的品格，她将要如同男人一样统治哈布斯堡王朝的众邦国，这在德意志民族神圣罗马帝国史无前例。这是 23 岁的她要面对的主要挑战。其实，由于她的父亲查理六世没有儿子，让她继承王位对于始建于 1273 年的哈布斯堡王朝显得很勉强。自 5 个世纪以来，绝大多数的该家族传人都扮演着神圣的君主角色。这一切在查理六世之后都必须放弃吗？于是查理六世加倍努力让他唯一的继承人能在他去世后接管统治国家的重任。他想让众邦国保证将王朝的未来递交给他的女儿掌管。要注意的是，此时的哈布斯堡王朝牵扯在波兰王位继承战争之中，并在该战争中输掉了洛林、那不勒斯和西西里地区，这对这个王朝来说是个巨大的统治危机。在主张专制主义的大公们的势力不断增长的时代，查理六世是最后一名在欧洲中央有实力维护政令并扮演着大帝角色的君主。他担心这一切都将在他死后四分五裂。查理六世拟写了《1713 年国事诏书》，迫使众邦国的议会和欧洲大国在这份令人不知所措的文书上签名，以承认玛丽亚·特蕾西娅的继承权。总部驻在雷根斯堡的神圣罗马帝国议会是最后一个于 1732 年共同批准这项继承诏书的权力机构。宣告了奥地利领土神圣不可分割后，玛丽亚·特蕾西娅的父亲终于松了一口气，同时他也要避免他的遗产被分割。马德里、圣彼得堡、伦敦和凡尔赛都表示接受他的要求，然而事实证明，这些口头承诺并没有约束力，因为在查理六世去世后，1740 年 10 月 20 日，大部分国事诏书的签署者都纷纷背弃了他们的诺言。将他的女性继承人视作一位男性继位者？这简直是异想天开，很难被承认。建于 962 年的帝国，从未由一个女人来统治。一位奥地利女大公？太让人难以想象！并且，毫无疑问的，她的年轻（在当时相对而言）也使得她缺乏经验。她于 1736 年嫁给洛林公爵弗朗茨·斯蒂芬。这位公爵是舞蹈高手、资深猎手，一个通晓多种语言的平庸之人，也是一名在由他岳父发起的最后一场奥地利-土耳其的战争中的倒霉军人。可以说，他所带给她的只有并不高明却也勉强过得去的帮助和支持。他亲切和蔼，脸上总是带着笑容，相貌英俊，有着一双深蓝色的双眸。尽管他们身份悬殊，但他对妻子是很忠诚的。路易十五的政府之所以没有背弃对查理六世的承诺，那是因为洛林公爵放弃了自己的封号和领土，使其在短期内并入法兰西王国。领土扩张的野心是随后引发冲突的关键因素。

最后的哈布斯堡，最初的哈布斯堡 - 洛林

在婚后，玛丽亚 · 特蕾西娅首先创造了一个新的姓氏——哈布斯堡 - 洛林，这是奥地利家族与波旁家族这两个世代仇敌[①]之间异乎寻常的联合。4 年之后，在互相敌对的势力之中，有人立刻对玛丽亚 · 特蕾西娅继承神圣罗马帝国提出了异议，她的主要敌人是普鲁士国王腓特烈二世——一个诡计多端又野心勃勃的君主，他对女性的厌恶反感正如他对长笛与伏尔泰作品的喜爱一样出名。霍亨索伦亲王弗里德里希出了名的心胸狭窄，他清楚地意识到：必须在玛丽亚 · 特蕾西娅即位之前的 6 个月登上普鲁士王位。在他父亲“士兵国王”的统治下，他承受了太多普鲁士被奥地利远远抛在后面的痛苦。弗里德里希想要逆转这种趋势，他举行了一次快速的示威行动。对波茨坦君王来说，他不能忍受他敌人的女儿成功戴上王冠，在布拉格成为波希米亚君主并在普雷斯堡[②]继承匈牙利王位，这两场仪式不可避免，因此奥地利封地也随之被转让了。普鲁士国王嘲笑玛丽亚 · 特蕾西娅缺乏经验，心智不成熟，并且过于年轻。但他最主要的抱怨是因为她是一个女人！在这个方面，腓特烈二世的蔑视是出了名的。玛丽亚 · 特蕾西娅总是以一个更为年长的形象出现在众多画作之中：一个庞大家族的母亲。

① 在当时的法国，人们更喜欢称“奥地利的洛林家族”或者是“洛林 - 哈布斯堡”。很显然，在洛林更是如此。

② 普雷斯堡在德语中是一个坐落在多瑙河边的城市名字。在当时是匈牙利的首都。在匈牙利语中，其拼写为 posgony。现在它被称为布拉迪斯拉发，是斯洛伐克的首都。

因此要了解真正的女大公形象，应当对肖像画持保留意见。让我们听听普鲁士驻维也纳大使波德维尔斯伯爵在查理六世勇敢的女儿登上欧洲政治舞台时所说的："玛丽亚·特蕾西娅行走步态自然，举止庄重，神采庄严，让人肃然起敬。身材丰满，一头秀美的金发夹杂着些许红棕色，一双温柔的大眼睛充满了生机与活力，深蓝色的眼眸让人印象深刻。鼻子长得很匀称，既不是弧形的，也不扁塌。雪白的牙齿在她笑的时候显得别具魅力。嘴巴虽然大，却挺漂亮。她的颈背和胸部很好看，双手非常迷人。"总体来说，年轻的玛丽亚·特蕾西娅是个挺不错的人，她非常有魅力，这是绝佳的武器。她甚至保留着她 10 岁时的清新自然。她的德语滑稽可笑，法语残缺不全错漏百出（这是腓特烈二世不能原谅她的地方！），她爱好意大利语和阿尔卑斯山以外的所有语言，她也说很官方的拉丁语，她的丈夫对这门语言掌握得并不好，拉丁语使得她能够理解耶稣会会士对青年思想的影响与控制。女大公对多瑙河流域的其他语言不感兴趣。

之后，查理六世的女儿将以皇后的身份出现在世人面前，然而她的敌人们连将她视为皇帝的妻子都很勉强（不久之后她将被冠以这个头衔）。这个头衔诚然尊贵，却不再赋予她任何自 1648 年《威斯特伐利亚和约》后的实权。真正的神圣罗马帝国皇帝竟是个女人！二者的结合标志着旧时的欧洲在世界版图上的一次华丽蜕变。玛丽亚·特蕾西娅为她丈夫的帝国版图添上了一块新的疆域，至少约 12 个民族，这些民族共同生存在这片土地上，可由语言划分为德意志民族、捷克民族、罗马尼亚民族、塞尔维亚民族、匈牙利民族和乌克兰民族，大约有 1400 万臣民散落在帝国各地，这是广义上的奥地利，意味着也包括了波希米亚与匈牙利。德意志的一句谚语如是说：“如果新娘嫁妆丰厚，这就是场好婚礼！”领土的状况也同样很复杂，因为神圣罗马帝国大概有 300 个邦国，其中一部分是极小的公国，还有一些是不受管辖的城市。

阴险狡猾的敌人：普鲁士国王腓特烈二世

如果说查理六世巧妙地在外交上为继承者打下了好基础，那么国内事务在他的统治下则真是糟糕透顶。国家债务深不见底，国家顾问团队老龄化严重，以至于他们唯一想做的事情就是什么都不用做。最严重的问题是，已故的大帝没有教导他的女儿如何处理实际的公共事务。他的政治教育一无是处。玛丽亚·特蕾西娅拥有的仅仅是她的聪明才智和满腔热情，她身边围绕的都是能力不足又自命不凡的人，并且她深知谁有贪污腐败行为，这使她更受敌对。很快地，玛丽亚·特蕾西娅遭遇了威胁。1740 年 12 月 16 日，在她父亲去世仅仅 8 周之后，在未宣战的情况下，普鲁士军队入侵位于波兰南部的西里西亚。这是一场突如其来的全面袭击。对玛丽亚·特蕾西娅来说，腓特烈二世表现得很伪善（在得知查理六世大帝死讯的时候，他下令让宫廷举行哀悼仪式），他厚颜无耻并且诡计多端，缺乏耐心，处理事情极为马虎。他确信他可以轻易除掉这名大胆无礼的女大公。被视为欧洲第一正规军的普鲁士军队是由他的父亲——著名的“士兵国王”——培育的，目的是统一 8 万名需要操练的士兵。一支由 2.3 万名士兵组成的分队跨过了边境向玛丽亚·特蕾西娅宣战。为什么选择攻击西里西亚？因为自两个世纪以来，西里西亚就是哈布斯堡家族的属地，这个地区资源丰富，有一部分的民众是新教徒或是尚不坚定的新教徒，无须费多大力就能煽起民众对路德宗的热情。

然而普鲁士国王太过于自信了，在选举皇帝的时候，他想要借支持玛丽亚·特蕾西娅的丈夫来使她忽略掉自己恶劣的行为。以普鲁士国王的角度来看，这手段一定会成功。然而，如此聪明绝顶，如此学富五车，如此精通音乐，如此热衷于理性主义的腓特烈二世，一直是皇冠候选人玛丽亚的一块心病。她向霍亨索伦君王的密使回复道，她更希望“与他同归于尽而不是与他商谈”。这个回复表现了玛丽亚·特蕾西娅异乎常人的坚决。她不该表现得如此坚决吗？如此一来，未来德意志区域内的两大强劲对手——奥地利与普鲁士的第一次冲突开始了。欧洲将为此受到长久的损伤。

由于缺少政治方面的知识，女大公将很快领略到拥有权力的男人的厉害。1741 年 4 月 19 日的莫尔维茨战役[①]，勉强凑成的近 1.5 万名奥地利士兵被普鲁士军队打得落花流水。然而，腓特烈二世并没有像他所希望的一样成为一位光荣的战胜者，相反的，他因为害怕而躲在一个远离大炮火力的磨坊里面！他的懦弱遭到了维也纳的嘲笑，但这在奥地利战败面前只能是微不足道的复仇。两个月内，痛苦的腓特烈二世与路易十五联合，成立反哈布斯堡联盟，对抗玛丽亚·特蕾西娅。

① 布雷斯劳的南部，今天波兰的弗罗茨瓦夫。

真的值得为了西里西亚进行这场战争吗？那些认为不值得为这片领土牺牲如此多的人都错了，其中也包括女大公的丈夫。被嘲笑的女大公并没有因此妥协屈服。她可能会被打倒，但她绝不会放弃，她要证明她不会“辱没名誉”，也不会“失去欧洲的尊重”。腓特烈二世可以攻下西里西亚——对此他是不会放弃的！——但她永远不会投降。她不分昼夜地工作，解救这个即将被瓜分的国家。

她的敌人不知道的是，在那段时间里，上帝赐给了玛丽亚·特蕾西娅一个哈布斯堡王朝期望了25年的礼物：一个儿子！这个白白胖胖的小男孩名为约瑟夫，生于莫尔维茨灾难前的一个月。在1741年春天诞生的这个小生命，减轻了玛丽亚·特蕾西娅在这个恶劣冬季里因幻想破灭带来的痛苦和忧愁。在此之前，玛丽亚·特蕾西娅生了三个女儿，其中两个女儿活了下来，产下男孩的骄傲再次给她带来勇气，以此对抗失败、侮辱和背叛。在怀孕期间，她散发着令人意想不到的魅力。24岁的时候，健康的女大公轻轻松松地产下了这名男婴，怀孕和生产过程都非常顺利。分娩后的6小时，她兴高采烈地宣布6个月后她将再次怀孕！她准备好了重新开始，并信守诺言地生下了16个孩子。这些孩子不仅仅是王朝未来的保障，他们也是一场复仇。奥地利的君主政体非常脆弱，然而它的女主人却非常强大。

“波希米亚国王和匈牙利国王”的凯旋

现在，她在回想哪些人不曾背叛过她。她意识到，即使维也纳与匈牙利之间的纠纷曾经很激烈，然而只有匈牙利对她给予了支持。回到匈牙利对玛丽亚 · 特蕾西娅来说没有任何损失，因为这块“与王冠紧紧相连的土地”享有内部自治权和部分自由。

30 年前由拉科奇挑起的暴动已被平定，现今又再度滋生。这个造反者曾逃往年轻的法国国王路易十五处避难，为此后者招来了匈牙利人民的憎恶。查理六世的女儿也选择了这个唯一使她感到安全的地区加冕——普雷斯堡。1741 年 6 月 20 日，她身着匈牙利服饰，骑着白马，进入了普雷斯堡。匈牙利首席大主教，即埃斯泰尔戈姆大教堂的主教亲手将圣伊什特万王冠[①]授予玛丽亚 · 特蕾西娅。这座庞大的俯视多瑙河的大教堂在 19 世纪将被重建。达官贵人们用拉丁语高声呼喊：“我们的国王！”根据坊间传说，这句拉丁语的“我们的国王”将他们的女王视为一个男人。她也依照传统用拉丁文回应。她的运气很好，因为这个传统掩盖了她不会说匈牙利语的事实！这位“玛丽亚 · 特蕾西娅国王”挥舞她的宝剑，剑身直指四方，她将通过捍卫她的特权来统治匈牙利：君主将会捍卫她的领土，与一切可能出现的危险抗争。新任女王在没有丈夫陪同的情况下机敏地守护着一切。作为匈牙利王室内众多的外国人之一，为了使自己在将来能被接受，弗朗茨 · 斯蒂芬选择了默默站在女王身后。

他的妻子数次寻求匈牙利的帮助，后者在 8 年的奥地利王位继承战争期间一直有所援助，直至 1748 年。捷克国会在法国 - 巴伐利亚

① 从 2011 年年底起，圣伊什特万王冠被置于博物馆中，陈列在布达佩斯国会的巨大穹顶之下，由军事守卫每两小时轮值监管。

的军队占领布拉格后，承认巴伐利亚的卡尔·阿尔布雷希特为波希米亚国王。此时，玛丽亚·特蕾西娅面临着一个糟糕透顶的局势：未来的统治者有可能是一个巴伐利亚人，一个维特尔斯巴赫家族的人，然而自1526年起，9位哈布斯堡的统治者都在布拉格加冕。1742年1月24日，在这个“顶替者”刚刚被授予权力的时候，玛丽亚·特蕾西娅以总领身份带领她的部队重新占领危机中的波希米亚，人们依然用拉丁语呼喊：“我们誓死为玛丽亚·特蕾西娅效命！”这是奥匈帝国联军在历史上的第一次联合。1743年5月12日，“匈牙利国王”在布拉格一片欢腾的气氛中被加冕为“波希米亚国王”。

一位推崇疫苗接种的先进母亲

在这个男性掌权的世界里，她是一个被神赋予使命的女人，一个在政治上被孤立的女人。由始至终，她伟大的才华在于成为她必须成为的人。出乎所有人的意料，尽管她遵从了她父亲的意愿，但仍是个传统悲剧英雄的角色。同时，作为一个在爱情和生活上都很幸福的妻子，她也很少有机会喘息，她几乎总是在孕期和哺乳期之间来回切换。同时，她时刻在紧急焦虑中奔波于政务和家庭之间。她坚持给孩子哺乳，这在当时是很少见的。在她的政治遗言中，她总结她的政治哲学：“尽管我爱着我的家庭和我的孩子，但是我首先是我的国家与子民的母亲，如果有必要的话，我将毫不犹豫给他们所喜爱的一切。”她忙于履行她的责任与义务，但也不疏于个人生活。她不断地在摇篮与铺满了公文的办公桌之间往返，徘徊，将军们都惊讶于她的旺盛精力。女王处在生育期，腓特烈二世对此很不屑一顾，依照他轻蔑的说法就是“没完没了的生育期”。身为母亲的她只有唯一一个遗憾，就是在她怀孕期间不能与她的士兵相伴。

尽管维也纳的宫廷非常重视家庭，并且 18 世纪也不像随后的时代那么内敛，然而玛丽亚 · 特蕾西娅还是给她的顾问们上演了一场惊人的好戏。这是一种外交手段吗？首先，嗷嗷待哺的孩子需要有人喂养！就像为国家的军队寻找军饷。她无法不为生病的孩子而担心忧虑。女王将她的孩子们（9 个孩子出生于 1737 年至 1745 年，其中有两个男孩）交付给女管家照顾，管家必须时刻向母亲汇报孩子们的健康情况。不幸的是，玛丽亚 · 特蕾西娅的孩子屡屡夭折，尽管这位细心谨慎并且富有现代意识的母亲，采用了疫苗来对抗天花这种在当时很罕见而又危险的疾病，16 个孩子中还是有 6 个离开了人世。

她的身材日渐丰满起来，其庄严形象从此被定格为被精美的塔夫绸包裹着的丰腴女子。来自荷兰的私人医生杰勒德 · 万 · 施伟腾尝试劝阻女王不要过度进食。为了使女王知道在她的胃里面发生了什么，这位医生待在女王身边，在她进食的同时，他取完全等量的食物并将其混在一个黄金桶里面！尽管如此，这名奇思异想的物理学家还是失败了！玛丽亚 · 特蕾西娅热衷于努力工作、美食佳肴与休闲娱乐。女王喜爱霍夫堡冬宫驯马场的马术节，也热爱维也纳的舞会、比赛和戏剧表演，这些娱乐活动带给女王身体上和精神上的双重愉悦。女王本身非常节俭，然而一旦涉及国家形象，她都会不惜重金加以维护。一个外交家观察她的日常生活并评论道：“她不关心她的容颜美丽与否，也很少去考虑衣着打扮；若非出席盛典宴会，她的衣着都非常简单，宫廷也以她为榜样而效仿。”

居住在美泉宫也是她的乐趣之一。这座夏宫处于开阔的平原上，14 世纪时只是一个磨坊，15 世纪时被改造成小城堡，它见证了那些不幸的历史。它曾是被匈牙利人摧毁的狩猎寝宫，重建后又在战火中被土耳其人所焚毁，随后又在查理六世的命令下被修建。他的女儿继承了美泉宫之后继续进行修缮工程，在她的命令下，外墙被粉刷成所谓的“玛丽亚 · 特蕾西娅黄”，一种在中欧受到高度赞赏的颜色。她还准备在由意大利设计师帕卡西改造的宫殿后面的小山坡上规划一个花园和亭子。

这位宽厚大方、头脑清晰、不嫉妒猜忌的女主人始终为西里西亚所忧心忡忡，她决意收回这片领土。从最初无把握的战败，到 1745 年 12 月 21 日通过签订《德累斯顿和约》将这片争端不断的领土授予普鲁士结束，腓特烈二世致维也纳当局的申明弥补了玛丽亚 · 特蕾西娅的失败：他承认战败者的丈夫弗朗茨一世被选举为神圣罗马帝国皇帝。

她不是皇帝的妻子，而是执政的“女皇”

如此一来，玛丽亚 · 特蕾西娅的丈夫被宣布成为皇帝。然而，历史会告诉世人，玛丽亚 · 特蕾西娅并不满足于成为他的妻子。她是这个多民族国家的真正统治者。

她灵活地推崇实用主义思想，这在她所处的启蒙时代极具时代意义。为了通过中央集权和发展有效的行政机构来加强国家权威，她很快将她仁慈的丈夫与实际权力隔离开来。她是爱他的，平日会陪伴他进行狩猎活动，也欣赏他监督孩子们的教育（最小的孩子马克西米利安·弗朗茨出生在1756年，在安东妮亚出生后的一年，后者即未来的玛丽·安托瓦内特），她也鼓励他投身于哈布斯堡王朝一直钟情的自然科学。“女皇”开设了各种教育机构，最有名的当属1766年创建的“特蕾西娅学校”，最早的国立行政学院。“女皇”允许在维也纳创建耶稣会学校，采用德语教学，语言的统一有利于促进不同民族的融合，同时历史教育也有利于引领欧洲走向现代化而不是返回古代。学生们必须了解他们所生活的世界。尽管如此，由于考虑到太多对公共事务有益的年轻人把自己关在修道院中，“女皇”最终在1773年将耶稣会驱逐出境。但是维也纳还是保留了反宗教改革和巴洛克艺术胜利的记录和象征。众多的华盖与帷幔、无穷无尽的褶皱、交叠的廊台圣楼、壁龛、四溢的烫金色彩将教堂装饰成了剧院风格。这些大肆张扬的华丽装饰恰恰与玛丽亚·特蕾西娅的品位相反，她崇尚简约。她的寝宫阴暗陈旧，空气流通不畅。

1765年8月18日，弗朗茨·斯蒂芬在蒂罗尔倒下了，几分钟之后他与世长辞，享年57岁。“女皇”对他们第9个女儿也是第12个孩子奥地利公主玛丽亚·约瑟芬呜咽着说道：“你失去了一个伟大的父亲，而我失去了我的丈夫，我的朋友，我唯一的爱人。42年来，我们的心都在一起，我们总是同心同德，我们一起学习。因为有他的支持，我才能熬过25年来所有的不幸。”弗朗茨·斯蒂芬从此退出了他妻子的生活。

为国家利益而牺牲儿女婚姻

根据哈布斯堡王朝的传统，“女皇”总是认为她的王子和公主们应当利用婚姻来巩固王朝的地位，对于年轻人婚姻比爱情更重要。作为欧洲舞台上的棋子，他们是可以用来交换的，但她的联姻战略并没有带来幸福的结果。

玛丽亚·特蕾西娅是一个如此悒悒不乐的寡妇，人们担心她不会让位。然而她振作起来了，与她的儿子约瑟夫二世共享权力。1780 年 11 月 20 日，她的继承人守在她的床头。五天以来，他一直守候在他庄严的母亲身边。63 岁的玛丽亚·特蕾西娅知道自己时日不多了。她想要站起来，却瘫倒在一个不舒服的沙发上。她的儿子安慰道：“您肯定没有睡好……”然后问她是否坐好了。在安静片刻之后，她回答道:“我已做好了死去的准备。”

1888 年，在弗朗茨·约瑟夫统治时期，历经 12 年，人们在美术馆和自然科学博物馆之间的玛丽亚·特蕾西娅广场上树立起了她的纪念碑，再一次改变了维也纳。在纪念碑的 20 米内，德国雕塑家卡斯帕·冯·朱姆布希巧妙地在“女皇”的脚边安置了三类人，分别为代表了各界精英的 4 位将军，4 位首相，16 位知名人士。其中包括莫扎特这位才华横溢的音乐神童，他很小的时候曾进宫表演，在进行完一场令人惊叹的独奏后，“女皇”亲切地把他抱在自己的腿上。然而这些雕塑中竟没有一个女人！她在世的时候，已经鲜有女人能与她媲美。虽然未能赢得对抗普鲁士国王的胜利，她却成功使匈牙利和波希米亚归于哈布斯堡的统治之下，服从她父亲的意志，缔造了帝国的统一，成功废除了区域界线。拿破仑也在波茨坦的腓特烈二世与玛丽亚·特蕾西娅的墓葬前沉默以示尊敬。“女皇”的墓葬雕塑颇具戏剧性：玛丽亚·特蕾西娅与她的丈夫彼此深情对望。作为哈布斯堡王朝最后一名男性统治者的女儿，由于她的女性身份导致其合法性在很长的一段时间内都被人质疑，但毫无疑问的是，玛丽亚·特蕾西娅完全值得享有与男人“同等的荣誉葬礼”。

Catherine Ⅱ de Russie

俄国女皇：叶卡捷琳娜二世

来自异国的罗曼诺夫女子

Une Romanov d'importation

如何最为精确地，最完美地总结和定义这位个性出众的女性？我们不妨回顾一下以下场景。在一个长夜无眠后的清晨，她命令她的医生："放干我最后一滴德国血液，好让我的血管里只流淌着俄国的血。"

手术在沉默中进行着。从 11 世纪起，这样的行为就不单纯只是一种治疗，这种治疗构建了一次真实的政治换血。这样大规模的举动使她得以完成蜕变。事实上，虽然叶卡捷琳娜二世统治着俄罗斯帝国，成为罗曼诺夫王座上的第 5 个女人，但她是第一个没有斯拉夫血统的女皇。她不得不对抗着格外严峻的形势，这是一个对历史的挑战，也是对她自己的挑战。因为彼得大帝的意外继承人竟然不是自己的后代。当然，她从未能够去除她的德国北部口音，但是她遵守了所有东正教的传统，甚至将民族服饰的风潮带入宫廷。

"我的一切都属于俄国。"她强调，"甚至包括我的名字叶卡捷琳娜！"

这是事实。在她的统治下，俄国迅速扩张成为欧洲最重要的国家之一。

罗曼诺夫王朝继承人的童年

彼得大帝的女儿伊丽莎白·彼得罗芙娜是一个活泼的女皇，人称“专制的维纳斯”。在她于1761年12月25日去世前，她决定让她姐姐安娜的儿子——彼得继承王位，因为她自己一直没有生下一位继承人。这样一来，既完成了她的使命，也完成了她的心愿。彼得于1728年2月10日出生在德国北方的荷尔斯泰因-哥托普公国的基尔。基尔的海湾面朝着波罗的海。他的母亲在他才3个月的时候就去世了。他的父亲对他不是很上心，在1739年去世之前，把他交给了一批严厉而毫无学识的官员教管。彼得大帝的外孙彼得11岁时，他的未来看似命途多舛。年轻的公爵体弱且惊慌，因为他过去时常被惩罚。他厌恶所有来自外界反复向他灌输的东西，特别是科学。在他很小的时候便受人欺负，他发誓不会宽恕所有欺负过他的人，总有一天他会找他们算账。被粗暴对待的年轻人想要报复全世界。他反复强调，他要组织像普鲁士那样勇猛的军队，像粗人一样大肆喝酒并周旋于很多女人之间。他热衷于小提琴，哎！然而这并没有使得他的性格变得温和，他要求任何人都不许在他演奏的时候前来打扰。小提琴虽然让他着迷，但未能软化他的脾气。实际上，从青少年期开始，彼得就暴露出种种品性：他固执倔强，智商有限，任性且幼稚。毫无疑问，阴暗的斯巴达式的童年和爱的缺失，造成了他阴险虚伪的个性，这也许是他自我防卫的方式。

名副其实的德国公主“菲琪”

形势对彼得而言并不乐观，更何况他还是个外国人。彼得出生在德国的领土上，他的父亲是德国人。他的姨母伊丽莎白在成为女皇之前带他去过俄国，于是这个路德宗教徒不得不改信东正教。1742 年 11 月 7 日，他重新受洗，改名为彼得 · 费奥多罗维奇，并被指命为罗曼诺夫王位的继承人。在圣彼得堡的日子，他并不开心，只有在提及他的偶像普鲁士国王腓特烈二世的时候才会兴奋起来。对于他的姨母与波茨坦开明专制君主之间的七年战争，他感到灰心绝望，并选择了支持后者。这一举动使得伊丽莎白大为震惊，忧心忡忡的姨母命人对他进行监视。28 岁的俄国皇位继承人彼得，深深地被普鲁士的精神和军事化组织所征服，从几次大事件中能感受到他对普鲁士带着敬畏的崇拜之情。对他而言，俄国还不够日耳曼化。无论是从血统抑或是品性来看，34 岁的新任沙皇彼得三世都可以被称为“德意志的罗曼诺夫”。

自 1762 年登基以来，他便迫不及待地与腓特烈二世签订了和平条约，归还了东普鲁士。那些战斗在俄国国旗下和征服了柏林的俄军对此十分愤怒，他们对“为普鲁士国王”而战斗感到非常不满。当人们得知新任君主强制俄军必须身着普鲁士军装，并接受德国人的命令的时候，惊愕蜕变成了熊熊怒火。人们不禁自问：“选择了这么一个智力有缺陷的人来接替王位，是不是刚刚去世的女皇的严重失误？”

事实上并不是，伊丽莎白早就预料到了，并且在生前就留了一手，只不过不会那么轻易就露出来。15 年前，女皇就对她这个狂热的外甥的种种缺陷和古怪行为有所察觉，于是为他物色了一个妻子，以弥补他的不足。通过负责寻找珍稀鸟类的明肖森男爵，伊丽莎白为她变化无常的外甥在 1745 年 8 月 25 日娶了一个地地道道的德国公主。这位德国公主于 1729 年 4 月 21 日出生在奥得河畔的西波美拉尼亚首府斯德丁[1]。她名叫索菲亚 · 奥古斯塔 · 弗雷德里卡。她的父亲是普鲁士军队中的一个囊中羞涩的少将，带领着一个军团。她的母亲乔安娜 · 伊丽莎白属于荷尔斯泰因 - 哥托普亲王家族。有传言说她的母亲是个朝三暮四又诡计多端的女人，长期和年长她 22 岁的丈夫闹不和。当时的流言蜚语信誓旦旦地声称未来的叶卡捷琳娜二世其实是腓特烈二世的女儿，然而这个传闻并站不住脚。若是要质疑其生父的身份，她真正的父亲更有可能是俄国的外交官伊万 · 别茨科伊。每次见到他，她总是对其行礼，并亲吻他的手。成为女皇之后，在她出席的场合上，达官显贵必须保持站立以示尊敬，然而她却允许这名男子坐着。在家人间，索菲亚 · 弗雷德里卡的昵称是“菲琪”。她受到了极佳的教育：法语口语与写作能力俱佳；能用意大利语交流；也能理解英语。她个性鲜明，知道如何在适当的时候引起注意。她的唯一缺点是：没有音乐家的耳朵。然而她的智慧让人印象深刻，“虽然没有嫁妆，但是索菲亚公主带来了可以与彼得大帝媲美的头脑”[2]。

---

① 从 12 世纪起就是德国的殖民地，通过 1648 年《威斯特伐利亚和约》割让给瑞典。1677 年通过勃兰登堡选举回归，在 1679 年再次归属瑞典。接着在 1720 年通过《斯德哥尔摩和约》归属普鲁士。1806 年至 1813 年被法国占领。斯德丁在 1945 年波茨坦会议上赋予波兰，其领土上的德国人被驱逐。现在它的波兰名字为什切青。

② 吉兰 · 德 · 迪巴克，《哥达的秘密》（再版），佩兰出版社，2012 年。

婚后的彼得宁愿与马相伴

彼得和他的妻子比起来，完全就是个心智未熟的怪人和疯狂的亲德者！16 岁结婚的新任公爵夫人皈依东正教，改名叶卡捷琳娜作为俄语名，以向彼得大帝的妻子致敬。这个细心的举动得到了广泛美誉。人人都称赞这名来自西波美拉尼亚小公国的年轻女孩才智过人，精巧优雅，极富教养。但很快历史便让人们意识到她的另外两个特征：野心勃勃和自私自利。彼得妻子的优点使其遭人嫉妒，在充满敌意的宫廷中她被孤立了。彼得大公应该对这位具有德国血统的妻子感到很满意吧？然而出乎所有人的意料，他对她并不殷勤，流言蜚语声称，他身患残疾导致难以与妻子发生关系。在结婚 9 年后，人们都断言叶卡捷琳娜始终是处女之身。直到 1754 年，她生下了一个儿子，即未来的保罗一世。众所周知，彼得对他的妻子没有丝毫兴趣，他更喜欢与他的马和狗相伴左右。根据法国和英格兰大使发给部长的公函可以看到，彼得对腓特烈二世的崇拜和阿谀奉承已经到了无以复加的地步。由于不断地颂扬普鲁士，彼得的狂热侮辱了俄国人民。彼得持续推崇波茨坦的习俗和柏林的生活方式大大地伤害了俄国人民的自尊。叶卡捷琳娜的丈夫频频引发轰隆隆的炮火，将美丽的圣彼得堡陷入一种奇怪的人为战争气氛中，仿佛整个城市被战火包围了（然而事实并非如此！），混乱取代了恐惧。从清晨到傍晚，炮击声惊扰着涅瓦河畔的居民。最为疯狂的是彼得三世冒着损害堤岸、河道和浮桥的危险，下令同时拉响上百门巨炮。

为了试图平复丈夫令人不安的幻想，叶卡捷琳娜一直监视着他，尽量不让他接触到有关日耳曼的事物。1762 年伊始，伊丽莎白女皇去世了，其生前留下的富丽堂皇的建筑象征着她统治时期的辉煌回忆。很快，叶卡捷琳娜就明显展示出比彼得更适合登上罗曼诺夫金红色王座的才能。有一段时间，她很少露面，和一个时刻威胁到她的精神状态的人一起生活让她感到非常疲倦。还有另一个比较阴暗的原因：她有一个情人，并怀上了他的孩子。然而彼得此时什么也没有注意到，并且和他那庸俗丑陋的情人四处招摇过市。由于沙皇精神失常，叶卡捷琳娜得以在新冬宫的内宅隐藏起她渐渐凸显的肚子。怀孕期间的她虽不能参与公共事务，但是所有国家事务的细枝末节她都了若指掌。

彼得三世还强制要求神甫刮掉他们的大胡子，要他们成为“路德宗的东正教教徒”！这种奇怪的要求使得神职人员很快加入了不满的队伍。没有人愿意接受这个已得到彼得大帝赦免的传统习俗，大家都认为这个愚蠢的皇帝将会使俄国陷入混乱。彼得三世对待他的访客和来宾也同样荒唐，例如在彼得宫城中的一个庭院里，反复无常的皇帝建立了一套荒谬的法令，规定人们在床上睡觉的姿势和技巧！人们甚至会担忧他企图控制风的速度！

城府极深，废黜彼得三世

叶卡捷琳娜的分娩既是滑稽可笑的，又是马基雅维利式的。为了转移她丈夫的注意力，不让婴儿的哭声惊动到彼得，她忍受着疼痛，和她的侍从施库林策划了一个大胆的演出。她们知道彼得作为尼禄的效仿者，对大火非常着迷。在1762年4月11日的夜晚，叶卡捷琳娜的侍从在自己的一个破房子里放了一把火。当然，房子是木质的。接着整个街区燃烧起来了！疯子彼得和他的情人被火灾所吸引。多么惊心动魄的一场演出啊！在这个时候，略施诡计的叶卡捷琳娜生下了她的私生子，并由忠诚的仆人带到了一个安全的地方。毫无疑问，在这个戏剧化的夜晚，沙皇的妻子展现出了她的机智和果断。一个奥地利外交官说道："在平静的外表下，她巧妙地隐藏着一些秘密。"事实上，女沙皇正准备废黜她反常的丈夫，因此装出一副受到精神失常之人迫害的无辜样子。6月9日，在橘树镇（现在的罗蒙诺索夫）的晚餐过后，沙皇公然把她当成傻瓜对待。无论从哪一方面看，这是一个致命的错误！在所有的谋反当中，必须要有钱，用来收买那些犹豫不决的人。在她的请求下，英格兰通过一个幸运的商人作为中间人借给了她10万卢布，英格兰也因此参与其中。接着事态变得非常紧急，因为沙皇要将她监禁在一个修道院中，他还想要对丹麦发起一场战争，并将一只老鼠送上了军事法庭，因为它胆敢弄乱他那排成一队的玩具兵！

6月28日星期五，叶卡捷琳娜和她的女伴在彼得宫城。奥尔洛夫四兄弟在这场阴谋中起了决定作用。早上6点钟，阿列克谢，奥尔洛夫四兄弟中最小的一个，也是女沙皇的情人，出现在她的卧室。

"夫人，是时候为您的登基准备一下了，一切都已安排妥当。"阿列克谢说。

她毫不迟疑，她甚至没有花时间"化妆"（在她的回忆录中她使用了"faire sa toilette"这个法语表达），直接坐进了一辆套有5匹骏马的马车当中。在圣彼得堡，忠心耿耿的军团等待着她的到来。在伊斯马洛夫斯基的营房，大约有 1.4 万名士兵对她欢呼。人们亲吻着她的手，神甫向她赐福。在喀山圣母院的感恩赞之后，叶卡捷琳娜在古老的主教道路上现身了，她自称专制女皇，并前往冬宫。她精明地抱着她合法的 8 岁的儿子保罗出现在窗口。所有达官贵人和军队领导都宣誓效忠于她。这次政变在精神层面上取得很大成功。作为首次不流血的历史政变，冬宫被载入了历史。这是一次宫廷政变？不，这是一次巧妙的宫廷革命。

但是彼得三世在做什么呢？在一个宿醉的夜晚之后，他结伴来到了彼得霍夫宫，试图制止他的妻子。但是太迟了。尽管他神志不清，他还是明白他已经失去了一切。晚上，叶卡捷琳娜身着守卫者的制服回到彼得霍夫宫，迫使她的傀儡丈夫让位。现场的 1500 名与他同籍的荷尔斯泰因的皇宫守卫，并没有做出任何一点保卫他的举动。可悲的彼得请求让他的情妇留下陪他，叶卡捷琳娜拒绝了他的请求。接着，他悲伤地哀求着希望能够留着他的贵宾犬莫泊西、仆人那耳喀索斯和他的小提琴。女皇同意了。

在擅长操纵气氛的奥尔洛夫兄弟的组织下，新女皇第二次踏入她的首都。她当时的形象如同画家埃里克森著名的骑马肖像画中的她一样难以辨认。叶卡捷琳娜跨着白马，踩着红色与银色相间的马鞍，身着陆军上校的制服，男式紧身短上衣和佩欧布拉让斯基军团的绿色马裤，头戴三角帽，手持佩剑。在这 40 多个小时里，她滴水未进，也未曾合过双眼。星期天晚上，她终于睡下了，筋疲力尽但非常满足地睡去。对军队首脑来说，她结束了彼得三世荒谬的统治，后者被囚禁在距离彼得宫城 12 千米外的一个皇宫中。7 月 6 日，人们得知丧失地位的沙皇死于“消化不良”。没有人相信这个版本。因为阿列克谢·奥尔洛夫在写给叶卡捷琳娜的信中，坦诚地指出了彼得是被勒死的。这一行动是叶卡捷琳娜的命令还是热心人的过分之举？很多官员是这起谋杀的帮凶。她是否爱过这个平庸的丈夫？“事实上，”她在日后写道，“俄罗斯帝国的皇冠对我的吸引力远远超过了他本人。”这个以叶卡捷琳娜二世为名的女皇，在33岁的时候，扛起了俄罗斯帝国的旗帜和重任，也承担了永久的可怕猜忌。

每天工作12到14个小时

在婚后的18年里，叶卡捷琳娜被排除在权力之外，但是她学到了很多。她表面上的顺从只是为了耐心的学习。从今以后，她将要通过实施法律和政令来对帝国进行统治管理。自彼得精神失常以来，俄国大概有2500万在其统治下不知所措的臣民。幸好，疯子彼得的统治只持续了6个月。186天荒诞的日子！

叶卡捷琳娜二世并不悔恨内疚，她只是担忧。无论被废黜的沙皇是由她指示杀害的，抑或是在她的纵容下被杀害的，他毕竟是她儿子保罗大公的父亲。在她掌权后不到一个星期的时间里，她自身的道德问题受到质疑，同时也使她的政治外交声誉受到影响。当这个悲剧事件传到各大使馆，欧洲震惊了，人心惶惶。自1613年米哈伊尔·罗曼诺夫登基成为史上第一任沙皇，150年后，女皇必须洗刷自己杀人犯的嫌疑，并成为俄国皇室传奇的一部分。

启蒙时代杰出的书简作家利涅亲王，擅长评论各大名人，以遣词造句之精准闻名。和当时的其他人一样，他对这位女沙皇的人格魅力赞叹不已，尊称她为“叶卡捷琳娜大帝”。她自身也认为她的日耳曼血统使得她更为严谨理智，她承认她的思维“更男性化，而非女性化”。虽然她的国家意识和完美的自控力会帮助她减少内心的迟疑，但是勤政的女沙皇在没有完全了解情况前从不轻易做出决定，尽管如此，她并不会因此而耽搁时间。叶卡捷琳娜二世清楚地知道，俄罗斯帝国真正的敌人既不是普鲁士，也不是瑞典，甚至都不是奥斯曼帝国，而是让庞大的帝国陷入一潭死水的懒惰。

在最初的几次政府会议中，她惊讶地发现，如此庞大的帝国居然连一张全局地图都没有，城市数目的统计也缺乏准确性。她周围的人们窃窃私语犹如蜂群，而她则是蜂后，蜂群是她偏爱的象征，它出现在她草拟的 140 部新法律的手册封面之上。如同彼得大帝一样，她抨击莫斯科是“懒惰之都”，因为她希望立马得到人们的认同和服从。对于昔日的首都，女皇还说道：“看吧，这就是一个聚集了来自各个阶层的贱民的地方，他们时刻准备着造反，一点点的蝇头小利就可以收买他们。而圣彼得堡的民众则更加温顺，有教养，不那么迷信，对外国人也更为宽容。”虽然对莫斯科反感，1762 年 9 月 12 日，她还是依照传统在克里姆林宫[①]宏伟的圣母安息主教堂加冕为女皇。在神圣合法性的光环下，加冕仪式又再次巩固了她的权力。

---

① 从 1703 年起，圣彼得堡就是新的政治和外交首都。莫斯科则保留了它作为宗教首都的地位，所有的沙皇都在那里加冕，直到最后的尼古拉二世。

尽管叶卡捷琳娜二世非常想要成为俄国人，然而她也并不排斥俄国以外的世界。如果说圣彼得堡的城市规划展现出了优雅、壮观且独一无二的巨大魅力，那么女皇给这座城市带来的宫廷生活甚至精神生活，更是使得这座美丽的城市在欧洲的启蒙时代跻身前列。有犯罪嫌疑的女皇需要在疑惑的外交官们面前恢复她的名誉，因此她需要作家，因为他们能够传播思想。在她 14 岁的时候，她的女家庭教师，一位胡格诺派移民的后代，教她欣赏高乃依的诗歌，并向她推荐斯居戴里小姐的小说。既出于精神的愉悦，也出于政治考量，这位出生于德国，登基于俄国，受法国思想熏陶的女皇，最终做出了她的选择。九天！仅仅九天！在她的丈夫退位后去世的第九天，女皇就邀请法国哲学家狄德罗前来圣彼得堡，以完成《百科全书》的出版。该书在法国因国王路易十五的审查而中断了。由此可见叶卡捷琳娜是位自由主义者吗?

她就是这样巧妙地运用手段以说服怀疑者。狄德罗自问：“在圣彼得堡，人们呼吸着怎样的空气？那是真正的自由之风吗？那些关于谋杀的流言是真的吗？”彼得大帝曾因为怀疑自己的儿子图谋不轨而处决了他。而这位新女皇也被怀疑与伊凡六世之死脱不了干系。不幸的伊凡六世是安娜女皇的外甥女，从 24 岁起一直被囚禁了好几年。这样的阴谋氛围令人望而却步。这将是怎样的一次旅程呢？狄德罗犹豫了。他的朋友达朗贝尔同样也被邀请了，尽管被许诺了 2 万卢布的报酬和大使的职位，但他还是拒绝了。叶卡捷琳娜二世被哲学家们的冷淡回应所触怒，于是让人散布出她所邀请的作家都是胆小鬼的谣言。接着，女皇得知狄德罗由于经济困难，不得不卖掉他所有的藏书，而他还想要 1.5 万本新书。于是她立马安排她的大使加利齐纳亲王，为狄德罗购买了上千本书和卷册，并赋予他 15 年的使用权（直到 1815 年）。

而她留下了一套优雅的说辞：“对一个学者来说，让他和他的书分离是残酷的。”

狄德罗成了艺术品代理人

女皇陛下每年还会定期再给他添入几千本新书，狄德罗感到有必要去感谢他的恩人。1773 年的 5 月，在他 60 岁的时候，狄德罗终于出发了。他的旅程超过 3 个月。在冬宫，每天傍晚，《百科全书》巨著的大师和他卓越的女皇畅谈政治一小时。眼中冒着火光，激动的狄德罗打乱了礼节，抓着叶卡捷琳娜二世的手，晃动着她的手臂，就像在小酒馆那样敲打着桌子！每次召见完狄德罗，女皇总是“带着被碰伤的膝盖、大腿上的瘀青”出来！哲学家的狂热和激情既不令人愉悦也不令人激动，女皇命人在她和狄德罗之间加置了第二张小桌子。狄德罗满怀激情地称呼女皇为“我亲爱的夫人”！他还提出了一份由 88 项问题组成的问卷，用来检验“北方的塞米勒米斯”[①]对自己广阔的国家的认识和了解，并请女皇回答。这对女皇来说，与其说是有趣，不如说是震惊。但叶卡捷琳娜二世依然和蔼可亲地认为他只是一个脱

① 原文为 Sémiramis，古代传说中的亚述女王。

离现实的理论家，一个乌托邦知识分子："他很容易在纸上提出改革。纸是柔软的，可以浑然天成地承受一切。它既不妨碍你的想象，也不阻止你的笔尖。而我只是一个可怜的女皇，我时刻都如履薄冰，就好像在人们的皮肤上工作，它是那么的易怒又是那么的怕痒。"由于女皇本身就有很好的学识基础，于是作为学生的她很快就超越了这位老师。"狄德罗先生，我非常荣幸能够听到您的真知灼见，关于您提出的基本原则我已理解得相当透彻，我们将把它们出版成书，但是这可能需要费些时间。"

尽管女皇并未采纳狄德罗的主张，但得益于她所受的良好教育以及她与欧洲的各种关系，女皇仍然成功传播了超越俄国精神的自由理念。在她统治的末期，超过 80 万农奴获得了自由，但也废除了法院对领主的强制体罚。叶卡捷琳娜二世坚定地实施法律，灵巧地制定并运用它们。狄德罗在圣彼得堡待了 6 个月，一直试图说服女皇接受他的新思想。在 1773 年至 1774 年俄国那个漫长的冬天，女皇被淹没在了种种问题当中。当顽固的狄德罗向她建议聚集民众代表为她出主意时，女皇晃着否定的手势，微笑着对他说："先生，我不想要英国模式的议会！"

备受胃痛折磨的狄德罗返回法国了，但仍和叶卡捷琳娜二世保持着特殊的关系。从今以后，他不停地唱着赞歌。在巴黎，他成为她的艺术中介，她的艺术品买手。大约自登基 10 年以来，女皇开始收集画作，用来装饰她那间用法语命名为"小修道院"的迷人房间。她的收藏爱好起于一个偶然的机会。她曾被告知普鲁士国王无法买下柏林商人的 225 件极好的艺术品，于是她迫切地想要得到它们。能够给患有性格障碍的普鲁士国王上一课，她对此感到愉悦。她所建立的不是一个博物馆，而是一个私人收藏馆，仅为了她的个人喜好而建。在一封信中，她描述了面对如此众多杰作时她的感受，她感叹道：“只有老鼠和我享受这些财富！”同样，当狄德罗在巴黎得知有 400 幅无与伦比的画作正在出售时，他毫不犹豫地通知了女皇。于是这位自由仲裁者，代理人，经纪人，马不停蹄地向圣彼得堡寄出了 1 幅拉斐尔的画，4 幅委罗内塞的画，12 幅鲁本斯的画，9 幅凡 · 戴克的画，3 幅华托的画，8 幅伦勃朗的画，5 幅普桑的画，还有一些勒南和克洛德 · 洛兰的画。女皇曾买下的 46 万本书，也只抵得过它们一半的价值。在 1774 年，“小修道院”已经有超过 2000 幅画。

网罗聪明且有用武之地的情人

当狄德罗长期滞留在俄罗斯时，他努力使他的妻子安心，因为女皇早已有了喜欢搜集男宠的名声。狄德罗在给妻子的信中把叶卡捷琳娜描述为不怎么讨人喜欢的女性：“她个子不高，额头又高又大，脸颊鼓鼓的，眼睛不大不小，局限在自己的眼眶中；她有着黑色的眉毛和头发，扁平的鼻子，大大的嘴巴，略脏的牙齿，圆而直的脖子；她的胸部虽不大，但却挺拔；她的步伐很快，有些许优雅，但是绝没有贵族气息。”在权力的诱惑下，女皇有着强烈的气质。她的一群情人们令人印象深刻：奥尔洛夫两兄弟、波兰国王波尼亚托夫斯基和波将金。女皇既慷慨大方又感情热烈，喜欢赐予心爱的人丰厚的奖赏。在每一段交往中，幸运的求爱者都会得到副官的职位，住在女皇楼下，他们经常会通过一个秘密楼梯往来。此外，他们会得到10万卢布，以奖励他们的忠心，外加每月额外的1.2万卢布。但是在他们没有向她请示并得到允许之前，不能离开冬宫。他们也不可以和其他女性交谈，如果被他们的朋友邀请去做客且接受了，客人必须在其他地方用晚餐！他们一直被监视着。被叶卡捷琳娜选中的男人不一定长得很帅（波将金就很丑），但是他们都才华横溢，在政治或军事方面很有才能。有时，他们集智力和外貌于一身，但是她从来不会委任他们一丁点权力、责任或者是对中下级部属的高级统治权。她有区分国事和私事的能力，以及极大满足她个人意愿的天赋。所有人在她生活中扮演着各自的角色，她会监控着他们，使他们各司其职。“某个晚上，当她的某个情人紧紧地拥抱着她，骄傲地说道：‘在我的双臂之间，我拥抱的是整个俄国！’她立即压低她的热情作为回应：‘不，你只拥有叶卡捷琳娜。’还有一段更耐人寻味的轶事。在某个夏夜里，有个侍卫看到一个背光的女士好像站在冬宫的窗口前，他感觉自己在做梦，他慢慢靠近她，并想要粗暴地拥抱她。她慢慢转过身来，竟然是女皇！吓破胆的士兵立即跪下。‘啊！’他大声喊道，‘即使陛下的心和臀部一样坚硬，我也甘愿做一个迷失的男人！’恰恰相反，这句话成就了他的财富，他被任命为侍卫长并被封为男爵。”[1]

事实上，叶卡捷琳娜二世在她的私生活中并不十分幸福。回忆起

① 摘自吉兰·德·迪巴克。

她最后一个宠臣，祖博夫将军，他比她小 38 岁！好色的女沙皇写道：“我通过培养年轻人来追求国家利益。”女皇的性欲很快变成了传奇。在第二次世界大战期间，人们发现了一些难以置信的雕刻和绘画，虽然其中的真实性还有待证明，但也能展现出某些肮脏不堪的画面。在普希金宫的废墟中，就展示了一幕荒谬可笑的、令人瞠目结舌的、骇人听闻的恋兽欲的场景：女皇在和一匹悬挂在巨大马具上的种马交欢！当女皇的男宠们失宠的时候，他们将会收到旅行的命令，然后从今往后再也不会见到叶卡捷琳娜。但好歹还有一笔给情人的遣散补偿金，这使得他们的离开显得不那么艰难。

军功累累，终成大帝

她从来不休息。她从哪里汲取能量？由两只小小的英国猎兔狗陪伴，她坚持不懈地研究国家大事，不间断地书写（甚至会写教育民众的戏剧剧本）。她从不在饭桌边停留——尽管她吃饭出奇的缓慢——在 14 点的时候吃午饭，在 21 点的时候进晚餐。她对周围的人解释这能更好地恢复她的体力。她需要充足精力以执行她的外交政策，分别在两条战线上进行指挥和扩张，这是俄国长期以来的目标：首先使波兰成为附属，接着是在波罗的海取得对瑞典的胜利，最终取得黑海出海口，实现了彼得大帝多年的梦想。随着波将金和苏洛诺夫战胜了奥斯曼土耳其，俄罗斯帝国在 1783 年占据了克里米亚，然后在乌克兰进行殖民，并规划出塞瓦斯托波尔港和敖德萨港。从 1788 年到 1795 年，叶卡捷琳娜二世统治下的俄罗斯帝国成为欧洲最为强大、人口最多的国家。首都圣彼得堡变成一个真正的政治兼外交中心，女沙皇同时还让它成为一个真正的艺术大都会。与其说她喜欢创造，不如说她更喜欢奢华。令人眼花缭乱的日耳曼化的城市是罗曼诺夫王朝一个不可磨灭的印记，并且是最荣耀的印记之一，也是欧洲历史最为闪耀的印记之一。叶卡捷琳娜大帝包容开放，带着极度饥渴的好奇心接近世界。天才的米哈伊尔·罗蒙诺索夫——俄国的列奥纳多·达·芬奇，在他的实验室觐见女皇，他在里面从事各种实验，里面充斥着各种测量器械，呼呼作响的烤炉和容器。这里像是一个神奇的洞穴。这位天才无所不知，不停探索，他在这里向叶卡捷琳娜二世揭示了马赛克的秘密。

为了在俄国历史上延续和巩固她的统治，她强调了现在被我们称之为民族主义的重要性。她从狄德罗的朋友——法国雕刻家法尔科内那里预定了一个彼得大帝“青铜骑士”像。面对着涅瓦河，沙皇骑在挺直了的马背上，抵御着踩在脚下的想要入侵俄国的大蟒蛇。在 1782 年夏天，一个盛大的宴会期间，人们发现在雕塑底座的左侧，有拉丁文镌刻着“献给彼得一世，叶卡捷琳娜二世敬上”。从此，这座雕塑成为普希金未来宏伟诗篇的主题和城市的象征，同时也是来自想要成为第二个彼得大帝的女皇的献礼。

法国大革命的消息让女皇感到不安，她的情绪受到影响。一个没有国王的法国？荒谬！她指责“法国革命热”，抨击共济会，在俄国广泛流传。1796 年 11 月 4 日，渐渐衰老的女沙皇——但是她不承认自己的衰老——得了脑溢血。最后，女皇在一个毫无生气的黑暗的走廊里去世。在经历了 34 年的长期统治之后，她孤身去世。她振兴了俄罗斯帝国，作为一位女性统治者，她将权力运用到极致，达到了一种罕见的巾帼不让须眉的高度。她的成功毫无疑问是女性本能的细腻和男性强烈的责任感的结合。“她代表了俄罗斯帝国的一个黄金时代。”[1]

在动荡不安的启蒙世纪之末，这颗位于圣彼得堡的欧洲北部最闪耀的女皇之星就此陨灭。

---

① 伊莲娜·卡雷尔·当克斯，法兰西学院，《叶卡捷琳娜二世》，法雅尔出版社，2005年。

Marie-Antoinette, dernière reine de France

法兰西末代王后：玛丽 · 安托瓦内特

从天堂到地狱

De l'insouciance à la tragédie

1793 年 10 月 16 日，凌晨 4 点半的巴黎古监狱。自从 9 个月前路易十六被处决后，玛丽·安托瓦内特就被嘲讽为“断头卡佩的寡妇”。她在给她丈夫的姐姐伊丽莎白的信中写道：“我的姐姐，这是我生命中最后一次写信，而且是写给您。就在刚刚，我的判决下来了，但这不是一场耻辱的死刑，因为死刑的耻辱仅仅针对那些有罪的人。我的死亡将让我与您的弟弟重聚。我与他一样，也是无罪的，我希望我也能够像他一样，在最后时刻表现出坚定不移的信念与决心。我很平静，因为我问心无愧。但我不得不抛弃我可怜的孩子们，我感到深深的自责。在此，请您替他们俩收下我的祝福。我的儿子，希望他绝不要忘记他父亲的遗言，这些话我对他强调了很多遍。也希望他永远不要想着为我们的死而复仇。我知道这个孩子给您带来过多少的麻烦。请原谅他，我亲爱的姐姐，请考虑到他年纪尚小，而且让一个孩子说出我们想要他说的话是多么不容易，毕竟他完全不知道他说的是什么。我会在这个罗马教廷的天主教堂中死去，这个我祖辈的宗教，这个伴随我长大的宗教。我不知道这里是否还有天主教的神父。我用我全身心的力量向上帝祷告，请求他原谅我所犯下的所有过错。我也原谅所有敌人对我的伤害。”

仅仅几分钟，是这名“犯人”写下她人生中最后一封信的所有时间。凌晨5点，鼓声奏鸣。清晨7点，士兵们纷纷就位，将她从巴黎古监狱遣送出来，途径圣奥诺雷路，到达目的地——曾经的路易十五广场，现今已成为大革命广场。7点半，一名宣过誓的神父走近玛丽·安托瓦内特，她拒绝了这个将灵魂卖给大革命的神父的帮助。刽子手桑松沿着王后的无边软帽将其头发剃光。她瘦削的脸庞是如此惨白，她的脸颊与双眼由于疲劳充满了红色的血丝；双手被反绑在身后。登上阶梯，来到圣礼拜堂附近的五月庭院，她登上双轮货运马车，往刑场前进。王后在行刑之日曾被允许乘坐华丽的四轮马车。画家大卫从一扇窗中目睹了这一切，用画笔画下了这位末代王后最后令人难忘的容貌。生活的不幸与种种的悲剧使得她一夜衰老。她年仅38岁。快接近正午一刻的时候，她登上了断头台。

品德优秀却未受过正式教育的公主

她于1755年11月2日出生于维也纳，时值亡灵节。她是奥地利女大公玛丽亚·特蕾西娅和神圣罗马帝国皇帝弗朗茨一世的第15个孩子，在所有子女中排行倒数第二。她的原名叫玛丽亚·安东妮亚·约瑟芬·约翰娜，成长于由母亲玛丽亚·特蕾西娅下令扩建的美泉宫，在王室家庭的氛围下与她的兄弟姐妹一同生活。就是在美泉宫的一个沙龙中，年幼的小公主见到了同样年幼的莫扎特，小莫扎特在个人独奏会中展现出了早熟的音乐才华，兴奋的他更是在演奏会结束后跳上了女大公的膝盖，一旁的小玛丽亚也洋溢着快乐。

她的父亲被尊称为皇帝，虽然掌握着实权的人是她的母亲。当父亲去世时，小玛丽亚还未满 10 岁。她的母亲决定与其子约瑟夫共同执掌最高皇权，然而此举更多的是象征意义，并非实际情况。此时的奥地利正受到普鲁士的威胁，极度尚武的普鲁士国王腓特烈二世对其虎视眈眈，小玛丽亚的长兄在 24 岁时与他们的母亲共同掌管了奥地利的各项事务。

一年之后，奥地利首相考尼茨发起了一场意料之外的波旁王朝与哈布斯堡王朝的联姻，玛丽亚·特蕾西娅的第 4 个女儿在毫不知情的情况下成为该联姻的关键棋子。考尼茨想要借此机会阻碍英格兰与普鲁士在七年战争中的协议。传统的哈布斯堡统治者玛丽亚·特蕾西娅热衷于联姻，她对于联姻的处理比对军事战争的处理更机智灵巧。她的孩子们，无论男孩还是女孩，总体来说都是可替换的，都是欧洲棋盘上的众多棋子。最主要的是要将他们巧妙地分布在各国，坐拥王位。

1756 年 5 月 1 日，法兰西与奥地利签署了《凡尔赛条约》，玛丽亚·特蕾西娅希望通过小玛丽亚与路易十五的孙子路易王储的联姻来巩固与法兰西的联盟。法兰西外交大臣舒瓦瑟尔与维也纳达成协议，安排筹划这场以国家之名的联姻。这时玛丽亚·特蕾西娅才意识到，她的小女儿虽然有着健康的体魄和高贵的品德，然而所接受的微不足道的教育完全不足以进入凡尔赛宫廷与王位继承人联姻。在仁慈的莱臣菲尔德伯爵夫人的教导下，公主应该取得了大幅进步。在哈布斯堡宫廷主要有三种语言，公主勉强能用德语阅读与写作，她的法语很拙劣，她的意大利语让人完全无法理解。她对书写信件很不在行，也总是记不住单词拼写。她 11 岁了。她的宫廷教师格鲁克教她弹奏古钢琴并没有成功！后来由在伦敦获得巨大反响的法国舞蹈家和编舞家诺威尔亲自教导她凡尔赛宫廷的基本舞步，这次倒是取得了很大的进步。这个课程安排将无意义的东西排除在外，加入了声乐课程和略微艰涩的朗诵课程。然而，这并不是全部。一封来自法国的公函表示，韦尔蒙修道院院长将作为家庭教师于 1768 年 11 月抵达，他负责保证这位未来的王储妃接受正统的宗教学习，并了解必要的法兰西历史、凡尔赛的习俗惯例，这些学习比维也纳的教导严格得多。而且，此时的法国宫廷笼罩在被奥地利家族所忽视的宠妃们的影响之下。这些迟来的教育很严厉，毫无疑问并没有被未来的王储妃很好地吸收消化，因为没有人曾教导她什么叫作努力。韦尔蒙修道院院长在写给驻凡尔赛的奥地利使臣麦尔西·阿尔让托的信中，这样描述他的学生："在很长的一段时间里，她曾经有着超乎我们想象的才智。不幸的是，直到 12 岁，这份才智都没有集中于任何一件事物。她自身些许的懒惰与过分的轻率使得我对她的教育变得更为艰难。我花费了 6 个星期去教导她如何书写一封优雅的信件。当我给出明确清晰的观点的时候，她能很好地理解；她的判断始终正确，然而我不能使她养成深入学习的习惯，虽然我感觉到她是有能力做到的。我觉得大概只有寓教于乐才能发展她的才智。"①

① 伊芙丽娜·勒维尔，《路易十六》，法雅尔出版社，1985 年。

法兰西王储是一位不太殷勤的丈夫

公主身材娇小瘦削，她的面色红润犹如玫瑰花蕊，显得欢快并富有魅力，但算不上真正貌美。她的前额很高，有着著名的“哈布斯堡的厚唇”，许多著名画家例如提香曾在给她的先祖画像时，对厚唇加以夸张处理。她的主要缺点是太过于无忧无虑，女大公不得不加以管教以防她继续向这个方向发展。1769 年 6 月 3 日，在长达 3 年的协商后，维也纳大使馆收到来自凡尔赛的法兰西王储的婚礼请求。10 个月后，公主才启程法兰西。是有预感吗？玛丽亚·安东妮亚在圣周忘记了为期三日的静修，反而流连于舞会和节日庆典之间，似乎她明确地知道她将再也见不到她的母亲。为了给这名未来的法兰西王后践行，维也纳被华丽地装点起来，美得令人难以忘怀。1769 年 6 月 9 日，根据惯例在宫廷教区奥古斯汀教堂举办了代行婚礼，并由公主的哥哥裴迪南大公代行法兰西王储之责。随后，1770 年 4 月 21 日，15 岁的公主在 376 名骑士的簇拥下乘坐马车离开维也纳。临行前女大公最后叮嘱她的女儿：“要恭敬虔诚，小心谨慎，千万不要出任何丑闻。”

然而，很快地，受惊的年轻女孩在渡过莱茵河的时候，扑到她的女官诺阿耶夫人的怀里大哭。这是她与无处不在的有名无实的女官第一次令人憎恶的接触，她带着多瑙河畔的口音将这位毁掉她愉快生活的女官称为“礼仪夫人”。哭完不愿再多说法语的玛丽亚·安东妮亚，就此成为玛丽·安托瓦内特。5 月 14 日，玛丽在贡比涅对法兰西国王路易十五行毕屈膝礼后，她见到了她未来的丈夫。路易十五很热情好客，相比之下，仅仅比她年长一岁的路易十六却显得尴尬拘束，不知所措，不太殷勤。

路易十六身材高大（与后世长期流传的偏见传言相反），是个宽容大方、品德端正的年轻人，受到优良教育的他口才却很差。他沉默寡言，大开金口多是为了吃饭。路易十五多次委婉地建议他“不要让肠胃超负荷工作”，结果只是徒劳。直到婚礼的第二天，王储也没有表现得更像一个新婚丈夫，或者说也没有像一个恋爱中的人：他大清早就留下玛丽·安托瓦内特一个人去与国王狩猎。他只关心一件事：“您昨晚睡得还好吗？”虽然这对新人同睡一张床，却感受不到一丝温存。节日庆典引发的疲劳是一个原因，这对新人过于年轻是他们的首要障碍，虽然人们并不想将此考虑其中。

然而5月30日的这场大典却深深地烙印在公众的记忆里。他们的婚礼庆典在凡尔赛举行，随后巴黎也加入这场狂欢。大批群众聚集在路易十五广场，等候观礼。吕吉耶里兄弟制造了一场奢华的烟火秀。这时在黑暗中意外发生了一场火灾，并引起一阵恐慌。在连续多日举行游行庆典的大道上，数以百计的巴黎人在慌乱中退到玛德莱娜教堂区，另外几百人涌入皇家街。于是形成了人群拥挤的场面。队伍艰难前行，马车夫试图驱车强行在怒吼的人墙中开出一条道，妇女与儿童近乎窒息。此次事故中一共有132名受难者。这是一个不祥的预兆。

身陷凡尔赛宫廷陷阱

年轻的王储妃除了要面对她永久的敌人——“礼仪夫人”，她还发现，在她的人际关系里，更难对付的是两派针锋相对的阵营：一派是公主们，即路易十五三个未出嫁的女儿；另一派是国王的情妇杜巴利伯爵夫人。起初，玛丽 · 安托瓦内特为两派竞争感到张皇失措和左右为难，她出于本能地站到“被宠爱”的女儿们这个队伍，虽然她们并不赞成路易十六和这位奥地利公主的联姻。国王欣赏王储妃的清新纯真，原谅她缺乏经验并不由自主地暴露自己的软弱。很快地，玛丽 · 安托瓦内特由于没有考虑到国王对其情妇的满腔爱意，而错误地得罪了国王心爱的情妇，使得国王大为反感。然而，故事突变，1769 年 4 月 22 日，让娜 · 贝库正式进入宫廷成为杜巴利伯爵夫人。在很短的时间内，她所施展的爱情手腕使得玛丽 · 蕾捷斯卡的鳏夫国王路易十五考虑将这名新情妇娶进门。从迷人的前制帽女工到公开的情妇，杜巴利夫人聪明过人，和蔼可亲且气质出众，她热爱艺术，为新古典主义的浪潮推波助澜。并且与王储妃不同，杜巴利夫人接受过极为优越的教育[①]。玛丽 · 安托瓦内特被这位拥有国王身心的女人所记恨，小事故和丑闻不断，玛丽向宫廷展示了她的不成熟。在这个上流社会的交际花面前，玛丽 · 安托瓦内特幼稚地热衷于用凡尔赛的特色方式来打击对方：用污秽粗鲁的小册子来针对这个情妇，丝毫不考虑有朝一日成为王后的自己要为此付出代价。杜巴利夫人比蓬帕杜夫人更小心谨慎，她始终拒绝揭穿恶意中伤者的假面具，也避免其受到惩罚。

其实在私底下，玛丽亚 · 特蕾西娅的女儿时常感到悲观、沮丧，

① 与 2006 年索菲亚 · 科波拉的电影《绝代艳后》中虚伪可笑的“沙龙少女”的形象相反。

她开始修复自己的人际关系。根据王室礼节规范，杜巴利夫人没有资格与王储妃交谈，受麦尔西夫人斥责的玛丽·安托瓦内特被迫在凡尔赛镜厅问候对方。国王的情妇微微鞠躬回礼，王储妃展现出一种“都是我的错”的姿态，试图得到这位王室宠儿的好感，说道：“今天凡尔赛来了很多人呢。”

玛丽·安托瓦内特并没有什么太大的过失！麦尔西夫人定期向身处维也纳的女大公报告玛丽·安托瓦内特的近况，女大公提醒王储妃不要干预政治，因为她有可能会倾覆法兰西与奥地利之间宝贵又脆弱的联盟。作为妻子，玛丽·安托瓦内特最好尽快为王朝产下继承人。实际上，王储妃时刻被她的母亲和麦尔西夫人监视着。“母女间每月的书信是女大公与使者交流的双倍。麦尔西夫人厚厚的书信报告分为两部分：一部分可供亲信共同参阅，另一部分信封地址署名‘Tibi Soli’（拉丁文，意寓她自己），只有女大公自己可看。若没有维也纳的指示、建议或指责，年轻的玛丽连小拇指都不能动一下。”[①]遍布在玛丽·安托瓦内特身边的蛛网将她变成一个城府很深的人，也教会她向母亲隐藏一切会引起不悦的事情。

① 摘自西蒙·贝蒂耶尔的《分裂的恋人》，这本书促使我于2006年9月30日在索邦大学组织了“玛丽·安托瓦内特面对面”的会谈，文章于2008年发表，弗朗索瓦-伊格扎维尔·德·吉贝尔出版社。

疏远的妻子却是绝佳的母亲

在他们婚姻的前 8 年，王储与他的妻子并没有实质的夫妻关系。直到玛丽·安托瓦内特的哥哥约瑟夫二世特意来到凡尔赛，进行了一次略微生硬的干预，才终于打破了这场僵局。与只有权查看部分机密档案的斯蒂芬·茨威格后来所断言的不同，路易十六并没有先天畸形，也并不需要接受小型手术。现实其实更为简单。玛丽·安托瓦内特很瘦小，而她的丈夫在她的面前犹如庞然大物，他们的亲密关系颇为痛苦，她只有她丈夫的“三分之二”，他实在很难下手。然而，如果这段虚有的亲密关系和未完成的婚姻恰好使王储妃满意呢？西蒙·贝蒂耶尔有一篇很有意思的关于这对“貌合神离的夫妇”的论文。玛丽·安托瓦内特看到发生在她身边的例子让她心生恐慌：玛丽·蕾捷斯卡在十年内为王室生了 10 个孩子，回报她的却是被国王的情妇蓬帕杜夫人所取代。王储的母亲萨克森公主玛丽亚·约瑟芬产下 8 个孩子，最终却英年早逝。能够逃避反反复复生产的噩梦，玛丽·安托瓦内特是多么幸运啊！ 1774 年 5 月 10 日，路易十五去世，王储妃年仅 20 岁。“三年间，如同着魔一般，她放任自己沉湎于令人憎恶的‘享乐漩涡’中不能自拔，引起巴黎直至整个欧洲的愤慨。她公然从她的丈夫身边逃开。王储总是起得很早去狩猎，并准时地在晚上 11 点入睡。每到这个时刻，她都会前去观看演出，玩桌牌游戏。她只有在清晨的时候才回到她的床，随后睡到正午才起身。她丢下丈夫独自一人流连于化装舞会，与赛马场的赌客往来频繁。她在一封给奥地利老友的信中透露了与她丈夫这个‘可怜的男人’的故事，而这位老友谨慎地告知了女大公。”[1] 这是一种报复性的逃离，夹杂着任性的成分，也包含了对这个醉心于狩猎和机械的男人的轻蔑。必须铭记这个现实结果：自路易十四统治以来，第一次出现没有情妇的国王，王后的轻率行为将其置于数不胜数的批判之中；当她改变态度的时候，已经太迟了。她的性格使得流言和恶意中伤源源不断，流言常常卑鄙下流且缺乏根据。小特里亚农宫是在路易十五的命令下由加布里埃尔建造的凡尔赛的内宫，对她而言，只有当她在这个“属于她的”真正的王国时，凡尔赛才终于变得能够接受。路易十六在1774年登基时命人给他的王后带来这段话：“你喜爱花，因此我有一束花想要送给你，就是小特里亚农宫。”1783年起，玛丽·安托瓦内特命人在小特里亚农宫附近修建了一个遍布茅草屋的小村庄，灵感来源于孔代王子在尚蒂利城堡命人修筑的村庄。这里有乳品场、渔场、农场和一间供王后使用的小屋。在这里，玛丽·安托瓦内特可以根据不同场合变换不同的时尚服饰，穿着由她的服饰商贝尔坦小姐制作的简约柔软的白裙和轻便的稻草帽，尽情“享受农场生活”。该地只有王后亲近的人可以进出，国王自己来此也只是作为邀请嘉宾。在让-雅克·卢梭对简约生活的宣讲下，王后在这里人为地创造了田园牧场的生活。

在路易十六继承王位的4年后，多亏了玛丽·安托瓦内特哥哥的殷切建议和训诫，国王夫妇终于有了一个小女儿玛丽·泰瑞斯，小名“慕斯莉娜”，小公主出生于1778年，也就是未来的“法兰西长公主”。1781年，王后产下小王子路易·约瑟夫，这个脆弱的孩子

① 摘自西蒙·贝蒂耶尔的《分裂的恋人》。

染上了结核病。随后，又一个小王子路易出生于1785年，这位“亲爱的小王子”是未来的路易十七。最后，最小的女儿玛丽·苏菲于1786年出生，一年后夭折。伊丽莎白·维杰·勒布伦在她感人的宏伟画作中描绘了王后和她三个幸存下来的孩子，王储路易的手指向空空如也的摇篮，强调突出了家族失子的痛苦。两年后，1789年6月，王储夭折了。人们常常忘记国王与王后遭受了失去这个孩子的巨大痛楚，然而事实上，国王夫妇哪怕在召开三级会议时，仍沉浸在丧子之痛中。这场悲剧使得国王与王后的关系在革命风暴来临之前更为亲密了。

项链事件后，声誉扫地

虽然孩子们的出生巩固了王后的地位，对孩子们的挚爱和温情也显示了她是一名优秀的母亲，然而这些都不能将玛丽·安托瓦内特与她轻浮的生活方式、奢靡置装的名声和试图涉足政治的野心彻底割断。为了保证王朝的延续，她冒险介入行政任命，结果时常失败。如此一来，她永远也没办法让舒瓦瑟尔再度掌权；幸好，1783年，她成功说服路易十六任命前维也纳使臣布雷特伊男爵为国务秘书，他对王后一向忠心耿耿。哎！还必须要提的是波利内家族对王后的影响。作为玛丽·安托瓦内特知心密友，美丽的约兰德·德·波利内公爵夫人为自己和家族获取了大量恩惠的同时，还对王后产生了很恶劣的影响。她使得王后的信誉更为直转急降。1782年，波利内公爵夫人被任命为王子公主们的家庭教师，这一非常重要的职务展现了王后对其全心的信赖，然而公爵夫人可能并不值得这样的信任。

这个时期最轰动的丑闻莫过于著名的项链事件。这是完全不公正的，因为王后在该事件中无可指摘，并且她对此事一无所知。然而，事件得以升级发酵是由于她历来的奢侈行为。而且，王后在拥有一些宠臣的同时，也不乏有一些眼中钉，例如，法国宫廷大神父红衣主教罗昂。罗昂在维也纳任职法国使者期间因丑闻被玛丽亚·特蕾西娅驱逐回国。玛丽·安托瓦内特一直未原谅他的恶劣行径。阴谋家拉莫特伯爵夫人协同另一名所谓的占星术士——阴谋家卡格里奥斯托欺骗红衣主教罗昂，企图诱骗他相信如果将这串价值 160 万法郎天价的项链送给王后，王后将会原谅他过去所犯的过错。珠宝匠博依美和巴桑日曾尝试将这串项链卖给路易十五，作为送给杜巴利夫人的礼物，后又试图卖给路易十六，送给王后。王后拒绝了，她认为这个价钱在财政赤字的时机过于昂贵。拉莫特伯爵夫人向红衣主教强调王后其实非常想要这串项链。她伪造了一封署名玛丽·安托瓦内特的信件，并雇用了一名假扮王后的“街头女郎”在凡尔赛的小树林安排了一场夜间秘密会面，使得红衣主教同意以分期付款方式购买项链。项链上的钻石后来被拉莫特伯爵夫人拆散，于伦敦出售。红衣主教无法付款，珠宝匠决定直接找到王后收回货款。玛丽·安托瓦内特和国王对此骗局大为震怒。当时本可以私下处理该事件，但路易十六拘捕了红衣主教罗昂和他的同谋们。国王为了更好地处理这个事件，强制将该案件公开审理，结果却是灾难性的毁灭。红衣主教摇身一变成了受害者，1786 年 5 月 31 日，最高法院宣告其无罪释放。他只是因幼稚才上当受骗。路易十六剥夺了他所有的职务，将其流放到远离凡尔赛的拉谢斯德约修道院。拉莫特伯爵夫人被鞭笞，并被打上坏女人的铁烙印，被终身监禁在萨勒佩提耶女子监狱，然而她很快就潜逃了！卡格里奥斯托只是简单地被驱逐了。这个事件中真正的受害者当属王后，还有卡佩王朝。玛丽·安托瓦内特的轻浮和穷奢极欲再次遭到指责。没有一个人相信王后是无辜的。后果真是严重。

1788 年，厄运预感

1786 年 8 月 26 日，财政总监卡洛纳尝试通过推行一场重大的财政改革以消除财政赤字，改革包括对特权阶级征税（教士阶级与贵族阶级），重组农业与商业最终形成地方本位主义。他提议征收土地特征税，无区别征收所有的土地所有税。这是一场“王室革命”。要知道王室的这场资产危机很大程度上是由于国王给英国在北美殖民地的“起义者”提供帮助而造成的。路易十六听取了大臣的建议，该援助项目提交给显贵会议申请批准。“玛丽·安托瓦内特很讨厌卡洛纳，因为他反对收购圣克卢城堡，并且在项链事件中没有对她表示支持，因此她站在以她的亲信图卢兹大主教洛梅尼·德布里安为主的显贵一方。由于有碍于高级教士阶级与贵族阶级，财政大臣卡洛纳遭到了大量的人身攻击。”[1]卡洛纳被革职。他的职位由洛梅尼·德布里安接任，

① 让-克里斯蒂安·珀蒂菲斯于《玛丽·安托瓦内特与政治》的论文中提及。

然而改革失败让国王大为感慨。他相信这场改革，他是对的。国王是讲道理的人，改革能为王国带来所需要的东西；王后却不是这样认为。1788 年，轮到洛梅尼 · 德布里安离职了。这次由倍受路易十六厌恶的内克尔上任。国王不愿意介入，于是委托玛丽 · 安托瓦内特召回这名日内瓦银行家。她在给麦尔西夫人的信中写道："我感到惊惶不安，请原谅我的脆弱，是我自己将他召回的。我的命运背负着不幸……"甚至是内克尔也没能阻止经济危机的颓势。因此，召开自 1614 年后便没有再启动的三级会议实在是别无选择。

要想理解玛丽 · 安托瓦内特对 1789 年 5 月 5 日召开三级会议的态度，不得不说尽管 19 年来她不懈努力化解危机，然而此刻身为外国人的她仍然遭受各种攻击。侮辱性的、卑鄙下流的、诽谤中伤的小册子传遍了巴黎和凡尔赛，甚至传到了王后的寝宫，她被人称为"奥地利女人"，人们指责她与维也纳的关系过于密切，最为重要的是，她没有维护法国的利益。她被描述为狡猾的骗子，专横的女人，侮辱国王，并且总是挥霍无度，更有甚者说她荒淫无度，懒惰，对国王不忠。除此之外，她还被指责受到阿图瓦伯爵的恶劣影响，后者是路易十六的弟弟中最小的，也是最轻浮和最富有魅力的伯爵。还有一些最微妙的小事，人们声称阿图瓦伯爵鼓励他的嫂子养成恶习。另外，国王与王后的长子，也就是王储路易 · 约瑟夫也濒临垂死边缘。国王心绪翻滚，玛丽 · 安托瓦内特则将自己封闭在无法承受的焦虑之中。不堪重负的母亲还在担心另一件事——她孩子的生命已经走到了末期。这两件事叠加使得王后被蒙住了双眼，看不到形势的严重性。她固守骄傲，看不到追捧博马舍的煽动者和叛乱者企图用"主权在民"取代"神授君权”。自上一次路易十三统治下的三级会议之后，法兰西社会已经变革了。富有、活跃的资产阶级涌现，作为第三等级，其所代表的群众力量不可忽视，远远超过教士阶级和贵族阶级的总和。1788 年 9 月，增加第三阶级代表人数的提议被巴黎最高法院否决了。而路易十六在年末召集了国家议会以推翻这次决议。国王果断决定将第三阶级代表人数翻倍，玛丽·安托瓦内特也表示赞同。

1789 年 6 月 3 日，凌晨 1 点，王储在默东病逝，年仅 8 岁。三级会议通过侵吞国王权力而自行组成国民议会；国王在王后的影响下（王后身受波利内家族和阿图瓦伯爵的影响）决定于 6 月 23 日召开王室议会。考虑到已经允诺了财政特权，国王没有做出更多让步。王后亲自召回在凡尔赛受到一致欢呼拥戴的财政大臣内克尔。然而颓势已定。7 月 11 日，路易十六将内克尔免职，布雷特伊男爵再度任职。至此，该统治机构已经化身为宫廷强硬势力的代表。内克尔被辞退的公告加上食物短缺的形势，顿时在巴黎激起了暴动，抢劫掠夺四起，法国卫兵弃职逃亡。7 月 14 日，巴士底狱被暴民攻击，守卫司令洛奈侯爵投降。巴士底狱被攻陷后，洛奈侯爵被处决，他的头被人用长矛挑起来在全城游街示众。路易十六晚上才知道这个事件。他拒绝离开凡尔赛前往梅斯，但在事后很后悔错过了这个机会，而他的兄弟阿图瓦和波利内家族逃离了宫廷。7 月 16 日，法国贵族在大革命期间的流亡拉开了序幕。

17 日，路易十六接受了独自一人前往“美好的巴黎”，王后非常担忧，她很肯定国王不会再回来了。她甚至准备了一份宣讲稿，若路易被强迫留在巴黎，她便会向议会公布这份宣言：“先生们，我前来向你们交付国王的妻子和他的家人。家庭在天上也必须团聚，怎么能容忍在地上被迫分离。”[①]然而国王回来了，条件是接受在帽子上别上三色纹章，他必然没有意识到，此举代表他认可了旧的君主制度的轰然坍塌。

1789年，凡尔赛的最后一夏

叛乱将有可能转变为革命，许多朝臣开始了逃亡之旅。城堡变得犹如一艘巨大的舰船，因为被一部分船员所抛弃，显得空空荡荡。这种黄昏的气氛，在尚塔尔·托马斯撰写的《再见，我的王后》一书中有着详尽的描述，导演伯努瓦·雅克[②]在他的电影中绝佳地表现了这一幕。最后的几周，王宫在暴风雨前的平静中度过，仆人们试图弄清周围发生了什么，例如尚塔尔·托马斯笔下的玛丽·安托瓦内特的宣读者。在法国当时的形势下，凡尔赛汇集了所有的好奇与关注。在巴黎，危险的煽动在延续。7月23日，军队的后勤总长富隆和其女婿巴黎总督贝蒂埃在市政厅广场被杀害。贝蒂埃的心脏被扔进了市政厅的办公室。7月末在外省也是一样，恐慌在整个法国蔓延开来。有一件事是确定的：农民们武装起来对抗王室的危险正在蔓延。有多危险？

① 让-克里斯蒂安·珀蒂菲斯，《路易十六》，佩兰出版社，2010年。
② 电影改编于同名书籍，由黛安·克鲁格，蕾雅·赛杜，维吉妮·拉朵嫣主演，上映于2012年春。原著由瑟伊出版社出版，荣获2002年法国著名文学奖费米娜奖。

可以确定的是有很多人将持续扩张这些危险，维持巨大的恐慌，并肆意散播谣言以激发农民起义。人们四处呼喊着“武装起来吧”，他们敲打着警钟，却不清楚为了什么。是害怕强盗吗？是害怕前来支援王室的外国军团会残杀挨饿的民众？我们只知道，那些“勇敢的人民”仅有很少的用偷猎的枪支和少量的弹药，因为这些武器都很昂贵。为了武装起来，他们不得不冲进相邻领主的城堡中抑或是军火库中获取武器。按理说，这是一场难以解释的自发行动，“巨大的恐慌”成为一场全民动员的排演，点燃法国大革命的导火索。7 月 30 日和 31 日，法国卫队放弃了凡尔赛宫，留下了武器和辎重。城堡彻底失去了防卫。

另外，凡尔赛再也不是昔日的凡尔赛了。房屋全被清空，门锁高挂。走廊和门厅冷冷清清，空无一人。神圣的礼仪已无人遵从，侍从们肆无忌惮。在这个夏天，王后经常待在她非常喜爱的小特里亚农宫。议会的代表前来拜访此地，他们之前只是从揭露玛丽·安托瓦内特生活混乱的小册子中才对此地得以了解一二。他们吃惊地发现，在会客厅中并没有布满所谓的奇珍异宝，而只是装饰着玻璃珠。他们几乎感到失望。王后常常去小村庄，在那里她身着一件简单的白色细麻布长裙，头戴蕾丝帽子。她给每一个见到她的人都留下了深刻的印象，即使是那些有着深深偏见的人。

10 月 1 日的晚上，驻扎在凡尔赛的军官们举办了一场宴会，为来自杜埃的弗兰德斯军团的军官们洗尘，后者远道而来保卫王室家族。宴会在歌剧院大厅举行。国王、王后和他们的两个孩子一同欢呼喝彩，大家欢歌笑语。这个给路易十六和玛丽·安托瓦内特带来极大鼓舞和安慰的晚会，将被夸大、误解、扭曲。在巴黎，根据一个并未出席的议员的说法，这场宴会变成了“荒诞愚蠢的狂欢，在这里谨慎受到了惊吓，贫困窃窃私语”。某些人还信誓旦旦地说在醉酒的狂欢中，三色绶带被践踏在脚下，年轻的法国卫队军官把这个新的象征变成了白色。这条假消息被精心散播了出去，巴黎沸腾了，因为此时的巴黎极缺面包，饥饿在蔓延。小特里亚农宫中的王后完全无视这个新的谣言。信使气喘吁吁地拿着一份寄到城堡的报纸来到玛丽·安托瓦内特面前，向她通报巴黎的革命者正在向凡尔赛进军。巴黎的天阴沉沉的，雨连绵不绝。10 月 5 日，临近傍晚。五六千名暴怒的女性革命者组成了游行队伍，她们中许多人是责怪王后的。玛丽·安托瓦内特成了众矢之的，人们的怒火都集中在她身上。她们被大雨浸湿了全身，衣服被溅满了泥浆，其中一些人向行人呼喊：“看看我们的狼狈样子，这家伙让我们付出了如此代价！”其他人大吼道：“如果我能够用这把刀将她开膛破肚，挖出她的心脏，那是多么幸福啊！”傍晚时分，城市被占据了。30 多名女性革命者受到了议会的接见。主持辩论的穆尼埃带着其中的 5 人来到了正在和王后商议的国王面前。穆尼埃安慰国王夫妇，并建议从桑切斯和拉尼运些面粉来。晚上，国王犹豫了：他必须要离开凡尔赛宫吗？抑或是前往朗布依埃？最后，路易十六还是选择了留下。在接近午夜的时候，拉法耶特侯爵出现在城堡中。国王知道这位参加美国独立战争的英雄走在一群“女商贩”之后，同行的还有两万名民兵。但是他此行是出于何种目的？是为了保护国王？还是为了捍卫乌合之众？拉法耶特侯爵自己知道吗？

苦难的7小时：从凡尔赛到杜伊勒里宫

拉法耶特出现在路易十六面前并告诉他，他没能阻挡示威游行者到达凡尔赛宫，他是前来保护国王一行人的。他请求路易十六委任他指挥城堡外围的守卫。国王同意了他的请求。所有人都去睡觉了。

清晨6点，女性革命者占据了城堡，王子庭院的大门莫名其妙地被打开了。一名年轻侍从被斩首，一名看守被杀。玛丽·安托瓦内特匆匆忙忙更衣，借着密道前往国王处避难，当时国王正出发前去寻找王子。国王看到由新任王室教师图尔泽夫人搀扶着前来的王后。玛丽·安托瓦内特听到吼叫："瞄准她！杀了她！我们要砍下王后的头，烹了她的心和肝，我们跟她没完！"

在大理石庭院中，群众的愤怒爆发了："国王去巴黎！奥地利女人去死吧！"拉法耶特侯爵终于醒悟了，毫无疑问国王是在与他谈话后决定前往巴黎。群众大叫："国王上阳台！"国王鼓足了勇气，登上了阳台。群众欢呼道："国王万岁！国王去巴黎！国王去巴黎！"群众接着要求王后出席。拉法耶特侯爵将她找来。玛丽·安托瓦内特在拉法耶特侯爵的陪伴下出现在阳台上。拉法耶特使民众平静下来，并亲吻了她的手。民众平静了下来。人们欢呼道："国王万岁！王子万岁！"也有一些人喊道："王后万岁！"仇恨看起来似乎慢慢消退了。面对不顾一切的民众，玛丽·安托瓦内特勇敢地向他们挥手示意，努力消除他们的敌意。最终，所有王室成员都站在阳台上。这一次，路易十六用异常坚定的语气说道："我将和我的妻子和孩子们一起前往巴黎。以爱为名，我向我忠诚的臣民交付那些我最珍贵的财富。"那些摇摆不定的群众为国王欢呼喝彩。

在这 10 月 6 日的午后，庞大的随行人员——一百多辆马车和装载着小麦与面粉的货车——启程了。这是一场漫无止境的苦难：必须要 7 个小时才能抵达杜伊勒里宫。“面包店老板、老板娘与他们的小伙计”走在队伍前面，他们身后的两名守卫手持长矛，尖尖的矛头上挂着头颅。路易十六、玛丽·安托瓦内特就这样与他们的孩子们永远地离开了凡尔赛。临行前，王后向一位女性朋友表露了她的担忧：“我感觉到我们再也回不到这儿了，我的预感从来没有失误过。”

他们一行人晚上 10 点抵达巴黎，却发现杜伊勒里宫空空如也，完全没有做好接待他们的准备。他们睡在临时搭建的简易床上，并不得不自己安排起居。次日，10 月 7 日，国王和王后出现在杜伊勒里宫的阳台上。他们获得了巴黎民众的热烈欢呼。在给麦尔西·阿尔让托大使的信中，玛丽·安托瓦内特写道：“忘却我们身在何处，忘却我们是如何来到这儿的，我们应当对人民运动感到满意，特别是今天早上。我希望，如果不缺面包的话，许多事情将会慢慢变好。我对法兰西子民说：‘民兵、商贩和所有拉着我的手的人，我都向他们伸出我的援手。’”从凡尔赛运来的各样物品改善了国王一家的居住状况，也使得国王夫妇与孩子们更亲近了。他们的生活方式将变得更家庭化，远远不如从前在凡尔赛那般严格。国民议会也迁离了凡尔赛，转而在杜伊勒里宫的骑马场里召开议会。如同在凡尔赛一样，国王和国家代表相邻。多亏了米拉波，有利于王室的财政拨款通过了：一年 2500 万镑，这是一笔可观的财富，能够供其重建宫廷生活，恢复仆役制度和重要的王室服务。典礼得以重新恢复，比如每周两次的盛大进餐仪式。

但是，玛丽·安托瓦内特清醒地认识到，这仅仅只是表象，君主制度从此以后都活在监视之下。舒适惬意的生活也是孤独的。王室不需要朝臣，而需要一个盟友。

和米拉波在圣克卢的秘密会面

自上一个夏天，来自法国南部的热情、杰出的演说家米拉波，旗帜鲜明地重申保留王室特权的重要性。当他被选为普罗旺斯地区艾克斯的第三级代表后，不惧斥责的他凭借有力的演讲而闻名。感情激烈的米拉波崇尚孟德斯鸠和英国的君主立宪，鼓吹权力的平衡，这些论点使得议会既不能处置国王也不能消灭国王。10 月，“爱国者”怀疑他是叛徒，国王的亲信则控诉他为奥尔良公爵（未来主张平等的菲利普）工作，而奥尔良公爵曾强迫自己的堂弟路易十六离开凡尔赛。米拉波从 1790 年 5 月起，就在公众场合和私底下玩着双面游戏。但他也经常掉入金钱的陷阱里。尽管他有着坚定的政治信仰，但这并不代表他就是大公无私的：在王后的坚持之下，国王慷慨地替他支付了债务的一部分，并且每月再给他一笔补助，以奖赏这位保皇党人士对王室所付出的努力。

王室收到授权允许在圣克卢度夏，米拉波秘密派人告知王后，他想要与她私下会谈。这个请求有点出人意料，因为他曾经在宪法辩论会上对玛丽·安托瓦内特恶语相向，试图把玛丽降为普通公民，但这也是为了重新提高王室的职权。总之他绝对不是故意针对这位他崇敬的女子。自从他在凡尔赛宫见过玛丽，他就对她钦佩不已。1790年7月3日，星期六，人们猜想这次秘密会见是在城堡底楼的客厅中进行的。米拉波平时的生活是非常混乱的，但为了这次会见，他打扮得过度优雅。他喷了很多的香水，佩戴的羽毛装饰之多好像是去参加一场庆典。但这可能是为了转移别人对他那张丑陋面孔的注意。他的脸上布满了天花留下的疤痕，犹如魔鬼般的脸孔实在有点吓人。这位来意不明的客人能如此顺利地和玛丽·安托瓦内特初次会面，多半是因为米拉波面对骚乱时所展现出来的勇气，王后对此十分赞赏。他同样写道："国王真正所拥有的只有他的妻子。我想她无法脱掉王冠生活，我也同样确信，如果她无法保住自己的王冠，那也就无法保住性命。"

在这个不幸的、忧虑的、犹如议会人质的女人面前，米拉波戏剧般地单膝下跪，亲吻她的裙边。玛丽·安托瓦内特拥有完美的自控力，她优雅得体地用她的母亲玛丽亚·特雷西娅喜欢的方式做出了回应："在一个普通的敌人面前，如果他随意诋毁君主制度，丝毫不赞赏王朝对广大群众所做出的贡献，我会不择手段予以反击，然而，如果对方是米拉波，即使我以为你是我的敌人，我也一直觉得你和其他人不一样。"

和王后一样，米拉波对拉法耶特也抱有怀疑。他对玛丽·安托瓦内特详细描述了逃跑计划、离开巴黎的细节和亲信部队的布置。王后认真聆听着，时不时地表现出兴趣，继而是激情，因为作为演说家的米拉波是非常有说服力的。她好像拿定主意了，但什么也没说。人们可以注意到，不同于路易十六，王后很好地转变了心态，并且认同分享君主权力是唯一能够保住王冠的方法。她完全相信这个既复杂又夸夸其谈、捉摸不定的人了吗？

我们无法断言，但是至少他的造访是鼓舞人心的。米拉波不只被王后的现实主义态度所打动，也被她身处险境所表现出来的勇敢而折服。她起身，谈话结束了。更出人意料的是，米拉波再次单膝下跪行吻手礼，并为他曾给王后带来的诸多麻烦表示歉意。据让-保罗·德普拉所写，米拉波眼睛紧闭，低声喃喃道："王后，君主制有救了！"

我们永远不会知道玛丽·安托瓦内特是否真正相信米拉波，也无法知道米拉波所说是不是真心的。激情满溢的他更多的是为王后服务，而非为王室服务，然而玛丽·安托瓦内特还是继续听从国王的意见，可惜国王总是优柔寡断。很快，米拉波和王室的秘密会面暴露了，他被人揭露为叛徒，而另一些人则认为他在革命中的调停行为是君主制的救星。总的来说，这次会见并没有实质性的结果。他只是向王后阐述了实施君主立宪制的必要性，但他并没有完全说服她，也没有得到国王的认可。王室夫妇在犹豫，整个法国也在犹豫。[①]

① 米拉波于 1791 年 4 月 2 日因工作过度劳累而骤然离世，终年 42 岁。他的去世在国民议会引起一阵哗然，随后被葬入先贤祠。1792 年，他与王室的通信被发现后，制宪议会又下令将他的遗体迁出先贤祠。

请求费尔森组织王室出逃

1791年4月18日，国王想要离开杜伊勒里宫前往圣克卢过复活节的计划被阻止了，他的马车被拦下来足足有两个小时。他现在和王后的想法保持一致：必须离开巴黎。路易十六接受了到蒙梅迪和布耶指挥的保王军会合的计划。这次出逃的组织者是瑞典军官艾克索尔·费尔森。长期以来他是王后的心上人，对王后绝对忠诚。他是不是人们经常说的王后的情人？没有证据表明这点。他和王后并没有一起在凡尔赛待很久，但是他们确实在那里会面。无论发生了什么，费尔森自从革命风暴开始以来就展现了对王室的绝对支持。在写给在布鲁塞尔避难的麦尔西·阿尔让托的信中，王后提到关于杜伊勒里宫的事端和她与国王所忍受的屈辱：“刚刚发生的事使我们更加确信此地不宜久留……我们的处境非常尴尬！我们必须在下个月逃离此处。国王比我更加急切地想要离开。”6月20日的晚上，在费尔森完美策划下，国王、王后、王子、伊丽莎白夫人以及王室亲眷乔装打扮成佣人在图尔泽夫人的陪伴下逃离了。午夜时分，一行人在圣马丁城门口坐在一辆四轮马车里，由三个护卫保护着匆匆逃离。但是一开始事情就进展不顺：他们离开巴黎的时候就已经晚了两个小时。到沙隆时，已经晚了4个小时。而且在逃亡过程中，国王常常被人认出并且对人们表示的敬意感到高兴。由于他一点也不着急，失去了宝贵的时间。晚上6点，在索姆-韦勒桥，原本应该保护国王的轻骑兵特遣队离开了。他们以为这项计划被推迟到了第二天。

正如我们所知道的那样，出逃事件在阿尔贡地区的瓦雷讷惨淡收场。23 点 10 分，王室出逃被制止了。

6 月 25 日，玛丽·安托瓦内特和所有的人一起回到巴黎。王后脱下帽子，刚刚过去的五天让她灰金色的头发变成灰白，犹如“一个 70 岁的老妇”。杜伊勒里宫变成了一座监狱。从瓦雷讷彻底惨败回来的途中，玛利·安托瓦内特接受了巴纳夫的秘密协助。巴纳夫是一个来自格勒诺布尔的律师，也是第三级代表。他被人民采取革命的做法吓坏了，他和米拉波一样是君主立宪的支持者。他向国民议会证实，路易十六并不是想要逃走，更不是想要离开巴黎，他只是想要住得离巴黎远一点。王后非常清楚在瓦雷讷的失败之后，她的丈夫将会被解除武装并被打倒。必须由她亲自出面了。玛丽·安托瓦内特向巴纳夫请求帮助，因为她感到“孤独且无法见到任何人”。她和这位调解代表沟通并得知他已经向维也纳递送了公文，确保王后的兄弟——利奥波德二世安心，她也得知了制宪议会中的一些成员想要恢复路易十六的全部权力。1781 年 7 月 1 日，国王必须宣誓拥护宪法，宪法是他两年前在凡尔赛宫签署的。王后把这个看作资产阶级的胜利，并声称这段文字是“傲慢的，无法实施的，一派胡言的”。18 日，王室夫妇在香榭丽舍大街受到欢迎。当天晚上，他们观看了现在被我们称为《普赛克》的歌剧。《普赛克》是在路易十四时期的凡尔赛宫创作的。玛丽·安托瓦内特开怀大笑。这是她第一次离开凡尔赛宫以后畅然大笑。法国西部反革命的骚动和移民的增加，迫使议会介入了法国和奥地利的冲突。1792 年 3 月 1 日，在利奥波德二世突然死亡之后，他的儿子弗朗茨二世继位。玛丽·安托瓦内特的这个侄子比他父亲更加好战且缺乏耐心。尽管如此，王后向流亡在外的贵族求援，其中包括国王的弟弟普罗旺斯伯爵和阿图瓦伯爵，但他们不仅没有施以援助，反而落井下石，并且损害了王室夫妇的名誉。国王和王后被指控卖国。在召开议会时，韦尼奥威胁要将王后送上断头台。

1792年7月25日挑起不伦瑞克宣言

哈布斯堡王朝的新任皇帝以其过于严苛而出名，斯塔尔夫人后来对此评论道，路易十六国王“迫于舆论”，双眼含泪，不得不在1792年4月20日向议会提议宣战。通过精巧的措辞，宣战书只提到了“波希米亚和匈牙利国王”而不是神圣罗马帝国皇帝，这或许是为了弱化两国的冲突。但是这种幻想并没有持续很久，因为7月25日，来自科布伦茨的不伦瑞克公爵在玛丽·安托瓦内特的压力下签署了由流亡贵族起草的宣言。不伦瑞克公爵是普鲁士和奥地利联军的总司令。这封宣言威胁巴黎人民，警告说“如果谁胆敢对国王和王后有任何轻视”，巴黎将会陷入“军事打击和完全的覆灭”。8月1日，这封宣告在巴黎路人皆知。这原本用来吓唬“爱国革命者”的宣言反而点燃了人民的怒火，结果和预期完全相反。废黜路易十六的呼声高涨，辱骂他是“奥地利的走狗”。王室夫妇被指控勾结从东部入侵的敌人。当6月20日一场针对杜伊勒里宫的暴动被挫败，玛丽·安托瓦内特坚强而淡定地坐在一张桌边，表现出无畏的神情。而这一次，激狂而又危险的民众涌向王宫。人们恳请国王前往议会。那里可能是安全的。他抬起缺乏远见的眼睛盯着王后，对他的家人下达了命令：“出发吧！”

他第一个出来，玛丽·安托瓦内特和王子跟着出来，接着是国王的妹妹伊丽莎白夫人，后者由她的侄子搀扶着。

瑞士卫队最后一次低下了头。炮声隆隆，枪声阵阵。瑞士卫队被残杀。国王和他的家人现在是议会的囚徒。1792年8月10日，存在了数个世纪的君主制不存在了。玛丽·安托瓦内特第二天向她的第一女管家康庞夫人这样提及王子和公主："可怜的孩子啊！不能将他们变成继承人，还要告诉他们法兰西王朝终结在我们手中是多么残酷啊！"13日，国王全家被转移到了圣殿塔，由一座古老的封建塔楼和归属于阿图瓦伯爵的空旷宫殿构成。在这里，玛丽·安托瓦内特将预感告诉了图尔泽夫人："他们将会把我们投入塔中。那是真正的监狱！我非常厌恶这座塔。我无数次祷告希望阿图瓦伯爵能够将其拆毁。"

在9月屠杀期间，她的好朋友朗巴尔夫人被砍头，并被挂在一个长矛上毫不掩饰地从她的窗前经过，从那之后玛丽·安托瓦内特就生活在一个极度恶劣的环境中。在9月22日，共和国宣告成立之后，人们知道对路易十六的审判于1793年1月结束，国王被处以死刑。法国长公主玛丽·泰瑞斯回忆道，她的父亲在与他们度过一个晚上之后，再不愿和家人度过最后一夜。"他需要静静。"1月21日早上，为了"免受如此残忍的分离之痛"，他放弃了来见他妻儿和妹妹最后一面。玛丽·安托瓦内特获许穿戴孝服。从此她被称为"断头卡佩的寡妇"。8月5日，她被带到了巴黎古监狱。她知道关于自己的审判结果，这场蹩脚的正义滑稽戏只能带给她死亡。但是10月12日，站在革命法庭前的王后显示了她的尊严。毫无根据的政治责难和恶意的诽谤中伤混杂在一起，甚至有人指控她和儿子乱伦。她勇敢地反驳这些肮脏的断言。“我拒绝回答这样一个对母亲无礼至极的指控，我呼吁在场的所有母亲赋予我这项权利！”她掷地有声地说，震惊了全场。她以异乎寻常的能量为自己辩护，反驳人们强行加在她身上的罪行，整个房间的人似乎被她打动了。费尔森想尽一切办法，甚至想要以武力解救玛丽·安托瓦内特。可惜一场被称为“理发师”的阴谋也失败了。“匿名”小册子流传开了，其中斯塔尔夫人说道：“人们对王后的指控和诽谤是一次无效的更是无耻的犯罪。人们将会意识到这是一次残暴的行为，并将陷入愧疚的恐慌。”

1793年10月16日，周三，临近中午，密集的人群站在革命广场。在没有任何人帮助之下，王后走下了马车，快速爬上了断头台的台阶。4分钟之后，12点15分，铡刀落下。在法国的君主制延续了几个世纪之后，再没人欢呼“王后万岁”。王后和国王一样，在法国永远地死去了。

Victoria

日不落帝国女王：维多利亚

稳固的王冠

Une couronne bien assurée

2012 年 3 月底，伦敦的肯辛顿宫在经历了大规模的重建工程之后，重新向公众开放。在伊丽莎白二世登基 60 周年庆典的时候，大家无不追忆起上一位庆祝登基 60 周年的女王——她的高祖母维多利亚，以及老肯辛顿宫。肯辛顿宫建于 17 世纪末，由砖石砌成，18 世纪陆续修建的一系列美丽花园装点着这座古老的宫殿，使其极富魅力，并带有一丝乡村田园气息。宫殿的一侧属于维多利亚，作为她自己的内宅。她在那里度过了严厉的童年，生活在监视之下，遵守着她母亲及其宠臣的命令，没有仆人的陪同甚至不允许下楼。1837 年 6 月 20 日，凌晨 3 点 30 分，在她的卧室，即现在的北厅，维多利亚被叫醒，并得知她的伯父威廉四世国王过世了，即刻起她成为大不列颠女王。5 分钟之前，她还只是欧洲这个大棋盘上微不足道的一颗小旗子，纠缠在各方利益间的公主殿下，然而她的命运却已经与阴谋陷阱紧密相连。从那以后，她得到的将不只是简单的礼仪问候，取而代之的是屈膝礼。她当时 18 岁，有传闻说她年纪轻轻，且只有 1.53 米的身高，这会对她不利。然而，这位“小女人”将用她的精力，她的权力，她的执行力震惊全世界。她代表了半个世纪的经济、文化和社会的变动。她象征着全球第一个工业强国的诞生，她的在位时间曾经是英国史上最长的。在她的统治下，英格兰、威尔士、苏格兰以及北爱尔兰的庞大制造业得以蓬勃发展：他们根据海外市场的需求生产制造，不停转换、出售、运输商品货物。维多利亚女王在位 64 年，1876 年成为第一任印度女皇，她在全球 1/5 的地方和 1/4 的人口中有着至高无上的权力。随着照相技术的革命，电报机的推广和电影技术的发展，全世界充斥着维多利亚的形象。从古至今，从来没有一个君主的肖像如此铺天盖地地展示在世人面前。如同伯里克利、伊丽莎白一世与路易十四一般，维多利亚用她的名字为那个时代冠名。维多利亚时代因其纷繁复杂而令人着迷。这一点也不出乎意料：因为她本身就是一个复杂的女人，远远有别于世人对她持有的庄重、死板及清教徒般的刻板印象。

英国国王的侄女，比利时国王的外甥女

1819 年 5 月 24 日的肯辛顿宫，小维多利亚看到了她生命中的第一道曙光。亚历山德丽娜 · 维多利亚是肯特公爵夫妇的女儿。她并不了解她的父亲，因为他在她出生后的几个月就过世了。肯特公爵是大不列颠乔治四世国王的第三个弟弟，也是汉诺威王朝的君主。汉诺威王朝从 1714 年起，同时统治着大不列颠和德国北部的汉诺威公国。奇特之处在于：这两个地区虽在地理上被北海一分为二，但属于同一个王国。维多利亚的母亲是萨克森 - 科堡 - 哥达王朝的公主，她是比

利时国王利奥波德一世的姐姐。由于其父母的关系，维多利亚其实是德意志后裔，但她从出生之日起就是英国王位继承人。因为乔治四世国王的独生女在1817年过世，他的弟弟威廉在1830年继承了王位，但是膝下并无子女。然而，来自母亲摄政的威胁一直压在维多利亚身上，直到她成年。维多利亚的母亲一直阻碍着她女儿做任何决定，与此同时还与她的秘书——传闻是她的情人——约翰·康罗伊爵士在宫殿中布置了让年轻的维多利亚难以承受的一套严密的监控系统：一系列的禁止条例和义务。维多利亚女王日后提及时称之为“肯辛顿系统”。甚至连她在花园的漫步都被严密地监视着，即使这一活动完全与公众没有丝毫联系。野心勃勃的约翰·康罗伊认为，如果维多利亚的母亲摄政，他便可大大利用自己对其的影响力，共享权力。维多利亚是乔治三世的孙女。乔治三世，人称“疯子国王”，他在位期间既丧失了理智，又丢了美洲殖民地。维多利亚也是威廉四世的侄女。威廉四世在1830年继承了乔治四世的王位。在母系家族中，维多利亚公主也是比利时国王利奥波德一世的外甥女。利奥波德一世的第一任妻子夏洛特曾是英国王位继承人，直到她于1817年去世。利奥波德一世又娶了法国国王路易-菲利普的女儿路易斯·奥尔良。比利时第一任国王密切关注着——从他的姐姐肯特公爵夫人那里得知——一切与维多利亚有关的事。新近取得独立的比利时需要英国的支持。

在她11岁的时候，威廉四世登基，维多利亚知道她现在成了王位的直接继承人，她将可能成为女王。她也知道，如果新任国王在她成年之后去世，那么她也不需要由母亲摄政。也许是为了回应她刚刚去世的另一个伯父乔治四世可耻且颓废的行径，她在日记中写道：“我会是一位明智的贤君。”事后证明，她穷尽一生履行了她的誓言。从那时起，她母亲对她的各项掌控都变得愈发严格。对她母亲死心塌地的约翰·康罗伊爵士，试图让她签署一份由他草拟的诏书，让她招募自己成为她的私人秘书。尽管当时生病卧床，但是维多利亚还是坚决地拒绝了她的母亲和约翰·康罗伊爵士，这让二人大失所望。这时她的个性已经非常鲜明了！

夸夸其谈又大大咧咧的威廉四世国王，对他的侄女兼法定继承人满怀关切与慈爱。他有多欣赏他的侄女，就有多厌恶诡计多端的肯特公爵夫人。他很维护维多利亚。他公开谴责她母亲的小诡计，并试图把禁闭在肯辛顿宫的维多利亚带到温莎城堡。1837 年 5 月 24 日，18 岁的维多利亚终于成年了。时候到了！即使国王去世，也不会有摄政期了。

18 岁即位，未来的明君

威廉四世似乎一直在等维多利亚成年才愿意离开，她年满 18 岁还不到一个月，他就去世了。值得注意的是，维多利亚成为大不列颠女王，她的叔父坎伯兰公爵欧内斯特成为汉诺威国王，这是自 1714 年以来第一位不兼任英国国王的汉诺威国王。事实上，正是因为维多利亚在 1837 年的登基，最终使得大不列颠从王朝到领土都和德意志的汉诺威公国分割开来。因为汉诺威公国拒绝女性继承王位。即使维多利亚作为一位汉诺威王朝的继承人，在她日后的统治生涯中，也只能拥有大不列颠的王冠。1837 年 6 月 20 日，黎明破晓，在威廉四世去世的消息公布几个小时后，维多利亚登基成为女王，她即刻在肯辛顿宫的红厅召集了第一次枢密院会议。画家大卫·威尔基爵士的画作永恒地记录了这一幕：年轻的女王，也是一个年轻的女孩，端坐在 30 多位上了年纪的男士面前。他们绝大多数人都是站着的。他们睿智而富有经验，而她则正好相反。然而维多利亚已经表现出了她的决断力，尽管几个小时前她还身着黑衣服丧。为了强调她的年轻和她的脆弱，也可能是为了凸显出力度，画家笔下的她身着白衣：天真单纯的她面临的是一个议会制和君主立宪制互相妥协的世界。

维多利亚既没有沉醉在加冕仪式的辉煌中，也没有陶醉在戴上王冠的喜悦中。她日后写到关于首相墨尔本勋爵体贴的关心时，这样说道："他亲切地询问我是否感到疲劳，并告诉我，他所佩戴的国家之剑真的非常沉重。我对他说王冠也同样弄疼我了。"加冕仪式的下午，墨尔本勋爵看见他们的女王在一个客厅的浴缸里给她的查理王猎犬达西洗澡，如同她每周都会做的那样。

从 1837 年夏天起，维多利亚离开了肯辛顿宫，定居白金汉宫。白金汉宫前身是白金汉公爵在 1702 年兴建的一个宏伟的砖石结构的庄园，最初命名为白金汉屋。60 年后它被王室买下，1825 年在保留原来建筑的基础上，王室对它进行了扩建，使它成为一个奢华的宫殿。但是从来没有人在此居住。年轻的女王任命建筑师爱德华·布罗尔增高建筑，并用一个长达 110 米的仿造意大利文艺复兴风格的翼状浮雕，将中央庭院封闭起来。维多利亚是第一位住在白金汉宫的大不列颠君主，并把它晋升为官方宅邸。安顿下来之后，维多利亚立即将她的母亲安排在一个远离自己的房间，以将其隔离开来。公爵夫人无权进入议事厅，她完全被边缘化了。

因身边人的丑闻而丧失威望

有两件牵涉她身边女官的意外事件，使得维多利亚发现了她处境的艰难。自从她成为女王以来，墨尔本勋爵就负责从他的政治支持者——自由党人的配偶中选择女官。不过，1839 年年初，墨尔本勋爵被迫辞职，他的内阁也遇到了困难。对于年轻的女王来说，这是晴天霹雳。她已经太依赖墨尔本勋爵，他已经赢得了她的全部信任。墨尔本勋爵向她传授政治及宪法知识。代替墨尔本的是她讨厌的托利党人罗伯特·皮尔爵士。维多利亚感到更加不安，皮尔清醒地意识到了这一点。当着女王的面，他要求女王更换女官，这样能更好地体现新政府的选择。女王坚定地拒绝了这个要求并通知了墨尔本勋爵。这是一个小政治丑闻的开端。维多利亚表现得不错。她对“肯辛顿系统”保留了太多不好的回忆，她不愿再让自己的个人事务受人操控。这是她第一次反对政府首脑，皮尔不得不放弃。墨尔本在 1839 年 5 月 10 日重新成为首相。这一插曲不光标志着女王与首相的第一次分歧，也标志了与公众舆论的分歧，而后者带来的后果更为严重。

第二个事件再一次损害了女王的威望。这次涉及她母亲的女伴弗洛拉·黑斯廷斯。她对肯特公爵夫人和约翰·康罗伊爵士的忠心耿耿，其实早已引起了年轻女王的反感。尽管如此，弗洛拉·黑斯廷斯还是在 1839 年 1 月 10 日入宫侍奉女王。立刻，女官圈里便流传着一个流言：弗洛拉夫人虽然对外声称是单身，但实际上已经怀孕了！女王感到非常震惊，更何况流言说孩子的父亲不是别人，正是“可怕的魔鬼的化身”康罗伊——维多利亚的克星！弗洛拉的身材的确日渐丰腴。流言是真的吗？事情将会在女官体检完之后见分晓。1839 年 2 月 17 日，诊断报告令人震惊：弗洛拉夫人不但没有怀孕，而且她还是一个处女。但丑闻的负面影响是巨大的。作为拥有宫廷最高头衔的女官，首相和女王完全可以利用这些流言蜚语使弗洛拉 · 黑斯廷斯蒙羞。当我们发现她身材肿胀的原因时，一个可悲的闹剧变成一个悲剧：她不幸因全身感染并于 7 月 5 日去世了。

维多利亚缺乏稳重，有时候还会无法控制自己愤怒的情绪。在这两起事件中的不妥协，使她犯了很多过错，掀起了广泛的舆论。维多利亚意识到，现在是时候在混乱之后修复她的名望了。对她来说，现在也是时候找一个伴侣。根据当时广为流传的习俗，维多利亚一出生就已经是她的表弟萨克森 - 科堡 - 哥达的阿尔伯特的未婚妻，后者的哥哥欧内斯特是小公国的继承人。阿尔伯特除了希望拥有一个盛大的婚礼之外，不抱有其他任何幻想。如果可能的话，最好能娶一个执政的公主。这个联姻计划同样也萦绕在比利时国王的脑中。阿尔伯特是利奥波德一世的侄子，后者想通过促使这对年轻的侄子和外甥女的联姻，从而提升自己的政治影响力。他的姐姐肯特公爵夫人显然和他持有相同观点。欧内斯特和阿尔伯特两兄弟的第一次来访，被安排在 1836 年，引起了威廉四世极大的愤怒，他绝对不想听到任何有关于和萨克森 - 科堡 - 哥达联姻的想法，他很讨厌利奥波德一世。但维多利亚深深地被欧内斯特所吸引。同样，她也有一点点被阿尔伯特吸引。她展示了她对舒伯特音乐的品位，也分享了对浪漫主义芭蕾和意大利歌剧的看法。因此这对表姐弟开始了通信（被监控的），不过信中也是些无关紧要的事。没有任何官方声明宣称阿尔伯特会成为女王的未婚夫。然而在维多利亚开始痛苦的统治之后，她决定让阿尔伯特在 1839 年的秋天返回伦敦。她被他迷住了。10 月 10 日，女王在她的日记中写道："阿尔伯特总是那么迷人，他十分英俊，有着美丽动人的蓝眼睛，迷人的鼻子，漂亮的嘴巴，薄薄的胡子，非常小的颊髯。他有着绝佳的身材，肩宽，瘦腰。我的心已被他占据。"维多利亚为自己复杂的体质感到煎熬。她对自己矮小的身材感到气恼，她向墨尔本勋爵倾诉："除了我之外所有人都在长个儿！"她蓝色的眼睛有点外凸，她的手臂胖胖的。她试图戴上戒指用来掩饰她胖胖的手，结果妨碍了她吃饭。事实上，从青年期就这样，公主有着体重见长的趋势。首相向她建议节食。维多利亚回答道："但是我一整天都想吃！"她不能容忍她的肖像画闭着嘴。她的脸蛋不是很迷人，但是女王有着特别的魅力和优雅。维多利亚使老旧的君主制变得年轻，充满活力，但她还肩负着继续巩固君主制的任务。

德国未婚夫：萨克森 - 科堡 - 哥达的阿尔伯特

阿尔伯特是唯一的选择吗？从 1836 年起，这个结婚计划一直没有达成协议。如果王子在 1839 年被维多利亚拒绝，他将有可能成为如他自己所写的“一个可笑的东西”。这是爱情吗？“至于她，她清楚知道自己的魅力并没有那些阿谀奉承的朝臣所说的那么不可抗拒。但阿尔伯特并没有被女王的身份所迷惑。女王因此发现这位小人物身上似乎也闪着特殊的光芒。”[①] 维多利亚非常迷恋阿尔伯特，她向阿尔伯特求婚。他用德语写下：“我的爱情无法计算。” 1839 年 11 月 23 日，在枢密院，维多利亚公开了他们的订婚消息，这引起了议会对这位天主教且没有财产的德国王子的不信任。汉诺威没有给他们留下美好的回忆。诚然，将一个出身于萨克森 - 科堡 - 哥达的丈夫放置在国家的最高位置，难免太德国化了。威斯敏斯特拒绝了女王的要求，并未授予阿尔伯特以贵族头衔和“王夫”的头衔。婚礼被定在 1840 年 2 月 10 日。之前，阿尔伯特放弃了他德国王子的身份并取得了英国国籍；女王于是嫁给了她的一个臣民。维多利亚决定结婚的时候身着白色婚纱，而根据传统她应该身穿红色的裙子，以彰显王室尊严。她选择了一条简单而端庄的白色绸缎裙子，裙子有蕾丝装饰，后摆很短。她不想让他的丈夫在旁边相形见绌。同样，她也掀起了一股时尚之风：正是由于她的结婚典礼，白色婚纱才在西欧各处风靡。阿尔伯特送给她一枚胸针，由漂亮的蓝宝石做成，周围镶嵌着钻石。维多利亚不只是在结婚当天佩戴着，平日里也时常佩戴着。结婚典礼在伦敦圣詹姆斯宫的教堂举行，之后开始下雨，新婚夫妇在白金汉宫重聚。午饭之后，夫妇出发前往温莎城堡。他们在那里度蜜月，温莎很快成为他们在伦

---

① 斯坦利 · 温特劳布，《维多利亚》（一本私人传记），罗伯特 · 拉封出版社，1988 年。

敦附近最喜欢的住处，并成为王室的第二个官方住所，且始终如此。

阿尔伯特原本希望蜜月能够持续至少一周。维多利亚虽然沉浸在新婚的幸福之中无法自拔，但她拒绝了这个提议——她不能搁置政务超过三天。阿尔伯特因自己卑微的地位而饱受痛苦。当他在建造房子的时候，他也没有权利表达自己的意见，他必须征求墨尔本勋爵的资深私人秘书的意见。维多利亚对此表示赞同。这引起了她和阿尔伯特的第一次争吵。她提醒阿尔伯特，他只是女王的丈夫。3 月 21 日，女王怀孕了。

1840 年 6 月 10 日，夫妇俩乘坐敞篷马车漫步在通往宪法山的路上，一个年轻人向他们开枪，但是没有打中维多利亚。当那人继续开抢的时候，为了保护女王，阿尔伯特把她摁倒在马车地板上。凶手被制服了，这是一个精神失常的人。亲王轻微受伤。这个事件同时使女王和她的丈夫威望增加。维多利亚怀孕 4 个月了，她感到非常害怕。1840 年 11 月 21 日，维多利亚生下了一个女儿，起名为维多利亚·阿德莱德，但是英国人称呼她为“维姬”。女王不喜欢怀孕。因为按照她自己的说法，她觉得自己像一头奶牛又像一只狗。但是她还是生了 9 个小孩，尽管一个都没有哺乳过。

阿尔伯特一直很有耐心并善于拿捏分寸，他重新改组了宫廷那些差强人意的后勤部门，并且经常提出良好的建议，他那谨慎而有条理的头脑渐渐令人折服。他还会甜言蜜语，身为女王的丈夫，他开始向她出主意并影响她的决定，渐渐实现了夫妇两人一起统治，我们将会看到阿尔伯特也接见部长。维多利亚很快对她的丈夫抱有完全的信任，甚至放心地委托他保管“盒子”的另一份钥匙。这些红色的皮盒子上印着君主的名字，里面装着有关国家大事的公函、电报和机密文件。阿尔伯特知晓所有重要的国家大事。

借机世博会，阿尔伯特赢得尊重

整个王国在第二次工业革命的浪潮中，一直被社会的骚动折磨着：骚乱经常发生在工人众多的城市中，例如曼彻斯特；另外也发生在人口过剩的城市中，比如那些有大量农村人口迁移的城市。女王则在 1841 年 11 月 9 日生下了一个男孩，也就是未来的爱德华七世。

另外，一系列针对维多利亚的新袭击也不断发生：有两起袭击发生在 1842 年；还有一起袭击由爱尔兰人威廉·汉密尔顿在 1849 年发起。在 1850 年 7 月，一个叫罗伯特·佩特的人，用手杖成功地袭击了女王。

爱尔兰的歉收导致了一次经济危机。保守党的首相皮尔，主张减少敏感的粮食进口税，这也是维多利亚最终同意的措施。这个举措使地主们不满，但这是对抗爱尔兰饥荒的唯一方法。在和保守党和自由党交替的政治谈话中，女王发现对抗政府通常是没有用的，也意识到她主要的角色和她终身的地位需要依靠三个特权：磋商权、鼓励权和警告权。她需要特别重视这三项建立在君主个人权威之上的特权。

1848 年和 1849 年引发欧洲诸国产生巨变的革命风暴并未波及大不列颠王国，但国内工人的要求依然没有被满足，由工会支持和供养的游行队伍每天都在罢工游行，这使得大不列颠的处境更加危险。阿尔伯特亲王认为，失业的加剧是由于国家订单的下降，特别是在那些大工程中，它们本可以提供就业机会并减少社会动荡。维多利亚的丈夫通常是个悲观主义者，但是面对那些穷困潦倒的人们，他表现出了真诚的慷慨。他从法兰西第二共和国得到启发。法兰西第二共和国诞生在动乱中，动乱迫使路易-菲利普国王乘坐四轮马车逃离杜伊勒里宫，然后在英国避难，共和国提议建立国家工厂。阿尔伯特亲王接受了这个建议，并产生了举办世博会的想法，用来彰显英吉利海峡彼岸的工业、商业、专有技术。他及时动员并联合“所有可用的人力和物力，其规模和质量都将代表大不列颠的强大实力，让世界看到除了煤炭、钢铁和羊毛外的英国，并将英国打造为‘世界工厂’”[①]。

扫除了新闻报道这一会引发金融灾难的潜在威胁后，亲王与女王一致决定，成立一个委员会。自然由亲王任主席！亲王在海德公园的西边选择了一块地，并在设计师约瑟夫·帕克斯顿的协助下，决定建造一座非凡大胆的、独特新颖的建筑。阿尔伯特在会议期间筹集私人基金，这些资金于1850年春起逐渐到位。渐渐地，伦敦耸立起了水晶宫，这个名字来自一个记者根据其灵巧的外观而得到的灵感。水晶宫占地11万平方米，由透明玻璃和钢铁架完美构成。一年的时间，一座先进的透明玻璃宫殿拔地而起。这是2500名工人共同的劳动成果。

1851年5月1日，维多利亚女王为世博会主持开幕式。她身穿粉色（为了让我们看到！），浑身上下洋溢着幸福，谈起阿尔伯特的出色能力，并感谢阿尔伯特给这个国家带来的强大动力。民众们都很

① 居伊·戈蒂耶，《维多利亚：英国的顶点》，法兰西帝国出版社，2000年。

热情，高唱着“上帝保佑女王”，接着是亨德尔《弥赛亚》中的选段《哈利路亚》。这个德国音乐家在斯图亚特王朝时期成为英格兰国王的臣民。但是维多利亚并不欣赏亨德尔的音乐艺术。1835 年 9 月，她 16 岁的时候，在听完约克大教堂的《弥赛亚》独奏曲之后，她觉得除了那几首合唱曲和一两首歌之外，他的音乐太“沉重且令人疲倦”。她更喜欢那些来自意大利学院的天才，例如“罗西尼、贝利尼、多尼采蒂”[①]。

在维多利亚 32 岁的时候，也就是她执政 14 年以后，世博会的成功开幕引起了她超越爱国自豪感的喜悦之情。她写道：“这一天是我们历史中最重要的一天。它呈现出了我们从来没有看到过的最为壮观、最为重要、最令人动容的场面……阿尔伯特这个亲爱的名字，将因为这个伟大的设计而永远被人们所铭记。这对他来说是实至名归的。而我亲爱的国家也证明了他是值得的。”万国工业博览会对阿尔伯特亲王个人来说是一个巨大的成功，对于女王来说也是一样。通过对女王的个性分析及其在夫妻生活中的形象，例如在 1846 年温特霍尔特的画中，我们可以看出他们肩并肩形成了一个名副其实的团队。

如果我们算算世博会带来的利润（250 万英镑），可以说，阿尔伯特由此证明了他还是一个深思熟虑的企业主管。女王和她的丈夫从今往后被人们认作是阿尔比恩[②]的觉醒，甚至是一向对亲王持最大偏见的政客也对这对堪称典范的成功夫妇刮目相看，就连外交大臣巴麦

① 《揭秘维多利亚》，工艺收藏品，历史皇家官殿，2012 年。

② 英格兰或不列颠的雅称。——译者注

尊勋爵也对他们深深鞠躬。维多利亚和这位外交大臣在一起经常感到不自在，因为他曾经诋毁过阿尔伯特的这个项目。在开幕式的夜晚，管乐齐鸣的伦敦，他重新认识到："这是英国辉煌的一天。"他制定了海外领地的扩张计划：由英国提供原材料，在海外生产的策略。但控制工业革命跟控制政治革命不一样。我们不能控制女王，也不能把她的丈夫简单地看成是一个补丁。既没有头衔也没有公职的阿尔伯特亲王，渐渐成为不可替代的重要人物。世博会的影响——首次专门展现工业——远远地走出了大不列颠群岛。520 米长 125 米宽的、占地 5 万平方米的水晶宫，是未来信仰的殿堂，也是理念和商品的进出口中心。前来观摩的人们来自美国和法国，法国总统路易 - 拿破仑 · 波拿巴亲王也被这个卓越的成就所吸引，设想着他也能够组织一届世界博览会。在 6 个月内，超过 1.4 万个工匠、作坊、公司、协会参与，吸引了 600 万人来到这个前所未有的活动中，他们为与照明喷泉、奇花异草、蒸汽机、织布机和矿车的不期而遇神魂颠倒。世博会成为展示技术的橱窗，标志着维多利亚时代的繁荣昌盛。女王从今往后成为超越党派的政治稳定的象征。

王室典范：一个大家族的生活

在婚后的第一个圣诞节，他们的女儿维姬出生以后，阿尔伯特给温莎带来了新的习俗，事实上他引进了一个德国传统——圣诞树。同样的，法国路易 - 菲利普在执政期间，也因为他的德国儿媳而接受了这一传统。在铺着毯子的小圆桌上，人们将礼物挂在装饰着蜡烛、人偶和纸花的松树上。[①] 很快，从1840年到1859年，在这个美满的家庭诞生了9个孩子——可以说在那个时代这是很罕见的——所有的孩子都活到了成年。1840年，未来的威廉二世的母亲——维姬出生了，她是那么的优雅迷人。虽然根据她母亲的说法，她偶尔很叛逆，但是因为有着聪明的头脑和外向的性格深受她父亲喜爱。接着是未来的爱德华七世，“伯蒂”出生在1841年。由于他对学业没有兴趣，过于早熟的他喜欢周旋于女人之间，令他的父母伤透了心。再接着在1843年，爱丽丝出生了，她是个美人，未来嫁给了黑森大公，并成为俄国末代皇后亚历山德拉的母亲。1844年，阿尔弗雷德出生，他热衷于海军，并于14岁的时候加入了皇家海军。对于这个太早离家生活的儿子，维多利亚也时常感到无奈和伤感。海伦娜于1846年出生，家里的假小子，喜欢机械，迷恋骑马和航海。1848年，路易斯，未来的阿盖尔公爵夫人出生了，她是个艺术家，雕塑了纯白大理石的维多利亚雕像，现在就摆放在肯辛顿宫入口。至于亚瑟，于1850年出生，他可能是维多利亚最喜欢的儿子。维多利亚说道：“这个孩子是我最爱的，比其他所有的孩子都爱。”他喜欢军事，和他的玩具士兵一起玩耍，模仿拿破仑战争，后为英国服役40年。1853年利奥波德出生，他是奥尔巴尼公爵，他也是女王的孩子中唯一一个患有血友病的。因

① 直到现在，在圣诞节期间，仍会有许多松树摆放在温莎城堡的客厅中。它们由那些现在我们可以从商店里找到的维多利亚时代风格的饰品装饰着。准备给城堡工作人员的礼包将会由女王在圣诞节前亲自派发。

为太脆弱了，他都不能和他的哥哥姐姐们玩耍。维多利亚看上去不是很喜欢他，对他的评价是“极为普通但是还算有趣”。最后一个孩子，比阿特丽斯出生在 1857 年。她在女王 38 岁生日前几周出生，所以小名为宝宝。她活在维多利亚的阴影下，她被女王要求删去那些对她来说不是很得体的日记内容。因此，维多利亚三分之一的隐私被删除了。

对于这么一个大家庭来说，除了那些属于王室财产的宫殿城堡，例如白金汉宫和温莎城堡，他们希望另外建造或找到一个既简单又不受礼仪束缚的度假天堂。维多利亚和阿尔伯特希望有个无拘无束的属于他们的住所。幸亏阿尔伯特非常明智地管理着王室财产，夫妇俩有着相当可观的基金。通过首相罗伯特 · 皮尔爵士，维多利亚和阿尔伯特得知有个奥斯本庄园，一个非常好的地方，正在怀特岛郡拍卖。那个地方的交通非常方便，用不了一个早上就可以从伦敦坐火车然后乘轮船到达。王室夫妇在 1845 年购买了这个庄园，但是庄园很快暴露出面积太小的问题。阿尔伯特和一位自学成才的承包商一起设计了一个非常大的别墅，这位承包商曾经规划过位于伦敦的优雅的贝尔格拉维亚街区。奥斯本庄园将会成为一个十分舒适的现代庄园，它有着很多的浴室，面朝大海的窗户。庄园是由意大利人设计的，有一个很大的露天阳台、许多的楼梯和游泳池，还可以直达私人海滩。怀特岛郡气候宜人，适合一家人聚在一起度假。孩子们在公园里自由奔跑，收集水果，采摘花朵，学习游泳，和他们的爸爸一起放风筝。阿尔伯特长期患有慢性胃病，他声称在奥斯本会减轻他的病痛。对女王来说，奥斯本可以抚慰她的神经——她常常受到抑郁的折磨，特别是她在怀孕的时候。这个庄园将是他们夏天的私人住所。

现在他们缺少的是一个接近大自然的山间私人住所。1847 年的夏天，他们在苏格兰找到了巴尔莫勒尔城堡，进入那里的唯一方式就是坐船。他们立刻就喜欢上了这片神奇的高地。同年 10 月，他们就将巴尔莫勒尔买下了。女王喜欢它的宁静和清新的空气，透过它的窗户，可以看到它的人字墙和稻草制的高塔顶，这所大房子非常讨人欢心。英国作家们在世纪初就将苏格兰带进了文学界，女王也非常迷恋格兰扁山脉地区，并在 1855 年重新翻修了巴尔莫勒尔，心甘情愿在那里逗留。她的出现给苏格兰带来了新的名望。

克里米亚战争，和拿破仑三世结盟

维多利亚总是醉心于外交。她把殖民冲突（例如在中国的鸦片战争，印度的兵变）称为“小战争”，无论在规模上还是持续时间上，都无法与她的汉诺威先辈们曾经受的战争（美国独立战争，拿破仑横扫欧洲）相提并论。但除了这些“小战争”外，女王将不得不面对一个长时间的战争冲突，其中既有国际战争的特性又有地区战争的特点，即克里米亚战争。大不列颠被牵连进战争，是为了防止俄国沙皇尼古拉一世利用奥斯曼的衰弱，通过海峡占据地中海的出海口，这将威胁英国通往印度的通道。维多利亚王国和拿破仑三世帝国，以及谨慎的皮埃蒙特，支持奥斯曼帝国抗击来自圣彼得堡的威胁。对女王来说，和拿破仑一世的侄子结盟并不是一件简单的事，她对他并不了解。因为他是一个花花公子，她对此持有最大的保留意见。自从路易 - 菲利普因为1848年的革命被迫退位，维多利亚和被流放到克莱蒙特城堡的奥尔良家族联系非常紧密。克里米亚深陷战争，塞瓦斯托波尔抵抗着来自法国和英国的进攻，霍乱又折磨着军队。拿破仑三世希望结束战争，他一意孤行想要独自决定战争走向。再次担任首相的巴麦尊勋爵组成的内阁虽然直到现在还对拿破仑三世抱有好感，但也坚决反对这个计划。如果拿破仑三世丢了命，英国将会孤军奋战（这是阿尔伯特亲王的担忧）。而如果法国成功地拿下了塞瓦斯托波尔，那法国人将独占胜利。这是不可接受的！自由党人巴麦尊建议维多利亚在伦敦和温莎招待拿破仑三世和欧仁妮。这就得女王付出巨大的努力，因为要招待英国最大的敌人的侄子！不过也许维多利亚将被拿破仑三世迷人的魅力完全征服。女王在给她的舅舅比利时国王利奥波德一世的信中写道："他实在是太讨人喜欢了。在皇帝平静直率的举止中透着一种巨大的魅力；皇后实在是太可爱，优雅，简单但非常精致……民众以极大的热情欢迎他们。"1855年的4月，这个出人意料的政治浪漫曲到达顶点，维多利亚授予法国皇帝嘉德勋章，这意味着拿破仑一世的侄子向英国宣誓！这个举动足以算得上是一个惊人的结盟象征！作为感谢，拿破仑三世邀请维多利亚和阿尔伯特亲王到法国参加世博会。对女王的丈夫来说，这当然不能错过。

王室夫妇8月16日来到巴黎。虽然维多利亚在1843年和1845年来过法国，但这次国事访问在许多方面来说都算得上是一次重大活动。如果我们追忆起上一位"留在"巴黎的英格兰国王，还是1431年的亨利六世，那是在腥风血雨的百年战争时期。在塞纳省省长的建议下，巴黎新建成的一条奥斯曼风格主干道被命名为"维多利亚大街"。

女王和她的丈夫，以及他们的两个孩子，维姬和爱德华，被迎接他们的盛大排场征服了。“维多利亚对所有看到的和所有喜爱的事物表现出好奇和热情，正如人们预料的一样……他们的行程包括郊游，在拉米埃特和特里亚农宫的午餐，在凡尔赛皇后小村庄的田野参观，在圣克卢的散步，横穿过布洛涅森林，这些安排让他们可以在酷热的行程中歇一歇脚。女王从她的阳台找到了观赏和临摹巴黎美景的乐趣，并采集和研究植物，同时也会处理大量的信件。”①

这次访问在1855年9月塞瓦斯托波尔的陷落之前。在巴拉克拉瓦轻骑兵冲锋陷阵之后的11个月，大不列颠悲剧式的胜利是以牺牲了女王陛下的500名军官和士兵的代价换来的。由于后勤管理和医疗卫生的落后，这场战争导致塞瓦斯托波尔周边大约有2.5万人死亡，但从此以后，维多利亚和巴麦尊勋爵开启了和波拿巴家族一起分享胜利的欧洲政策。阿尔伯特代替女王和法国皇帝进行军事谈话。有女王丈夫出席的地方，当然也代表了大不列颠王国的君主制。在他们刚结婚的时候，维多利亚完全不能忍受她丈夫的干预，哪怕是王室事务中最微小的部分：比如关于温莎壁炉的维护事务，它不能很好地供热！女王和他发生了激烈的争吵。对女王来说，她首先应该考虑的是如何利用自己的身份对全球政治施加影响力，主导一切。

① 奥利维耶·加贝，《维多利亚女王日记》前言，珀梅内尔出版社，2008年。

1857年，授予阿尔伯特“王夫”头衔

15年之后，鉴于阿尔伯特尽职尽责又谨慎认真的工作态度，女王向巴麦尊再次提出，授予她的丈夫当之无愧的“王夫”头衔。女王在1851年的时候就已经提出过一次。她非常清楚地知道，自己的丈夫已经非常明确自己的职责范围。然而，内阁在此事上一直推诿，指责议会行动缓慢，倍感恼火的维多利亚最终通过1857年6月25日的诏书，成功授予阿尔伯特这个荣誉称号。维多利亚的丈夫思想开放，对一切事务都很有兴趣。我们知道他对技术有着浓厚兴趣。他引进了被我们现在称为“经济爱国主义”的主张。在他们结婚后不久，亲王就主动提议投身于第一艘全铁甲船的事务中，这是一艘用来横穿大西洋的奢华邮轮。六个螺旋桨，六根桅杆，一个大烟囱，“大不列颠号”这艘由阿尔伯特命名的船，在1843年离开了布里斯托的工厂。亲王很有教养，爱好音乐和文学。亲王还很温柔，他非常注重教育事业的发展。他致力于发展流行文化，通过建造和改建博物馆、展览馆和图书馆来培养有学识的人才。和女王一样，他也喜爱歌剧和芭蕾以及唱歌。作曲家费利克斯·门德尔松回忆起在白金汉宫的一个晚上，维多利亚和阿尔伯特表演了二重唱，两人站在钢琴边，接着响起了音乐，“乐谱掉到地上，散落开来，被女王捡了起来”。从1847年起，阿尔伯特就在废除奴隶制度的会议上发表讲话；他曾经任剑桥大学的训导主任。在那里，他要求改变注册手续，并参与众多基金会的创立。讽刺杂志《拳击》给他起了一个“铺路工王子”的绰号！但不得不提的是，不管他的成功是来自于折中主义的中心思想和顽强的意志——或者是靠女王

而成功——阿尔伯特一直被报纸质疑、讥笑和讽刺。那些嫉妒的人不停提醒他曾经作为一个外国人、一个身无分文的王子的过去。

维多利亚除了爱她的丈夫，也欣赏亲王在任何场合下表现出的平静及良好的教养。性格谨慎的他向女王提出了解决问题的最佳方案，以便有效地质疑和理解政府所选决策的优劣。凭借自身的智慧，虽然未担任一官半职，但亲王一点一点地滑向了君主立宪制的核心，并通过对王室事务的了解强化了君主立宪制。我们可以说他在家庭生活和公共政治生活中， 特别是当女王接待首相的时候，完美地扮演着不同的角色，完全符合这个可以追溯到17世纪中旬的词汇——“consort”（王夫）。

1860年年初，维多利亚和阿尔伯特一起商讨是否废除英法之间的贸易保护主义的协议。主张自由贸易的英国，其商业与工业均是一片欣欣向荣的景象，拿破仑三世对此深为赞叹。他深信重重海关壁垒尽管会起到保护作用，但也将会是禁锢创新的一个可怕的枷锁。然而，维多利亚的王国一直在不停创新。为了弥补经济的落后，法兰西帝国紧随大不列颠王国追赶在欧洲现代化的大道上。令人惊讶的是，两个国家好像开始互相理解，尽管也有着激烈的竞争，例如法国人英勇地修建了苏伊士运河，这是巴麦尊勋爵的噩梦。

丈夫的英年早逝使她陷入懈怠

在那几年里，阿尔伯特亲王并没有保重好自己的身体。对于他这种地位的人来说，超负荷量的工作是不常见的。但他不断研究各种各样的文件，他的时间表常常排得比一个部长还满。这种狂热毫无疑问也夹带着深深的不满，对付英国媒体肯定是非常累人的。悲伤的事情接踵而来，阿尔伯特不得不忍受他大女儿维姬的远嫁。1858 年 1 月 25 日，在温莎，维姬嫁给了普鲁士王位继承人腓特烈 · 威廉王子。父女之间的感情引起了女王的嫉妒。维多利亚指责她的女儿独占了阿尔伯特的关心和爱。面对长子爱德华朝三暮四的品行，女王的失望和无奈给这个国家增添了一丝苦涩。未来的爱德华七世会和阿尔伯特完全相反。

1861 年 11 月 22 日，阿尔伯特亲王在去桑德赫斯军事学院参观新建的军营的时候着凉了。12 月 1 日，他发烧越来越厉害，食不下咽，日渐消瘦。几个失眠的夜晚之后渐渐好转。维多利亚对小小的好转感到安心和欣慰。王夫在令人担忧的状态下，依然毫不隐藏他对女王的爱。他用德语低声称呼女王“可爱的夫人”“完美的妻子”。12 月 14 日 22 点 50 分，亲王在温莎城堡去世，医生们都无法确诊，有人怀疑是伤寒。毫无疑问，他没有很好地照顾自己，但也可能是没有及时采取更有效的措施。阿尔伯特在 43 岁的时候去世。维多利亚幸福的夫妻生活持续了 21 年。

维多利亚在痛苦地号叫，以至于她周围的亲随非常担忧她的精神状态，同时也倍感恐惧，因为维多利亚的祖父乔治三世就曾受到精神失常的不断折磨。9 个月前她的母亲刚刚去世，维多利亚已备受打击。在她丈夫的葬礼上，她坐立不安。她在奥斯本把自己围困在悲伤之中。

是威尔士王子，未来的爱德华七世操办了葬礼。阿尔伯特于 12 月 23 日被下葬在温莎的圣乔治教堂。维多利亚立刻下令在温莎公园中的浮若阁摩尔宫建造陵寝。这是她和阿尔伯特死后团聚的地方。亲王的离世和葬礼使舆论和新闻界对他的评价彻底反转。在曾是亲王最大的敌人——《时代》的带领下，报刊口是心非地夸奖亲王，夸奖女王丈夫的优秀品质、对王室现代化的贡献以及对国家经济和文化的建设。在那些最敢于致敬的政治家中，昔日最具攻击性也是非常杰出的保守党代表本杰明·迪斯雷利这样说道："和阿尔伯特亲王一起，我们有时会忽略了我们的女王。这个德国亲王以他的精力和智慧统治了英国 20 年。这种品质是英国先王不曾表现出的。"听到这句不合时宜的赞美词，女王本应被无视而恼火，相反的是，深处绝望深渊的她，只听到了外界对她所爱的阿尔伯特的赞美。这也很好地解释了之后维多利亚对迪斯雷利的极大信任，以及两人之间完美的合作。1868 年她提名迪斯雷利为首相，这是后者第一次担任首相。

1862 年的 7 月 1 日，她女儿爱丽丝和黑森大公路德维希的婚礼沿袭了葬礼仪式的风格。男人身着黑色，除了维多利亚以外，女人们身着淡紫色。女王给维姬写信："爱丽丝简陋的婚礼（与其说是个婚礼更像是个葬礼）结束了……但是今天早上，当她向我表示她是那么骄傲和高兴成为路德维希夫人，像是一把匕首穿过我的心脏。"女王有点嫉妒她女儿的幸福，她开始对难以忍受的、永无止境的服丧感到些许抗拒，尽管她觉得这有点失礼。

寡妇女王奇怪的绰号“布朗夫人”

维多利亚从此被公众定格在“寡妇女王”的形象中。她拒绝参加一切公共活动，她把自己藏在奥斯本、温莎和巴尔莫勒尔。她走路不方便，出行靠轮椅。她拒绝参加所有官方庆典，隐居生活，同时被抑郁折磨着。她怀着对死者的深深追忆，在1867年至1871年建造了一个圆形音乐厅，也就是皇家阿尔伯特音乐厅。它的穹顶让人想起罗马的万神殿。同样，在1876年，她在1851年世博会的原址上建造了一座新哥特式陵寝。在陵寝里面，有一尊镀铜的阿尔伯特雕像：他手持世博会目录屹立着。随后，女王创办“维多利亚和阿尔伯特博物馆”，这是个美妙的装饰艺术博物馆，坐落于伦敦原南肯辛顿宫美术馆，阿尔伯特曾是这座美术馆的发起人和命名者。

似乎没有人能够将女王从深深的忧郁中拉出来。但是，有一个男人将会在女王的寡妇生活中扮演重要角色，他就是约翰·布朗。他是一个侍从，阿尔伯特亲王的管家，一个总是身穿苏格兰褶皱裙，挺乡土的苏格兰人。他是威士忌的业余爱好者。对维多利亚来说，他第一个优点就是对阿尔伯特非常忠心。当维多利亚回到巴尔莫勒尔，约翰·布朗陪她散步。而当她来到奥斯本，女王周围的人都感到惊愕，但也对她的转变感到欣慰：维多利亚好像重拾了一些对生活的希望。于是大家请求约翰·布朗和女王重聚。1865年2月4日，维多利亚给他确定了新的职责：“我决定让布朗永久地留下来，除了骑我的小马以外，他可以通过任何其他方式证明自己的能力，他一定能做得很好。”他官方的头衔是“女王的高级侍从”，他和维多利亚相处的方式让王室感到震惊。他对她说话有点粗鲁，他称呼他为“女人”而不是“夫人”，他在她面前自我陶醉，但她对他从未严厉过。这个奇怪的关系很快被传得沸沸扬扬，一直持续到1883年3月27日布朗去世为止。他从未离开女王片刻，跟随她所有的行程，包括去欧洲大陆。维多利亚对外界攻击这位苏格兰人感到愤怒。直到现在我们仍然无法得知女王和她的侍从之间的确切关系，只有女王的日记含有真相。但正如我们所知，比阿特丽斯公主的日记遭到审查和删改，原本的内容我们无从得知。只剩下了一条线索，当约翰·布朗死去的时候，维多利亚的态度是令人惊愕的，她为《时代》杂志撰写了25行赞美布朗的悼词。对于两年前去世的迪斯雷利，她就写了5行！

与阿尔伯特去世时一样，女王行动不便，但她坚持坐着轮椅参加布朗的葬礼。紧接着，女王冒着深深惹恼家人的风险，在巴尔莫勒尔庄园的草坪上竖起了一座布朗的雕像。女王选择用这样一种特殊的方式纪念她生命中的第二个男人。

1876年，“欧洲祖母”成为印度女皇

在阿尔伯特去世后的40年，虽然她和约翰·布朗的流言蜚语甚嚣尘上，但维多利亚女王永远在短斗篷里面披着黑纱，成为一个庄严、朴素、神圣的模范。根据一些尖刻的专栏作家和漫画家的作品，她的侧影似乎从某种程度上看上去是圆的，变成了“球状”！女王似乎不太在乎自身形象是否优雅。她在温莎乡下的一位服装商那里定做衣服，

犹如她不再需要具有吸引力。臣民对她渐渐退出公众视野的行为不知所措。当她最终再次出现，人们被这位身穿黑色，装饰着货真价实的华丽钻石的“欧洲祖母”感动，且留下了深刻的印象。作为女王的职责，维多利亚和她的首相们一起工作，她常常以个人名义介入陆军、海军、法院、主教的提名。说到主教，她非常看重圣公会的领袖头衔。在保留王室特权的同时，她也尊重保守党和自由党的选举变动，她表露出对民族主义和保守倾向的偏好。她懂得如何让别人知晓自己的观点，例如她并不欣赏格莱斯顿在爱尔兰的改革。维多利亚提名了10位首相，其中有人多次担任此职。比如迪斯雷利，他靠着一部成功的小说——《关键》横空出世。他在1830年被爆出了丑闻，迪斯雷利对女王的冷淡由衷地感到悲伤。但是他非常灵巧地运用了女王的象征作用，并将其发挥到极致。女王的象征效应让世人皆知——英国的君主制有利于帝国政治。在他的提议下，久未露面的维多利亚女王在1876年4月27日宣布成为印度女皇。20年前，被授予维多利亚十字勋章代表着国家的最高荣誉。作为在19世纪末大英帝国霸权的一个活生生的象征，维多利亚分别在1887年和1897年庆祝她登基50周年和60周年的庆典上，看到了自己的威望依旧。

在女王的晚年，她依旧担心国际形势。女王在德国的外甥威廉二世野心勃勃，而在俄国的尼古拉二世也引起不少混乱，女王对此感到担忧。对于国内政治，她的影响力毫无疑问是最举足轻重的。对于那些重视家庭美德的、谨慎的、有责任意识的中产阶级的崛起，她是持赞赏态度的。她对这些中产阶级的价值观表示认可，她总结为“体面”。索尔兹伯里勋爵是迪斯雷利的继任者，也是英国“光荣孤立”的创造者。女王和他相处得很融洽。他曾经说过："自从我了解了女王的思维，我几乎摸清了她对各个阶层的看法，特别是对于中产阶级。"毫无疑问正是因为这个原因，直到她在20世纪拂晓——1901年1月22日去世之时，在超长的统治期后（64年），她的军队，她的官员，她的臣民，哪怕是在遥远的天涯海角，都为她欢呼。

因为她是无可争议的"他们的女王"。

Eugénie

法兰西第二帝国皇后：欧仁妮

荣耀之泪

Les larmes de la gloire

1910年夏日的一个礼拜天，两位身披黑色孝服的女士，缓缓穿行于贡比涅城堡中的大厅。其中一位稍稍趋步于另一位，两人身后还有两名男子跟随，神色凝重。他们为何不开心呢？可能是天气太炎热。两位女士拼命地扇着扇子，掀起的不过是又一波难以驱逐的热浪。其中一名身材高挑的女士，脸上遮着面纱，突然立在门前一动不动。人们可以听见她口中念叨了几句，但不解其意。她眼看就要晕过去了，身后紧跟的女士急忙求救。两名绅士抬来一把椅子，有人上前给快要晕倒的女士递了一杯水，很显然她身体不适。守卫员来了，他还叫城堡博物馆馆长上前关心询问。这位女士掀开了面纱喝水，她的脸非常苍白。那位馆长大吃一惊，颤抖着，结结巴巴地喊道："夫人！您还好吗？夫人？看这里！"

这位无名的夫人是逝去的时代中最杰出的象征——前法兰西皇后欧仁妮，法国人总是误称她为"德·蒙蒂若"（de Montijo），在大革命之后，人们总是区分不清姓氏和头衔——这其实是她母亲的贵族头衔。欧仁妮并非因为暑热而晕倒，她刚刚经过了自己的独子同时也是帝国皇子童年时代的房间，这才情绪激动。她的儿子去世已经快30年了。拿破仑三世的遗孀逐渐恢复，重新站了起来，在她的护卫陪伴下走出了博物馆。她的出现引起了一阵骚动。大家都在嘀咕："是帝国皇后！"[①]贡比涅象征着她在第二帝国时期的无上光荣。1867年以后，她再也没有踏足此地。在此之前，灾难还未降临，法国仍然在欧洲大陆闪耀。

这位法国人民的最后一位皇后，将熬过她生命的最后10年。她在1920年去世，享年94岁。长久以来，在鼓吹共和制的大革命后代的眼中，她是导致19世纪70年代大灾难的罪魁祸首，她的轻浮浅薄堪比玛丽·安托瓦内特，她对自己的丈夫十分冷淡，以至于帝国皇帝需要到别处寻欢，她不过是帝国狂欢时代的一个绝佳缩影，需要为国家的倾颓负全责。她是温特哈尔特肖像画的完美素材，漂亮但没头脑，而且在很多方面都行为失当。她已经上了历史的黑名单。但是，时间犹如孜孜不倦的辩护人，人们需要对她的一生进行更加客观的分析，方能改变长久以来对她的刻板评价。

地震中出生的安达卢西亚女子

1826年5月5日，这座西班牙的迷人城市——格拉纳达，有着

① 根据我叔辈中的拉封伯爵回忆，当时他还是少年，曾在贡比涅城堡中亲历前皇后的驾临。

众多阿拉伯人聚居，在艺术和建筑领域的发展已达到巅峰，然而居民们却长期生活在惊恐当中。大地时不时地震颤，地底还发出轰隆隆的声响，人们都说，那是来自地狱的咆哮。尽管人们已经逐渐适应了大自然的怒火，马纽埃拉·基尔巴特里克女士却受了惊吓，不得不提前15天分娩。她拖着累赘的身躯，奔跑着逃出了早已爬满裂痕的屋子，躲进了格拉纳达一座迷人的花园之中。孩子便在玫瑰、百合和一片绿草中降生了。这是一个女孩儿，在一个以天为盖，以松柏和月桂为衬托的环境中来到人世间。对于这一奇特而富有浪漫色彩的降生经历，欧仁妮总保留着最悲观的解读。在暮年，她宣称："先辈们会如何解释这一征兆？他们或许会说我的出现要让整个世界翻天。"她的说法是多么不谦虚啊！她确实用自己的美貌、光彩和摄人的优雅震撼了世人。终其一生，泰巴伯爵夫人的小女儿都承受着自然灾害带给她的创伤，她十分害怕电闪雷鸣，她曾经向密友吐露："我甚至无法用言语形容闪电和雷声在我心中造成的恐惧。"

除了她的降生令人称奇之外，还有一桩事情值得一提：她的父亲，泰巴伯爵和蒙蒂若伯爵西帕亚诺·易·格兹曼·易·波特卡里罗（由于遵循伊比利亚人的传统，他的名字很长），是一个相当罕见的疯狂崇拜拿破仑的西班牙人！他曾经参加了特拉法加战役，并且留下了痛苦的记忆：他在战役中失去了自己的左臂。他为自己的拿破仑情结付出了惨痛的代价，由于在塞维利亚的一座军火库玩弄一支劣质火枪，导致他的一只眼睛失明；随后，在一次对抗英国人的武装冲突中，他摔断了一条腿。尽管残疾，他依然坚定地追随拿破仑。虽然拿破仑的意志震撼了整个欧洲，但他最终戏剧性地在西班牙战败。西帕亚诺为拿破仑的失败哀痛不已。他对拿破仑的忠心至死不渝，甚至在1814年为了拿破仑与哥萨克人对抗，试图保卫巴黎。西帕亚诺上校一直生活拮据，与摇摇欲坠的斐迪南七世王朝关系微妙。他为他的古怪想法付出了昂贵的代价，不过这些想法并未有损他那些显赫的亲属们的声望，其中包括西班牙的圣道明，还有一位葡萄牙国王，以及路易十四的孙子——后来的西班牙国王腓力五世的一位高级神职人员。总的来说，这位亲法的军官，是一位倔强的西班牙人。由于父亲的原因，欧仁妮自小也被拿破仑情结影响着。她对拿破仑一直有着天生的好奇心。欧仁妮的母亲来自苏格兰的一个大商贾家庭：马纽埃拉以她一贯的好脾气和轻浮著称。在她丈夫外出打仗期间，由于她的引诱和魅力，她的身边不乏大批的追求者。

就在一次外出征战后返回西班牙的路上，上校在老卡斯蒂耶城颠簸的邮车中结识了一位法国朋友。这个法国同伴曾长时间游历西班牙，甚至骑骡子旅行。他27岁，却有大把的金钱可以满足他对古遗迹与建筑的热爱。异国景色令他着迷，古代的建筑废墟使他倾倒。尽管他曾经进入国家内阁，但对政治毫无兴趣，反而借由写作挥洒热情，并且他刚在1830年写作并出版的《查理九世轶事》获得不小的轰动。

这位男子还拥有精湛的模仿技巧，他在到达西班牙之前，便熟练地掌握了西班牙语。他特别爱开玩笑，仿佛是戈雅笔下的素描人物，他就是普罗斯佩·梅里美：一位狂热的西班牙爱好者。他对这个比利牛斯山对面的国家非常感兴趣，尤其是文学和风土人情。十多年之后，他根据泰巴伯爵夫人为他详细讲述的一件奇闻逸事，创作了著名小说《卡门》。

在困境和内战中成长，随后流亡法国

欧仁妮，同她的姐姐帕卡一起，长期忍受着父母间的不和，她们的母亲社交广泛，挑动了父亲孤僻却敏感多疑的神经。这个金发碧眼的小女孩深深以父亲的贫穷为耻，而马纽埃拉却因为热爱交际，奢靡浪费而债台高筑。雪上加霜的是，少时的欧仁妮还不得不经历王室家族两个支系间的长期争斗，历史上称之为“卡洛斯战争”。这一内战长达 40 余年，致使西班牙长期处于恐怖及动荡之中。欧仁妮在战争和屠杀中长大，她的精神遭受创伤，即便在成年之后，也不能目睹尸体横陈，否则便会产生强烈的不适。西帕亚诺上校非常担忧妻女的安全，于是计划将她们送往法国。尽管路易 - 菲利普的布尔乔亚专政不合他这个拿破仑分子的意，但他认为法国总比不上西班牙动荡。妻子和女儿们在那里会很安全。

如果马纽埃拉和她的女儿到达的巴黎还是巴尔扎克笔下的巴黎，那么这座不受法律约束的城市并不比被暴力浸染的马德里安全多少。1835 年 7 月 28 日，法国国王差点被一个圣殿大街地区赫赫有名的凶徒谋杀，当时的圣殿大街是出了名的罪案频发地区。凶徒是一个科西嘉岛人，人称“菲耶斯基”，设计制造了配备有 24 个枪管的武器，可装载 250 发子弹。一阵令人难以置信的连发射击最终射中 42 人，其中 18 人身亡。尽管目睹了尸体被高头大马践踏撕扯的一幕，泰巴伯爵夫人怎么也不愿意离开这个她向往已久的城市。这时候，西班牙正在上演更惨烈的事件：人们在巷弄里互相残杀。勇敢的马纽埃拉不知从哪里弄来一笔钱，将女儿们送进了耶稣圣心女子修道院，距离残军院很近。那里的课业倒不是很重，但是对女孩子们的管束极其严苛。欧仁妮个性活泼，很难遵守吃饭时必须一声不吭的规定。自然而然地，两个女孩在修道院里信奉了上帝。欧仁妮甚至比她的姐姐更加虔诚：难道是对反教权的父亲发出的抗议么？这一解释是有一定道理的。“由于她的情感与想象力都相当丰富，宗教将帮助她经受住晚年遭遇的种种不幸。”[①]马纽埃拉非常担心女儿的信教问题，但是梅里美，这个31岁便被任命为历史文物总督察官的人安慰她道：“这不过是一个短暂的爱好而已。谁会想象得出欧仁妮皈依宗教的样子？等她到了16岁坠入爱河再说吧！”

不得不承认梅里美很有见地，他还观察到欧仁妮在年少时便显示出独立的精神，并像她的母亲一样，拥有一种难以捉摸的魅力，审慎但又活泼。有一点可以肯定：她的个性中绝不包含沉思默想。她不过是摆出抗议的姿态，这是一个离开故土的孩子在呼救，因为父亲不在身边。而且她法语也不好，最初的几堂法语课“简直令人失望”，这是梅里美先生的原话。幸好，女儿们日思夜想的父亲来到了巴黎，他带着现款，但显然没带够，因为不久以后夫妻间的闹剧又再次上演。为了给妻女们足够的空间，西帕亚诺无法同自己的妻子居住在同一个屋檐下。遗憾的是他在巴黎只停留了很短的时间，欧仁妮不得不在绝望中眼睁睁地看着父亲重回动荡不安的西班牙。欧仁妮似乎比她的姐姐还要哀痛于父亲的离去，她给父亲写过三封信，其中第三封写于

① 肯特·迈克尔王妃著《困局异都》，威登菲尔德&尼克尔森出版社，伦敦，1986年版；法语译本，《来自异国的王后们》，佩兰出版社，1987年版。

1837 年 4 月，令他的父亲非常感动："爸爸，我真的再也无法忍受看不到您的日子。既然没有父母的陪伴，我又何必来到这个世界上？"

逍遥快活的当然只有伯爵夫人，她住在玛德莱娜区，得以结识不少战争英雄，以及拿破仑王朝鼎盛时期的重要人物和家族长老。她也会时常邀请他们到家里坐坐，不过尽量避免接待携带妻子的已婚人士。因此，她有不少爱慕者。热衷交际的她最终也被丈夫的拿破仑情结给传染了。

两位导师：梅里美教她法语，司汤达教她历史

当梅里美无须在法国的各个角落奔波忙碌去拯救濒危文物时，他总会带些朋友过来，其中有一位朋友，肥胖且丑陋，他是梅里美的密友。欧仁妮和她的姐姐对这位客人相当着迷，因为一旦他开口，他便总是向她们讲述精彩绝伦的故事。这位客人名叫亨利·贝尔，是政府的执政官，他另一个身份更为人所知，那就是伟大的作家司汤达。司汤达是他给自己取的笔名，作为军事特派员助理，他曾经追随拿破仑胜利的脚步直至柏林。他的第一部著作——《红与黑》，在七月王朝初期出版。这部有关整个复辟王朝的长篇纪事小说，非常有批判性，但在当时并没有被人们广泛理解。同《卡门》一样，小说素材来源于当时发生在弗朗什-孔泰的一桩奇闻逸事。小说的笔调新颖，思路明晰，对时事的评价一针见血。欧仁妮大概永远都无法忘记他每周四的到访。"他都在傍晚到来，让我俩坐在他的膝上，为我们讲述他追随拿破仑

的事迹。他到来的日子便是我们的节日，他在的时候，我们都不愿意上床睡觉。”

我们可以从中观察出两点。一方面，未来的帝国皇后在很早的时候便从才华横溢的作家那里学到：事实的重要性通常需要通过富有想象力的表述方式来支撑。她认为人们不应该有先入为主之见去批判一个由真实事件改编而来的作品，因为这种批判是一种伪善。她将为那些被起诉的作家们辩护，因为他们不过是将真实事件融入了想象之中。这或许是她愿意替福楼拜申辩的原因，当时这位作家因为《包法利夫人》遭到起诉。另一方面，司汤达还是个拿破仑辉煌时期的宝贵见证人。到了59岁的年纪，他的回忆被重新唤起，他向她们讲述自己20多年前的精彩的军旅生涯，令大家激动不已。一天晚上，当他讲到圣赫勒拿岛的流放时，两个小女孩的情绪达到了顶峰：坠落的雄鹰最终被囚禁在南大西洋的一座岛上，在5月5日逝世，恰恰是欧仁妮的生日。这是怎样的巧合啊！欧仁妮留下了泪水。她因为日期的重合激动不已。纯属巧合？好的征兆，还是坏的征兆？不久之后，安达卢西亚专门占卜的茨冈女人们告诉了她的母亲，欧仁妮不寻常的出生日期将给她带来一个非凡的命运。

在将她的两个女儿安置在一所学校里之后，马纽埃拉去英国了，她在那儿有亲戚。两个女孩儿尝试逃跑，幻想着漂洋过海去印度，而且用尽各种方法（尤其是欧仁妮）激怒她们的老师。由于她红棕色的头发，人们给她取了外号“胡萝卜须”，她非常讨厌这个外号！她的姐姐被认为是美貌和沉静的典范，妹妹则热衷于戏剧。她曾是悲剧演员拉谢尔的崇拜者和朋友，欧仁妮后来声称：“在12岁的时候，我想成为一名演员。真是不幸，我成了皇后。”

西班牙的伟人，活着时如同被流放，蒙蒂若伯爵，也就是欧仁妮的父亲，于 1839 年 3 月 15 日去世了，死前未能得见自己的两个女儿。她们太晚赶到马德里了。当欧仁妮得知父亲因路易 - 拿破仑（波拿巴家族的希望）发动一系列挫败的政治阴谋正逐渐丧失权力而悲痛不已时，她感到颇为震惊。这个司汤达曾经提过的王子，应该只是一个没有前途的政治冒险家吧？在很短的时间之内，蒙蒂若伯爵夫人便整理好家产并在马德里住下了。她的女儿们却难以忍受，她们已经无法再体验巴黎生活的魅力和成功了，而是成了在马德里打发无聊日子、维持表面风光的西班牙人。欧仁妮尤其恼火自己不能回到巴黎。1840 年 12 月 15 日，她在给亲爱的司汤达先生的信中写道：“您可以亲眼见证拿破仑的灵柩被迎回巴黎，一定非常高兴吧。如果是我，我也很高兴，我真想在巴黎参加这场盛典。”

迷人的皇帝 - 总统在她眼里毫无诱惑力

1842 年的春天，司汤达因脑溢血在巴黎去世，欧仁妮自此失去了这位曾见证过耶拿战役、拿破仑胜利进驻维也纳的朋友。司汤达先生甚至曾经被引见给拿破仑皇后约瑟芬。由于他的叙述，在年轻的西班牙女子眼里，帝国美梦充满了哀伤的情调。如果没有司汤达，拿破仑情结还会如此深深地烙在欧仁妮心中么？年轻的欧仁妮在她 17 岁的时候便开始绽放魅力。梅里美在她过生日的时候差人给她送了套化妆用品，并描述她“非常高挑，十分白皙，出奇的美，有着提香画中的美丽长发”。1844 年，在她姐姐与阿尔布公爵的婚礼上，欧仁妮凭借她冷艳的美貌和独立的个性吸引着众人，她毫不犹豫地大胆表达自己的自由思想，使得人们以为她是一个革命主义者。他们都错了，她其实是一个叛逆者。她回绝了所有由母亲安排的对象，这些人被她的荒唐张扬、过度亢奋、大胆直率和不拘小节搞得晕头转向。当叛逆的安达卢西亚女孩儿得知一场新的革命正席卷法国，而路易 - 拿破仑 · 波拿巴最终当选为共和国总统的时候，她有些难以相信。这可能吗？这个人看上去丑陋不堪，德语口音严重，还是个糟糕的演说家，曾经掀起的两次阴谋政变都宣告失败！

1849 年的春天，蒙蒂若伯爵夫人决定重返巴黎，因为她坚信共和国的新总统会非常有兴致认识曾与他的伯父拿破仑皇帝并肩作战的西班牙人的遗孀。通过表兄、法国驻马德里大使裴迪南 · 德 · 雷赛的斡旋，马纽埃拉和她的小女儿重新回到了巴黎，不过这次，她们的目的很明确：结识爱丽舍宫的主人。路易 - 拿破仑是出了名的情场高手。他当时已经有一个很富有的英国情妇霍华德小姐，这位英伦玫瑰曾经花费大笔的金钱帮助路易 - 拿破仑参加竞选，不过她为人低调，不愿在公共场合露面。路易 - 拿破仑于是请求自己的堂妹玛蒂尔德 · 波拿巴作为行宫的女主人，并在她库尔塞勒的公馆里接待来宾。这里相当于爱丽舍宫的分部，不过没有什么真正的行政权力。欧仁妮初次来到这座宫殿，因为无聊而产生厌恶情绪，她写信给自己的姐姐帕卡：“这里完全没有一个人同我说话。”但是，年轻的欧仁妮却得到了皇帝 - 总统的堂妹玛蒂尔德的注意，玛蒂尔德平素并非宽容大度之人。一个月以后，欧仁妮被再次邀请，谁也没有料到路易 - 拿破仑会突然驾临，这令晚会增色不少。皇帝 - 总统一见到她，就被吸引住了。他用他以往的习惯，半眯着眼睛饶有兴致地注视着她。年轻的女孩儿于是经由玛蒂尔德引见，向皇帝 - 总统行了标准的屈膝礼，但不像一位共和国公民，反而像一位王室公主！他们之间的谈话内容或许无关痛痒，但神秘的齿轮已经开始转动了。安达卢西亚姑娘认为拿破仑皇帝的侄子如谜一般。虽然不具备诱惑力，但他的确非常有魅力。但上帝啊，他的法语真的糟糕透了，带有浓重的日耳曼口音！

之后，她很快又见到了他。她被邀请至圣克卢宫殿，路易 - 拿破仑在那里避暑并躲避霍乱。这场流行病已经造成数以千计的人死亡，雄心壮志的路易正在积极地筹划如何整顿巴黎。

帝国皇帝精心布置的求爱圈套

当到达晚会现场，马纽埃拉和她的女儿感到非常奇怪，没有灯光，城堡里一片漆黑。难道她们“盛装打扮”却搞错了晚会地点么？此时有两辆马车等待着母女俩，并将她们载至离城堡一千米半的地方，那里有一片林中空地，空地上坐落着一间红砖小屋，它深深地藏匿在偌大的花园之中。一场私密的晚宴在这里举行。皇帝 - 总统由他的一位私密伙伴菲利克斯 · 巴乔基陪同，他是拿破仑一世姐姐的侄子，后来成为拿破仑三世的内侍。当皇帝 - 总统向欧仁妮伸出手臂提出邀请之时，她有些抗拒，并向他表明这般礼遇应当留给她的母亲。年轻的女孩儿并不想扮演一个轻易到手的猎物角色，更何况这不过是由一个纵欲过度的唐璜主导的游戏。在圣克卢后花园举行的四人晚宴不过是个陷阱！她躲开了，而且内心很受伤害，她将所有的感受写信告诉了自己的姐姐帕卡。她哭了，无尽的眼泪！

如果说欧仁妮在玛蒂尔德公主的宫殿里不声不响地进出，那么她在圣克卢的出现和离去则造成了相当大的回响。她给路易-拿破仑好好上了一课。路易-拿破仑立即喜欢上了这个无礼放肆的丫头。第二天，他便遣人给母女俩分别送上了一束花。不久后她们再次被邀请至爱丽舍宫，这一次，马纽埃拉确信不会再有什么陷阱了。而且，路易-拿破仑和欧仁妮母亲也聊得非常热络，要征服女儿，必定要先过丈母娘这一关。他在母女二人间周旋着，不时抚弄自己的胡须，这是警惕的猎人捕获猎物的征兆。他对欧仁妮母女即将赴比利时泡温泉一事饶有兴致。欧仁妮会在旅程中想念这个伟大的阴谋家么？他很遗憾自己不能同去。她们在欧洲到处游历，令欧仁妮具备了一种国际范并掌握了自由的谈话方式，这点很讨皇帝-总统喜欢，因为她们在他面前并不会摆出道德楷模的姿态来。

于是，在3个星期后，路易-拿破仑彻底爱上了这个年轻的西班牙女孩。奥地利大使这样写道："她充满活力，风情万种，对周围有强烈的好奇心，可以得心应手地取悦任何她想取悦的人……她有些被宠坏了，甚至有些古怪，缺少深思熟虑，但有股子常人少有的热情和勇气。"当路易-拿破仑和欧仁妮在越来越多的社交场合碰面并日渐亲近之后，年近45岁的他便深深地迷恋上了这个安达卢西亚姑娘，当然她也不乏年轻的竞争对手，这时她已经26岁，按照巴尔扎克立的标准，她已经不是小姑娘了。皇帝 - 总统于是向她施加压力，他直白地问道："小姐，我要从哪里经过才能踏进您的闺房？"被问者思维敏捷，同样直白地回答道："从小礼拜堂经过。"换句话说，通过婚姻。这是未来的帝国皇后向即将成为她丈夫的人发出的第一个天主教式的宣言。维多利亚女王的大使在一封寄给内阁部长的急件中这样描述道："她很好地扮演了自己的角色，他唯有通过满足她的愿望才能最终得到她。"

尽管拿破仑的侄子在他流亡和政变的生涯中有过不少红颜知己，但他一个都不想娶。1853 年年初，在重新恢复帝国统治一个月后，成为"公主殿下"的玛蒂尔德非常气恼地写道："法国已经落在了帝国皇帝的手里，公主倒是越来越少了。对此我很遗憾。"波拿巴的姓氏再加上新统治者的发家史，使得路易 - 拿破仑变成一个象征着帝国腐朽没落的新郎（雨果的原话！），一个被欧洲贵族圈抛弃的暴发户，迎娶一个一文不名的西班牙女人，当然她的父亲非常令人尊敬。欧仁妮？除了她再没有更合适的皇后人选了。

认真扮演帝国皇后的角色

两人的婚姻轰动一时。婚礼仪式于 1853 年 1 月 29 日在巴黎圣母院举行。拿破仑三世深爱着法国人民的第三位帝国皇后，或者说他自认为爱着她，因为他或许只是被皇后散发的诱惑力而深深吸引，而这种感受通常与爱情混为一谈。舆论竟然站在西班牙一边！称赞新娘具备了几乎所有的优秀品质。她的外貌，她的气质，她的身材，她漂亮的肩膀和美丽的双眸令人赞叹。多么清新动人啊！毕竟，法国官方舆论已经长久没有出现过有关爱情的话题了。小仲马，深谙爱情带来的痛苦折磨，赞赏这一“激情的碰撞”，因为它象征着“爱情抛弃了世俗成见，美貌凌驾于传统，感情代替政治的最终胜利”。相反，在帝国家庭内部，嘲讽是辛辣的，不夸张地说，非常有侮辱性。老国王热罗姆，拿破仑一世的弟弟，也就是玛蒂尔德的父亲，非常满意自己即兴创作的四行诗，这首诗还在巴黎皇家宫殿拱廊广为流传：

蒙蒂若，美貌大过头脑，
皇帝却爱得不得了。
今晚他要是找到了童贞，
那美人身上一定有俩！

至于共和派方面，他们不会原谅阴谋政变和复辟帝制的行为，他们确定这位外国皇后对法国毫无价值可言，因为在婚礼当天，支撑帝国的公债下降了两个百分点！一句简短的话激烈地攻击着新的统治者：“因为他无法粗暴地拐骗她，便只有通过婚姻占有她。”在法国，从没有一个统治者的妻子会面对这样低俗的评价。本与堂兄有婚姻之约的玛蒂尔德，则较为明白事理，路易-拿破仑爱上了欧仁妮，她表示理解并且可以忍受，但是她很担忧，这个以见异思迁闻名的统治者，还会在年轻貌美的西班牙女伯爵的魅力和诱惑下专情多久呢？在婚礼举行之后八天，皇帝夫妇在圣克卢度蜜月，年轻的帝国皇后向自己为数不多的密友塞西尔·德莱塞尔（这位密友的家族反对新帝制）敞开了心扉："肉体之欢，多么恶心！……但是毕竟，天下所有的男人都只想着这个吧？"

是的，路易-拿破仑总是想着"这个"。或许他的迫不及待，他的爱火和他丰富的爱情经验在这场婚姻里面并不适用。是不是因为太爱自己的妻子所以他有点太粗暴了？或许欧仁妮有些受压抑，但这种情况出现在一个理智的、富有浪漫思想并且有点性冷淡的女孩子身上再正常不过了。她大理石般洁白的脸色难道意味着她的肉体也如大理石一般冰冷么？很快地，诽谤中伤者将腼腆解读成了冷淡。没过几天，欧仁妮就从调情专家变成了抗拒感官享乐之人，而这两样评价其实都没什么事实根据。但有一点可以推测的是，尽管对肉体之欢并没有多大兴趣，至少表面来看是这样，但欧仁妮抱有雄心壮志，或者更确切地说，只有实现远大的志向才能真正满足她。谁都没有想到这个西班牙女人会将自己的法国皇后角色看得那么认真。

拿破仑三世试图将巴黎塑造成世界的首都。于是从爱丽舍宫搬离，住进了杜伊勒里宫之后，皇帝期待他的统治大放光彩。欧仁妮变成了帝国的珍宝。人们曾经深感路易-菲利普布尔乔亚统治下的布尔乔亚时期，杜伊勒里宫相当无聊。1848 年 2 月 24 日，杜伊勒里宫又再次被洗劫；在重新布置之后，变成了接待、舞会、晚宴、音乐会还有戏剧表演的奢华场所，帝国皇帝夫妇非常重视这些活动。宴会上无不是美丽的女子。法国的奥利维·梅特拉和埃米尔·瓦尔德特费尔的女眷们将是奥地利音乐家约翰·施特劳斯的女眷们的劲敌。宫殿前人来人往的大台阶已经成为一道靓丽的风景线。

巴黎皇后引领着上流社会的名媛们

拿破仑三世的妻子不具备音乐细胞，倒是非常热爱绘画与文学。“皇后的星期一”聚会获得了高度评价。这是由女性主导的聚会，这个西班牙女人被法国上流社会最高贵的名媛们围绕着，不管是在公共场合还是私人聚会，她都会担任午餐会和晚宴的主持者。温特哈尔特的那幅《欧仁妮皇后被贵族侍女环绕》便描绘了贵妇们围绕欧仁妮聚会的情形。看着这幅绘画，皇后与她身边的密友耳语道：“我很想知道其中有哪一个不曾和皇帝同床共枕……”

她花了不少精力去分清谁是真正的朋友，谁是敌人。她吸引着从复辟时期过来的各类上流社会名媛。得益于拿破仑三世称帝而恢复地位的传统贵族们，尝试着接纳一些富有的资产阶级，尽管这些人是暴发户，狂妄自大，有时甚至行事太过高调，正如左拉笔下所描写的那些人物。

得益于他的妻子，人们对拿破仑三世的暴发户印象逐渐消散。皇帝和皇后还非常热衷于化装舞会。在这样的舞会上，人们很难辨认出皇后，比方说，为了装扮成威尼斯总督夫人的模样，皇后会穿上黑色天鹅绒的裙子并搭配饰有钻石扣子的猩红色缎子衬裙。根据很多绘画，我们可以知道，她偶尔也会相当没有创意地仿效玛丽·安托瓦内特的穿着和发式。不过，这种“欧仁妮-玛丽·安托瓦内特”的风格多少有损了帝国的名声，大多贵族名媛或出于无意或出于恭维，试图恢复大革命前的流行风尚。这种颇具挑衅意味的观念——皇后本人并未表露出来——将会激起龚古尔兄弟[1]的愤怒，后者在玛蒂尔德公主组织的晚宴上看到摆在他们面前的餐巾环。

访问圣拉扎尔女子监狱

如果说这个西班牙女人（反对派们这样称呼她）有一个特别突出的品质，那便是慷慨，虽然由于她本人的低调和审慎，这一点很难被觉察到。

欧仁妮关心他人，尤其是处于困顿中的人。曾经有一次，她坐车秘密前往圣拉扎尔女子监狱，监狱遗址在圣丹尼市郊路。她前去看望妓女和犯人。最宝贵的见证人之一、当时的专栏作家阿尔塞纳·乌赛是这样讲述帝国皇后如何浪费宝贵的时间在这些毫无悔意的女子身上的：“当她经过食堂的时候，她询问菜单的安排情况。‘什么！没有甜点么？’她不满地感叹道。布瓦泰勒不由自主地答道：‘事实上皇后陛下无须为这些人哀伤。给这些女人甜点，那谁给那些体面贞洁的女人们做甜点呢？’第二天，布瓦泰勒被任命为参议员。也就是说，他不再是警察局局长了。”这说明拿破仑三世非常信任他的妻子；有三次，当他因要务不在巴黎之时，最后一次是在1870年的夏天，他都将摄政权连同合乎宪法的所有权力都交给欧仁妮。

---

① 龚古尔兄弟是19世纪法国著名兄弟作家，与福楼拜一样，都是玛蒂尔德公主文艺沙龙的座上宾。——译者注

欧仁妮非常幸运地在 1856 年 3 月 16 日诞下了皇子，与此同时，巴黎国会最终决定与维多利亚女王统治下的英国共同对抗沙皇军队，赢得了克里米亚战争的胜利。此时的巴黎是和平的首都，新的国会得以雪耻，人们不会再提起 1815 年拿破仑的噩运了。帝国皇子的出生乐坏了 48 岁的帝国皇帝，这是他唯一的合法继承人。他赐予欧仁妮比他之前所默示的更广泛的权力和地位。显然她已确保了帝国未来的延续，因而她得以介入多项政治决策，但历史证明，这些决策的后果相当严重。

支持虚幻的墨西哥远征

说着一口德国 - 伊比利亚混合语的帝国皇帝这样说道："欧仁妮，你哪里有什么见解，不过是些胡思乱想！"皇帝嘲笑妻子在某些方面不可思议的固执。在皇后内心深处，她是一个地地道道的西班牙人，一个天主教战士。她的思维方式倒是法国式的，不过她对罗马教廷和"罗马问题"（即圣父的领地问题）所面临的威胁相当敏感。意大利复兴运动要侵占罗马并将教皇囚禁么？欧仁妮在这一事件上完全站在了她丈夫的对立面。当一系列的经济利益、疯狂野心、形势对抗等问题迫使一些国家，尤其是法国，向墨西哥派遣远征军时，欧仁妮则完全支持这一举措，主要原因便是因为墨西哥革命军胡亚雷斯坚持政教分离。更糟糕的是，这个曾经做过律师的人，是天主教保守派的敌人，竟然计划将神职人员的财产转为非教会所有。欧仁妮的反应是非常情绪化的，她坚定地支持拿破仑三世远征，尽管她的丈夫是希望通过远征，使得法国在美洲乃至世界范围内有更好的经济发展前景。

远征很快变成一个马蜂窝，最终以处决马克西米利安[①]作为悲剧的终结，他是弗朗茨·约瑟夫的兄弟，这一结果导致巴黎与维也纳关系变冷。需要指明的是，这是欧洲大陆第一次以军事手段介入北美洲领地，美国刚刚摆脱南北内战的阴影，并向众人宣告他们相当警觉地捍卫着自己的领土。欧仁妮在这场灾难中所扮演的角色是不能被忽略的。但反过来看，欧仁妮所坚持的外交政策并不都是愚蠢的。在美国的南北战争中，她倾向于支持南方的做法看上去是冒险且捉摸不定的，但其实她是不希望法国的棉花产业被他人夺走。还有，1866 年，她对奥地利军队在萨多瓦被普鲁士倾轧一事表示非常担忧，并积极进行援助，这不仅仅只是人道主义关怀的表现而已。她希望通过压制柏林的力量以达到欧洲各势力的平衡。与帝国政府相比，欧仁妮的主张反而更加倾向于保护法国人民的利益。但是长期遭受膀胱结石症折磨的拿破仑三世，早已意识到俾斯麦和普鲁士皇帝纪尧姆已经将法国拖进了一场毁灭性的战争当中。欧仁妮预感到萨多瓦战役只是一场排演。

一个根深蒂固的说法是，帝国皇后总是在政治决策上犯错，她必须为一切后果承担责任，包括没有好好守住自己的丈夫，并且鼓励他发起 1870—1871 年的普法战争。她也必须为战争的失败，为巴黎及

① 马克西米利安原为奥地利哈布斯堡成员，奥地利国王弗朗茨·约瑟夫一世的弟弟。在拿破仑三世怂恿下接受了墨西哥皇位，称马克西米利安一世，1864 至 1867 年在位，最终被墨西哥共和主义领袖胡亚雷斯下令实施枪决。——译者注

国会被普鲁士占领，为阿尔萨斯—洛林的割让负责，这一切的耻辱都建立在被打败的法国废墟之上。不满皇后的梯也尔通过虚假文件导致不利于欧仁妮的言论蔓延，文件指出，皇后在 1870 年 7 月曾经说过："这是我的战争。"事实并非如此：舆论渴望战争。当时著名的女歌唱家奥尔彤丝 · 施耐德，巴尔扎克《巴黎生活场景》小说中的原型，还曾大放厥词道："3 个星期之后，我将在柏林为拿破仑三世演唱。"色当战役之后，人们忘记了这一切。于是事实被扭曲，抱怨咒骂演变成仇恨。欧仁妮成了新的替罪羔羊。

支持巴斯德研究和女性教育事业

欧仁妮作为贡比涅城堡的女主人表现非常完美，此外，这位不受爱戴的皇后还有一些值得称赞的行为。为了组织活动方便，她命人在房间外悬挂硬纸板，标示早餐的时间和菜单。除了为福楼拜（我们差点将他忘了！）争取到荣誉勋章，亲自到女画家罗萨 · 博纳尔在枫丹白露森林的工作室，为她授勋之外，欧仁妮还支持皇帝开创了"救济大炉灶"，将百万份热腾腾的饭菜发放给最贫苦的人。"爱心食堂"的前身不也同样被遗忘了么？帝国皇后捍卫教育部部长维克多 · 迪吕伊的计划，为法国的年轻女孩子们争取到了初级及中级教育的权利。她甚至走得更远，在圣安东尼区创立了欧仁妮 - 拿破仑基金会，帮助未成年人学到一技之长以获取酬劳。她做得最有眼光的事，便是理解并支持巴斯德在圣克卢花园的研究工作，当时他的实验引起了周边乡民的恐慌。欧仁妮促使帝国皇帝参观了巴斯德的实验室并且在经济上给予他资助。当战争灾难发生之时，1870 年 9 月 3 日，巴斯德没有忘记欧仁妮的恩惠，他寄给被抛弃的摄政皇后一封电文，并向皇帝表示感激之情，当时拿破仑三世已经被维克多·雨果的辛辣挖苦之语淹没了。

在尊严和沉寂中赎罪的 50 年

欧仁妮陪伴丈夫流亡至英国，在维多利亚女王的殷切庇护下生活，承受了种种痛苦的前帝国皇帝于 1873 年 1 月 9 日薨逝。她将全部希望寄托在帝国皇子身上，因此强烈反对他加入英国军队赴南非作战。他的儿子在祖鲁战争中英勇牺牲了。她最终变成了一个老妇人，也是一位经受伤痛的母亲，鲜被人尊敬，人们有时会见她在巴黎街上行走，若有所思，似乎被一生中幸福抑或是悲伤的回忆困扰。虽然几乎失明，在 1919 年她仍然赶赴克莱蒙梭积极斡旋，希望战败的德国可以将阿尔萨斯 - 洛林归还给法国。她最终于 1920 年 7 月 11 日逝世。气量狭小的法国政府拒绝为她举行隆重的葬礼。英国国王乔治五世为了弥补法国的错误决定，在她的棺木上放置了英国国旗，她最终在修道士的守护下与她的丈夫和儿子一起，被葬在法恩伯勒。

欧仁妮不仅仅是法兰西第二帝国时期时尚产业的璀璨人物，多亏她使得时尚产业得以萌芽，同时她也是现代风尚无名的先锋。

Sissi

奥地利皇后：茜茜

终将拥抱可怕的宿命

Ou la fatalité

1898 年 9 月 10 日下午 1 点 35 分，在日内瓦勃朗峰港，两位身着黑服的女士步履匆匆，她们要登上即将起航的瑞士航海公司的轮船。人们可以听见船上传来的清脆的汽笛声，它们在提醒乘客尽快登船。其中一位女士，身材苗条修长，戴着白色手套，与她的黑裙、黑短斗篷以及装饰有两片羽毛的黑色帽子形成鲜明的对比。

天气炎热，她撑着一把浅色阳伞，手拿扇子。两人驻足在离港口不到 150 米的不伦瑞克公爵的府邸前。汽船如此准时，真是一刻都不能耽搁。两位女士沿着街边一排尚显幼嫩的栗子树行走着，一个年轻人向她们迎面走来，脚步急促。她们侧转身子给他让路，他看起来如此匆忙，双方很有可能相撞。就在他们擦身而过的一瞬间，年轻人一个踉跄并下意识地举起了右拳。他使尽全力攻击那位高个儿女士。不知是因为刺眼的阳光，还是因为被攻击造成的恐惧，高个儿女士打开了她的遮阳伞保护自己。一切都太突然，她还没来得及吭一声便虚弱得头部着地倒下了。另一个女士发出一声惨叫，她还没反应过来那个年轻人干了什么，他就已经跑了。码头上的一个出租马车夫目睹了这一突发事件。他走上前来帮忙叫醒了晕倒在地的女士。另一位女士因为惊吓满脸通红，匆忙戴上自己的帽子，整理好自己凌乱的头发。倒在地上的女士还算幸运，她厚厚的发卷缓和了头部接触地面时的冲击力。其他的目击者也纷纷赶来了，包括美岸大酒店的门房普兰雷先生。他是奥地利人，这两位女士就下榻在这家大酒店里。他极为殷勤地为摔倒的女士掸去裙子上沾染的灰尘。他与身边的另一位女士交换了一下眼神，并用匈牙利语问道："陛下发生什么事么？她哪里不舒服吗？""没有，谢谢您。"她同样用匈牙利语回答道，"没什么。"

酒店的门房极力劝说两人回到昨晚下榻的酒店休息。这位被人搀扶的女士是世界知名人士，奥匈帝国的皇后，在奥地利她被称为伊丽莎白，在匈牙利她被称为伊莎贝特，而对于当时众多的仰慕者和后人来说，她是茜茜。她生前是一个谜，身后成了传奇。她以独特的方式占据着我们的心。

震惊日内瓦：一个意大利无政府主义者谋杀了茜茜！

茜茜的宫廷女侍从官，艾尔玛·斯塔蕾伯爵夫人询问道："陛下刚才受了惊吓？"

"是的。我刚刚很害怕。"

下午1点40分。现在，她们已经在"日内瓦号"的舷梯上了。船员们即将松开缆绳，轮船即刻便要启程。镀铬大钟响个不停。弗朗茨·约瑟夫的妻子还在用匈牙利语询问她的侍从："我不明白那个男人想要干什么……或许是要抢我的手表？”

她脸上的红晕已经不见，反而显出令人担忧的苍白。伯爵夫人搀扶着帝国皇后，担心她会昏厥过去。皇后则倚靠在码头边的铁栏杆上。她语带惊恐地问道：“我是否太过苍白？”

“是的，陛下。非常苍白。您感到哪里不舒服吗？”

“我感到胸部非常不适。”

女侍从官无法掩饰她的惊恐不安。在一番艰辛努力之下，帝国皇后终于在甲板上缓步前行了。而在岸边，众多勒芒湖的当地居民好奇地注视着她，这个身材高挑的女人步履蹒跚，她令人难以置信的纤细腰身引人猜想，她可能被紧身胸衣勒住了，不能呼吸。她的面孔似乎在哪里见过，但是谁呢？伯爵夫人以合乎礼节的方式护卫着帝国皇后，使她尽可能自己走完甲板。可是就在最后几步，轮船已经发动了，茜茜回转身来，惊慌失措地向她耳语道：“来人，扶我一把……快！”

伯爵夫人急促上前，因为皇后已经站不稳了，她的身躯慢慢地瘫软，头靠在艾尔玛·斯塔蕾胸前，最终不省人事。

“水！水！”伯爵夫人喊道。

人们在她苍白的脸上撒了点水，这苍白足以令人觉得皇后已去了。

“医生！”

可是人们无法在“日内瓦号”上找到医生，幸好一位曾经做过护士的达尔达女士经过，急忙上前帮忙。船长路科斯先生也来了。他只知道一位女士因为被撞倒而不舒服，但他不知道她的身份。

“可能是由于害怕导致的晕厥。也有可能是因为天气太热。”

确实，甲板上的温度令人难以忍受。船长非常担忧，提出将昏厥的女士扶进船舱里去。

“不。”护士说道，“一定要空气流通，这位女士呼吸困难。”

人们便小心地将她虚弱的身子放置在长椅上。伯爵夫人揭开了皇后淡紫色衬衫的扣子，松开了她的胸衣，护士则往茜茜的嘴里送了一颗含有酒味的糖。皇后的嘴巴半开着。轮船急速行驶着，船头朝向湖中心驶去。帝国皇后紧闭双眼，吃着糖。终于，她睁开了眼睛，试着坐起来。伯爵夫人殷切地问道：

“陛下好点儿了吗？”

“是的……谢谢。”

她的神色非常痛苦。她终于坐起来了，可脸上还是毫无血色。

“究竟怎么回事？”

伯爵夫人不明白究竟是什么原因导致皇后不适。突然，那精致的嘴唇，被无数艺术家描绘和拍摄的嘴唇突然紧闭着再也张不开了。脸色苍白的黑衣皇后再一次失去了知觉。人们最终解开了她的胸衣。在亚麻料的胸衣上，伯爵夫人惊恐地发现一个貌似银色刀刃造成的褐色切口。她的双手因害怕而颤抖着，可还在不断搜寻着什么。上帝啊！可怕的事还是发生了：在皇后的左胸上有一个极小的三角形伤口，还有已经干掉的血迹。一个凝结的血块！

“先生！”伯爵夫人喊道，“她被刺杀了！”

船长被一个船员叫了过来。

“看在上帝的分上，我求您！赶紧靠岸吧！她是奥地利皇后……她的胸口被严重地刺伤了。我不能让她就这么在没有医生救治、没有神父祷告的情况下死去！”

消息在船上传遍了，“日内瓦号”也在此时调转了方向。船柄全部靠左舷！一副担架被抬了出来，还有一条床单，一艘双桨小艇。皇后发出垂死的喘息声，脸上挂着晶莹的汗珠。绝望的伯爵夫人跪倒在地祈祷着。其他女人们则双膝跪地行礼；男人们则在不远处聚集着，脱帽，石化般地站着，表示极度的尊重。帝国皇后相当痛苦……

最终，船靠岸了。酒店的门房并不曾离开码头，他的姿态令人相当动容：他手持帽子遮挡着自己的脸，一边快速地走着，一边左右摇晃着头，好似在否认死神的降临。在行走中，普兰雷先生抓着帝国皇后的手，希望她“不要太过痛苦难受”。一组救援小队最终到达美岸大酒店的门廊。“大家都极其慌乱。所有人都显示着悲愤和痛苦的神色。”法尼·梅耶——酒店老板及主管如此写道。

茜茜最终被安置在了她房间的大床上。茜茜，纹丝不动，没有意识，有一种悲怆的美感。医生们到了，气喘吁吁。为首的格雷医生尝试检查伤口部位。这时已经下午 2 点 10 分了。

“还有希望吗？”伯爵夫人沮丧地问道。

“希望甚微，女士……非常遗憾。”

梅耶女士和一名英国女护士，为垂死的皇后脱去衣衫和鞋袜。一位神父为皇后进行临终圣礼，而她平生最大的罪过不过是一直希望做自己。另一位医生无望地尝试着切开皇后左臂的大动脉，但是没有一滴血能够渗透出来。下午 2 点 40 分，奥地利皇后——她在维也纳备受争议，而作为匈牙利女王，却在布达佩斯极受爱戴——将她的灵魂献给了上帝。她在 61 岁时香消玉殒，而医生们仍然无法相信到了如此年纪的她还能躲过发胖臃肿。茜茜在湖鸥翱翔的水边殒命，而她总是在诗歌里咏叹这样美妙的景色。在她的一生中，她热爱胡泊、大海、山峦、阿尔卑斯山的自然风光，这些都是她梦中的珠玉、诗歌中的韵律，也是她躲避世俗陈规的栖息地。

凶手卢切尼最终被捕了。人们原本以为他是个小偷，其实他是个意大利无政府主义者。他发誓要杀死一个大人物，不管是谁都行，只为给大家做个榜样，但是“我绝对不会杀洗熨衣服的女工人”他这么解释道，傲慢且自豪地面对着质询他的预审法官。这个年轻人最终无法逃脱死刑，让他的儿子成了孤儿。茜茜，不过是一个在一系列家庭惨剧后幸存的可怜人，她渴望了却残生。她曾经重复地写着：“我们终将拥抱可怕的宿命。”卢切尼没有夺走她的宿命，他解放了她。

如“圣诞玫瑰”般野性又感性的公主

让我们忘了那些陈词滥调吧，忘了罗密·施奈德在20世纪50年代主演的电影吧——尽管她在大荧幕上演绎的茜茜，美丽、独立、挑衅，其充满悲剧性的命运，在欧洲诡谲的政治斗争中游刃有余，令无数人倾倒不已。电影以童话故事开头，似乎试图以威尔第式的悲剧作为结尾，最终产生了轻歌剧式的效果。1837年的圣诞节，晚上10点43分，慕尼黑，小公主在西方最古老的王朝之一维特尔斯巴赫修建的家族宫殿中降生了。这座宫殿于1806年被拿破仑用来当作王子或公爵的府邸。作为巴伐利亚的支系，伊丽莎白一出生便是巴伐利亚女公爵了。她自小便被人呼唤为“Sisi”，因为在德国传统里，人们常常用地名作昵称，这在当时相当普遍。时至今日，人们提到她，都唤她的小名。她的童年和青少年时期都在慕尼黑南部施坦贝尔格湖畔的波森霍芬城堡度过，那里是她一生魂牵梦萦的地方。这座城堡由四座新中世纪风格的塔楼环绕，内部被改建成非常适宜居住的住宅。繁茂的灌木，偶尔因夏日的雷雨涨潮的湖泊，各式的花草和动物以及茜茜的父亲——马克斯伯爵令人称赞的个性，这一切都令伊丽莎白难忘。正如他父亲一样，小公主无拘无束，在迷人的乡间愉快地成长着。她如同被风儿抱在怀里的树叶一般，享受着质朴的田园生活。至于城市生活，马克斯对它敬而远之，而他最爱的女儿更是对它嗤之以鼻。茜茜听着簌簌的泉水声，望着天上千姿百态的云彩，将林中的树木当作自己最忠实的伙伴。她恰如莎士比亚作品中，捍卫自由权利的女主人公。她有时会很不高兴，因为秋日的狂风迫使她不得不同自己的七个兄弟姐妹离开乡间返回慕尼黑。马克斯没有为讨好路德维希一世做出任何努力。他是国王的妹夫，却没有贵族血统而且丝毫不遵守礼仪。茜茜倒是不大介意。当看见自己的母亲路德维卡因为丈夫的荒唐行径而询问上帝的时候，她报以大笑——在去埃及的路途上，马克斯竟然以为可以在金字塔顶端弹奏奇特拉琴，他还从开罗集市上带回一批年轻的努比亚人，说是要当着慕尼黑贵族们的面给他们洗礼的恩惠，整个宫廷惊得目瞪口呆。马克斯公爵是一个特立独行之人，他拒绝穿戴宫廷生活所必需的盛装和制服。他的女儿伊丽莎白同他一样，只不过她的帝国皇后及女王身份最终导致她渴望独立的痴狂转化成病态，甚至令人震惊地“放肆无礼”。

可是，如果将茜茜看成一个叛逆的、鲁莽的、不识字的乡下姑娘，那恐怕是大错特错了。她的女家庭教师，路易 · 维尔芬男爵夫人，很快便感到力不从心。茜茜15岁，却缺席了她人生中的第一场舞会——年轻的她将自己关在房间里，带着诗意的浪漫情怀，将自己的感受诉诸笔端。她小小年纪，就在那里思考人生，思考死亡，令人担忧。茜茜写的诗都十分哀伤。她早年的一首诗中，记述了一段不愉快的恋情。在这个年纪，他们的感情是纯洁且坚定的。多么令人扼腕啊！小男孩最后离开了，并死了。通过写诗，她无声地表达自己的苦痛：

命运捉弄了他，
理查德，天啊，他已经不在！
丧钟已敲响，上帝啊，
请您怜悯我吧！

多么无助的祈求啊。茜茜沉溺在忧思中，不能自拔，她幽闭自己，对死亡的思考沉重地占据着她的思想。一年以后，也就是同她的表兄弟们见面的前夜，另一位亲人去世的噩耗使她深受打击，她的字里行间充满了悲痛：

噢！为什么我不曾一同死去呢？
如你一样，去往天堂。

这位年轻的女孩不会弹琴——这是她母亲经常埋怨她的缺点之一——但她知道如何承受痛苦，因为她是维特尔斯巴赫家族的后代，这个家族以他们狂热的灵魂和颇具争议的名声而闻名。但是千万不要忘了他们的文雅风范，还有家族王子们的审美细胞：他们将最有才能的艺术家们召唤到慕尼黑；他们堪称阿尔卑斯的美第奇家族。除了这些家族基因特征，茜茜还多了些孤傲的幽默感和迷人的想象力。她使人吃惊、意外，可又那么富有魅力！

有些小事可以展现她这一时期的性格。她的一位姨母，以举止优雅之典范自居，非常恼火地看着她："这个小姑娘竟然不知道如何祝酒干杯！"

这位眼尖的老妇人发现，她的侄女走路时步伐轻快，马克斯公爵曾叮嘱过他的女儿："我们不应该施施而行，而应步履如飞，就像拥有翅膀一样。"

茜茜将成为世人眼中的怪胎，同时也成为世人眼中天生散发优雅气质的偶像，一个在童话中长大的梦幻般的人物。

她读过很多书，沉浸在古老的传奇之中，吟诵英雄史诗，她还帮助自己的一位叔叔修复一座隐藏在山中的中世纪废墟，因为她知道在这崇高的废墟中，诞生了哪些勇敢的骑士和哪些传说中不可思议的动物。她还学习了贵族应该具备的基本美德，毫不矫揉造作。只要主人们不在家，波森霍芬花园对所有人开放！1853 年，她 16 岁，命运将爱情、婚姻、责任以及国家的重担一并加诸在她身上。然而她乐于在自然天性中成长，只希望通过满足自己的个人欲望过活，她的家族则要求她成熟、稳重、思虑周全，还嘱托她千万不要笑，以防露出黄色的牙齿。人们要求她老成持重。

“如果他不是皇帝该有多好……”

她本来不会参加这次旅行。可是在最后一刻，她的母亲路德维卡公爵夫人认为，茜茜最好陪同她的姐姐海伦娜去萨尔兹堡附近的巴德伊舍，参加那里的家族聚会。路德维卡的姐姐，哈布斯堡-洛林王朝的一位大公夫人索菲，是年轻的奥地利皇帝弗朗茨·约瑟夫的母亲。约瑟夫在1848年登上皇位，当时奥地利处于风雨飘摇的政治动荡之中，国内革命势力涌动，皇室中人心惶惶，由于前一任皇帝，他的一位伯父，成了疯子，约瑟夫才得以继位。1853年的夏天，这对姐妹盘算着让弗朗茨·约瑟夫娶他的表妹海伦娜。海伦娜芳龄19，个性一般，看上去还有些严肃，瘦削、美丽，但有些无精打采，她太过恭顺而且不大爱笑。海伦娜是她母亲心目中最理想的女儿，明理且得体。相反地，伊丽莎白身材修长，耀眼迷人，是快乐和欢愉的象征，虽然这只是表面；还有另一面，她并不顺从。在前往奥地利的轿式马车里，路德维卡观察着自己的两个女儿，她为自己的大女儿深感自豪。她深深相信：她的外甥必定会为海伦娜的魅力所折服。她将会是一个多么完美的帝国皇后啊！可是她思忖着茜茜的未来，这个小姑娘的行为太令人恼火：在罗森海姆中途休憩的时候，她竟然跑去给马厩添水！这些马匹被用来托运海伦娜为订婚而准备的各式华服。谁会娶茜茜呢？她不过是一个爱做梦的乡下姑娘！路德维卡也有自己的盘算，如果这次订婚成功，她将一雪前耻：作为巴伐利亚第一任国王的女儿，一出生便是女公爵，后来她嫁给了温厚的马克斯公爵，成为公爵夫人。从某种程度上，也算得上是下嫁了，在她众多姊妹当中，路德维卡的头衔最低。

两个媒人的计划最终落空了，结局太过出人意料且太有戏剧性：弗朗茨·约瑟夫很快便觉得海伦娜太过完美，无聊而且没什么魅力，可是在皇家晚宴上迟到、不修边幅、尴尬地行着屈膝礼的茜茜，却挑起了他极大的兴趣。他已经很久没有见到自己的小表妹了，很快地，他便为之倾倒，她的美丽、率真、讨人喜欢的个性还有她的那双琥珀色的大眼睛，使约瑟夫爱上了她。弗朗茨·约瑟夫对她一见钟情——他一生都很爱她。年轻的巴伐利亚姑娘则脸红了起来：她平生第一次感受到一个男人炙热的目光。皇帝彻底被茜茜的自然天性吸引住了。显然地，他们二位的母亲很恼火，指责茜茜破坏了她们的计划，而索菲则命令鲁莽的外甥女快快消失，她的头发上沾了草，要整理，还有她的裙子也得换，因为上面都是污点，还被扯坏了。她以为自己在哪儿呢？

恼火的皇太后试图遏制年轻皇帝的念头，路德维卡被这局面弄得有些难为情，她建议索菲静观其变，并强调茜茜不会在慕尼黑逗留太久，维也纳皇宫里自然不会有她的位置。她们失算了，皇帝被小女孩的优雅深深迷住了，她白皙的肌肤，赤褐色的头发，还有她的眼神，是的，特别是她的眼神，他对此评价为："承载着梦想。"8 月 17 日，在奥地利大酒店举行的舞会上（这个舞会一直延续至今），皇帝费尽心力只和一个人跳舞——闪耀光芒的茜茜，可她一点儿都不会跳华尔兹，这种由施特劳斯发明的别着头旋转的舞蹈对她而言没什么意思。当帝国皇帝的副官在皇帝的命令下将茜茜的手递给他，并看着他俩走下舞池预备开场舞的时候，副官对自己的士兵们说道："我似乎同未来的帝国皇后跳了场舞。"

谁都没有想到，弗朗茨·约瑟夫，一位技艺精湛的华尔兹舞者，亲自教授惊慌失措、毫无经验的表妹舞步！她慌慌张张，面红耳赤，可她的身段，多么美丽啊！多么令人意想不到的一对！第二天，皇帝带着胜利者的喜悦宣布，23 岁的他决定娶茜茜为妻。皇帝同他母亲的商谈相当令人恼火。索菲没有办法令她的儿子回心转意，这是第一次，乖巧而又听话的儿子违抗专制的大公夫人。而对于路德维卡来说，这样的改变没有任何损失：她来这儿的目的就是嫁女儿。妹妹取代了姐姐，即将成为皇后。这已经是板上钉钉的事了。索菲既是茜茜的姨母，又成了茜茜的婆婆，她将永远无法原谅茜茜取代了海伦娜的位置，虽然丘比特之箭射向谁从来都是难以预料的。帝国皇太后暗示茜茜说话带巴伐利亚的口音，居然还领着一群带虱子的小狗忝居高位。在大公夫人眼里，她未来的儿媳妇就是个村妇。在这对婆媳之间，一直都争执不断。这一矛盾最终成为破坏帝国皇帝夫妇生活的定时炸弹，皇室家族的不幸在奥地利宫廷反复上演。而茜茜呢？她甚至没有机会说："是的，我愿意。"她是最后一个被询问的！她哭了，当然是因为高兴而哭，她最终向担忧的母亲和姨母承认道："我当然爱他！"

随后，她非常激动地，以忧伤的口吻喃喃自语道："如果他不是皇帝该有多好……"

她突然抽泣起来，因为她难以排遣自己的不安："我还这么年轻，这么无足轻重。我将尽自己所能让陛下幸福。可是我能做到么？"

两天以后，同马儿玩耍、整日望着天空的害羞的茜茜被细细地观察、品评，最终被选中，他们订婚了。

大公夫人索菲，虽然很恼怒自己原先的计划失败了，但她下定决心驯服她的儿媳妇。毕竟，他儿子的婚姻也是一项政治事件。这也难怪，在多年以前，普鲁士未来的总理俾斯麦碰见严肃的大公夫人时，宣称她才是“家族中唯一的男人”。

最害怕的敌人：宫廷礼仪

在1854年4月23至24日的晚上，由威尼斯灯笼围成的花环照亮了美泉宫花园的小路，这座花园被誉为奥地利的凡尔赛。这些闪烁的灯光如数千双眼睛一样，审视着这个早已精疲力竭的女孩儿。再过几个小时，她就不再是巴伐利亚女公爵了，为了到达维也纳，她经历了为期三天浪漫的多瑙河之旅。欧洲的河流之王，绵延数十万米，在皇帝的命令下，只供他的未婚妻使用：在这三天里，除了伊丽莎白的船，其他任何船只都不允许在多瑙河上行驶。弗朗茨·约瑟夫还命人送来了美泉宫花园里千朵玫瑰花制成的花环，作为爱情的象征。她最终进入了有着1200多个房间的城堡，仿佛一座巨大的监狱。装饰豪华，巨大的家具配以精细的装饰使伊丽莎白透不过气来——她绝望地离开自己的家人和美丽的巴伐利亚森林。仿大理石的螺旋装饰，水晶吊灯，还有壁画、地毯，这些都太碍眼了，就连那些巨大的白色珐琅瓷瓶都像是监视的哨兵。因为她的婆婆就是这么对待她的，将她当作不知规矩的陌生人，决定让茜茜为这场她并不认同的婚姻付出代价。大公夫人索菲相当注重烦琐的陈规旧习。结婚当天，茜茜的第一位宫廷女侍从官，埃斯特哈齐-列支敦士登伯爵夫人出现了。她比茜茜大40多岁，是皇宫的资深管理者和看守人。她知晓一切，监视一切，并在主观判断之后一本正经地向皇太后禀报。伯爵夫人还有两个追随者，亲切可人，不过她们小心翼翼地同茜茜保持距离。皇宫的礼仪并非规定茜茜什么不能做，而是规定她只能做什么，在这样一个充满敌意的环境中，她的身心饱受摧残。档案显示当时的宫廷生活礼节竟然细致到规定了行屈膝礼的弧度！犹如规定了呼吸的节奏！

年轻的皇后最终要与丈夫同房了。这简直是一场罕见的现代主义革命！如果说蓝色的墙壁是典型的里昂风格，那么两张并排摆着的黄檀木床则显得太过阴郁了，床头还有两个同样材质的衣橱。尽管茜茜后来一直怀念与国王亲密相处的日子，但最开始的夫妻生活让她觉得如噩梦一般。她的洞房初夜并没有发生什么不愉快的事，至少没有任何资料记录下这些。新婚的伊丽莎白非常讨厌自己成为人们议论和猜忌的对象。宫殿里所有的仆人都听命于皇太后，尤其是茜茜的近身侍女，她们表面恭敬，却将一切都事无巨细地告诉大公夫人。据专制的索非皇太后搜集的证据显示，茜茜直到新婚第三夜，也就是 4 月 27 日星期四晚，才成为真正的女人。凡尔赛的玛丽 · 安托瓦内特也曾经抱怨维也纳宫廷里的那些至高无上的“礼仪夫人”们，她们连贞洁之事都要管。浪漫的茜茜渴望同自己心爱的丈夫单独待在一起。可是不行！家族的早餐是一项仪式。周围人的注视令茜茜难以忍受，她们仿佛都是大公夫人可怕的替身。第二天早上，伊丽莎白差点要逃走，皇帝找到了她并且要求她穿着得体地出现在餐桌前。这些矛盾慢慢毒害着帝国第一夫人和她渴望成为的那个自我。外表比存在重要，但外在生活一直禁锢着内心世界。茜茜在她的日记中写道：“自然、纯朴在这些压力中消失了。”

她表示自己的心灵受到严重创伤。还有更糟的：弗朗茨·约瑟夫，不愿在餐桌上多作停留，他很快起身，消失在走廊里，向他的办公厅走去。该是皇帝处理政务的时候了。茜茜感觉被抛弃，甚至被欺骗了，她惊慌失措，害怕自己成为被展览和揶揄的对象。不久以后，皇后想起那次难忘的早餐，她为丈夫的离去而痛哭，她告诉匈牙利的女侍从官们：“我为了爱情才同他结婚的。”注重私人生活的她开始了对宫廷生活礼仪规范的无声反抗。

维也纳皇宫的丑闻：她竟然有一个浴缸！

霍夫堡，自18世纪末起便是不断扩建或修葺的古老要塞，是奥地利皇室过冬的行宫，规模庞大，仿佛阴郁的迷宫，有着无数的走廊、暗道，还有很多内部庭院。对茜茜来说，这座宫殿是另一座监狱。她用自己的方式排斥它。尽管这座建筑包含2600个房间，皇后却拒绝选出一间房间做自己的寝殿，而是要求人们每晚将她铁制的栗色大床抬至自己的会客厅。这样的床皇帝也有一个，他不过是为了保持自己在行军中就寝的习惯。这一举动让她的婆婆，也是她的姨母非常惊愕。这样令人匪夷所思的朴素品味其实是叛逆的姿态。在她的私人房间里，茜茜只做短暂的停留。这种粗野与奢华相结合的临时居所风格，激起了风言风语。再当皇后命人改置了一间陈旧的双人房做健身房，并设计了一间仿照18世纪装饰风格、放有饰有花纹的庞大浴缸的洗浴间时，人们议论纷纷。索菲大公夫人不禁气结：“怎么，皇后要每天洗澡不成？简直要造反！”而她的儿媳为了健身，在两个房间之间的金色镶板上安置了两个吊环，她一边做运动一边听自己的侍女为她朗诵《荷马史诗》。争议声此起彼伏。一个无意中撞见茜茜在体操杠上运动的女侍从竟然晕倒了。而这样的体操杠，茜茜有11个。这样的东西！难道不是在资产阶级的客厅中才会出现的摆设吗！皇后在拉伸、扭曲和伸展中精疲力竭。弗朗茨·约瑟夫为了平息外界的舆论，不得不一再地劝阻茜茜：“恢复理智。”而他的母亲也再一次失败了。茜茜变本加厉，她陪伴皇帝出入皇宫，只带着一个侍女上街去订购特别的药草茶，或者在餐桌上喝啤酒，仿佛是在巴伐利亚风格的小酒馆里。挑衅的茜茜？不如说是独立吧。她独自同世俗陈规对抗着。她的饮食习惯既古怪又严苛，为了让她高挑的身材更纤细，也为了突显她那盈盈一握的腰身：她身高1.72米，腰围不到55厘米！体重只有50公斤，有资料显示她患有厌食症，但可能并非如此。因为事实上，皇后吃得很少，但她用很多次餐，每次都很少量，一般会有肉丸、蔬菜、奶制品，另外她还饮用一种混合了火鸡血和肉的浓汁，盛在一个在巴黎定制的银制器皿里。茜茜出了名地爱骑马。在维也纳，每天早上都有人们在普拉特等待这位优雅的马术师经过，爱戴她的人们都和她打招呼。

这些行为只有一个目的：使她自己有存在感，摆脱陈规的束缚，因为其中一些教条实在太可笑。在签署结婚书的时候，她已经相当吃惊了：公证员们竟然要计算她内衣的数目！每双鞋竟然只能穿一次，然后就必须得送给身边的女侍从，这太不可思议了；相反地，皇帝的军官们却必须得让新靴子柔软合脚以便长期使用。宫廷的礼仪让人最难受，仿佛一道置于她和亲人之间的无形却难以跨越的屏障。如今，为了见她的兄弟姐妹们，和他们拥抱，她得先受多少屈膝礼和吻手礼啊！弗朗茨·约瑟夫时而温和，时而挑剔，他提醒她道：“瞧呀，茜茜！你可不要忘了你同我统治着数以百万计的人民……”

人们不断提醒伊丽莎白责任二字的重要性。大公夫人曾经为了挽救帝国而将弗朗茨·约瑟夫推上皇位，如今她不会放过任何机会反复提醒她那“鲁莽且粗野”的外甥女不称职，而且必须努力变得称职。这是在刁难她那不受约束和不守规范的个性。皇帝非常尽责，他长期被政治事务搞得头昏脑涨，希望有时间可以冲淡母亲和妻子间紧张的关系。他错了。两人日常的争端只有示弱的那方先认输方能结束。对于茜茜来说，宫廷不过是一个陈列牵线木偶的豪华大厅，而她自己拒绝成为其中一个。她每天都写日记，这是她唯一的倾诉对象，因为她没有权利留下哪怕一个巴伐利亚的仆人为她服务。幸好，有小动物们陪伴着她，还有几只大狗，她亲自为它们梳理毛发，捉虱子；还有一只鹦鹉，是皇帝送给她的，很快便因为模仿主人抱怨的闲话而成了宫廷里的明星。有一首名为《思乡》的诗歌，吐露了年轻皇后的心声，她提及美好春天的到来，并且在第二段反复呢喃道：

可在这遥远的异国，
哪里有我春之快乐？

茜茜把自己评价为“流放者”。天性热烈奔放的年轻女人顽强地与固执的婆婆做斗争，太后希望塑造一个木偶皇后，没有心，没有知觉，没有热情，没有灵魂。她的每一个愿望都被压抑，每一个欲望都被扼杀。至于想法嘛，索菲坚决不允许她有，因为1848年的欧洲革命酝酿出的想法威胁到皇室，恰恰是这场革命差点剥夺了他的儿子在维也纳的皇权。茜茜喜欢诗人？这些诗人很危险！一个女人有太多想法，读太多书，是非常危险的。

连续生了两个女儿，无尽的失望

1855年3月5日，下午2点，皇后生了个女儿。在没有征询母亲意愿的情况下，太后决定让孙女承袭自己的名字——索菲。太后还得寸进尺，专制地控制了乳母、看护和医生，而且派人控制育婴室。一大群朋友跑来向刚做了祖母的皇太后祝贺，却忘了向孩子的母亲献殷勤！皇后因无法为皇朝诞下男婴而被冷落。大概6个星期以后，伊丽莎白重新爬上马背以向她的婆婆示威。而太后早就在观察她的肚子，希望她尽早怀上帝国的储君。

1856年7月15日，早上7点，茜茜生下了她的第二个女儿。皇帝一直爱着皇后，非常宽容地没有显示出失望之情。太后就不同了，她一点都不喜欢给新生儿取吉赛尔这个名字：这个名字曾经是一位10世纪巴伐利亚公主的芳名，后嫁给了匈牙利的异教国王，之后还皈依了基督教并被封为圣艾蒂安。重提这个匈牙利的典故并非偶然：弗朗茨·约瑟夫将赴匈牙利与那里的人民修好，8年前，他曾联合伟大的沙皇尼古拉一世镇压匈牙利人民针对奥地利王朝的暴动。茜茜陪伴皇帝一同前去，对这次外交使命绝对有好处。更妙的是，小索菲也将一同前往。太后立即跳出来反对，她认为孩子非常脆弱，在炎热的天气将孩子带去匈牙利一望无际的平原，是彻底的疯狂之举。弗朗茨·约瑟夫就此事与母亲发生争吵。这次探险旅程，首先是一次势在必行的政治谋略。可是这一次，茜茜与自己的婆婆站在了一边：小索菲确实脸色苍白，非常瘦弱，健康状况令人担忧。这次漫长的征程最终产生了效果。皇后受到了匈牙利人民的热烈欢迎。这位闪耀的皇后，年仅20岁，将成为匈牙利迷人的统治者。很快地，伊丽莎白收获了伊莎贝特这个名字。可是，皇帝和皇后也一同受到了最沉重的打击：他们的小索菲夭折了，死于由伤寒引起的发热，只活到2岁88天。她的父母悲痛万分。皇后将痛苦和愤怒发泄在医生身上，她作为母亲也自责不已。太后则残忍地保持沉默。她什么都不说，但态度明了，她早已提醒过儿子和儿媳。意志消沉的茜茜发现自己被诅咒了，无法真正踏入幸福的门槛。这次灾难无不使人们动容，同时也提升了皇室夫妇的受拥戴程度。匈牙利人民也相当悲伤，就连反对派都怀着敬意参加葬礼。不幸在此刻化为黏合剂。茜茜确信，从此以后，厄运之神再也不会从她身边走开了。

支持意大利北部的反对派

带着永久的丧女之痛，受创的皇后无意识地倾向于她丈夫的政治和外交对手那边，并向他施加压力以缓和双方的关系。当时奥地利哈布斯堡王朝统辖的势力范围非常不稳。尤其是自1815年维也纳会议以后，归属奥地利行省的意大利北部及威尼托大区和伦巴第地区一直动荡不安。茜茜素以她的美貌著称，尽管她没有政治实权，但是她和她的丈夫进行了一场关于宽容和自由主义的谈话。起初，皇帝和皇后到威尼斯进行访问时，这座城市还是冷漠且充满敌意的，可是此时它热烈欢迎皇后的到来。这一态度的转变当然也归功于皇帝颁布的大赦法令，下令归还1848年至1849年谋反者们的财产。弗朗茨·约瑟夫听取了妻子的意见，改变了严苛的政治手腕。茜茜讨厌不公正待遇，她如今对丈夫的影响力日益增强，而此时皇太后也不在他们身边。皇后命人在圣马克广场上的拿破仑侧翼宫殿里安置了寝宫，并在那里下榻数次，那里如今是科雷尔博物馆。

不过，和解之路仍然充满荆棘和陷阱。在米兰，这对夫妻受到了最糟糕的待遇。在斯卡拉大剧院的辉煌大厅里，当地贵族被告知他们的席位已经被皇帝和皇后给占了！到了晚间，2800多个位置都被身穿素服的仆从们占据。这些仆人们在为奥地利统治下的伦巴第首府默哀。帝国皇帝和皇后蒙受了巨大羞辱，即使茜茜拥有巨大的个人魅力也没有奏效。而此时，茜茜当机立断，她以宽宏大量之姿坐在了革命党那一边！这一让步妥协的举动使维也纳皇廷震惊。当地的舆论如此概括这场政治博弈：“我们还没有准备好迎接奥地利，不过我们已经准备好迎接奥地利皇帝了。每个人都坚信友好、仁慈、高贵、美丽的皇后会对皇帝的决策产生影响。”茜茜以她的宽容赢得了尊重和爱戴。没有了监视和束缚，奥地利的伊丽莎白和茜茜这双重身份间的差异缩小了。这是一场伟大的胜利，弗朗茨·约瑟夫在半推半就下初尝了实施宽容政策的滋味。尽管在外人眼里，皇后与自己的丈夫在政治立场上有所差别，但是她很享受与他独处的机会。皇帝也非常珍惜这一难能可贵的亲密相处时光，尤其在此时，异想天开的拿破仑三世正在密谋集结意大利北部势力与奥地利展开军事较量。

1858 年 8 月 21 日。在维也纳附近的拉克森堡，弗朗茨·约瑟夫 28 岁生日的三天以后，他的妻子迎来了平生最大的一次生产阵痛。皇太后来到她的床前，在此之前，她已经在礼拜堂举行了圣体仪式。拉克森堡的臣民们都在祈祷，而炎热难耐的维也纳也在艰难喘息。晚上 10 时 15 分，茜茜生产了。她精疲力竭、面色苍白地问出了那个可怕的问题：“是男孩儿吗？”

弗朗茨·约瑟夫哭了。

“那么，还是一个女孩儿。”产妇呢喃着。

皇帝则含糊不清地回答道：“我们还不知道呢！”

他陷入了困惑和欣喜之中，竟然没意识到自己有了一个儿子！感谢上帝！帝国的皇冠有了继承者，而皇帝的宝座亦将有人承袭。他是奥地利的未来，随即被取名为鲁道夫。这是自 13 世纪鲁道夫一世奠定了哈布斯堡王朝的雄厚基础后，该家族第四次以该名为新成员命名。在维也纳，大炮发射了 101 次，唤醒了昏昏欲睡的人们。

终于有了一个儿子：鲁道夫

皇后很疲倦，但沉浸在隐秘的狂喜之中。情势逆转了！她在宫廷里的地位更加稳固，她的婆婆将会离她远远的。可是事与愿违，难对付的皇太后尽管也松了口气，但是决定亲自监督孙子的哺乳和成长。一个不负责任、任性妄为且有诸多荒唐、不切实际想法的母亲，已经不适合教育公主了，自然不能亲自抚育储君。两个女人之间的战争仍将继续，尤其是当茜茜有了一个“疯狂”想法的时候：她竟然试图自己哺乳鲁道夫！可是她的高烧一直没退，医生和乳母都反对。不得不再次出面调停的弗朗茨·约瑟夫非常恼火，他同意母亲的意见：茜茜无法做一个称职的母亲，至少眼下不行。她难道已经忘记了失去一个女儿的教训和悲剧了吗？诸多理由都促使人们从她身边将儿子夺走。皇太后和皇后谁也不肯妥协，加深了两人之间的鸿沟。无力、孤独、虚弱，而且被诊断为尚不能产奶，伊丽莎白迫不得已只好将儿子交给卡罗琳·德·韦尔登男爵夫人（人们称之为沃沃）抚育。但是，伊丽莎白永远不会原谅他人给予她的痛苦。她唯一的依靠，皇帝陛下，如今被新的困扰缠着无法脱身。奥地利作为专制帝国的坚固堡垒，正在遭受欧洲其他国家的威胁。1859 年 5 月 29 日，对抗法兰西的军事行动迫使弗朗茨·约瑟夫前往伦巴第前线。皇后泪流满面，她向皇帝的副官格伦内伯爵反复叮嘱道：“看好皇帝，他是我痛苦岁月的唯一慰藉。”

平生第一次，这对夫妻因为战争而分隔两地。皇后一直反对 19 世纪最后 25 年间的战争。茜茜非常同情孤儿和伤兵，于是她悄悄地在瑞士留下一笔救援基金帮助战争受害者。当战败的奥地利不得不退出伦巴第和威尼斯的时候，面对支持意大利爱国主义势力的茜茜，看透一切的皇帝对她坦诚道：“你害我失去了最美丽的城池。”

当她安慰他自由主义不见得一定导致革命的时候，他总是唤她作

“小天使”。当茜茜的两个哥哥来看望她的时候，他们非常担心她的转变。当然，她一如往常的美丽，但容易激动，会莫名紧张。在皇太后长期的指责之下，皇后只好沉浸在细腻沉静的思考之中，她在自己周围建立了一个诗歌与音乐的世界，一个她婆婆无法侵犯的世界。弗朗茨·约瑟夫非常喜爱自己妻子的年轻和幻想，但他希望她至少逐渐变得成熟一些。他们各自都需要安静，但只有在他们俩一起吃早餐的时候，才能享受片刻的宁静。单独在一起时，他们更多的是互相指责、抱怨以消磨这短暂的愉悦时光。

旅行成为抗抑郁良药

茜茜太年轻，太固执，以至于她无法对家庭生活做出妥协，于是她做出了沉重的决定：她将暂时远离宫廷。为了解释她的离开，她对外宣称患有肺结核，需要去有阳光的地方修养。1860 年的秋天，未来伟大的精神世界探索者西格蒙德·弗洛伊德才不过 6 岁，他在奥地利行省摩拉维亚出生。事实上，当时的茜茜正忍受着一种病痛袭扰，正如同好几位维特尔赫巴斯家族的成员一样。皇后难以自我满足，因为她渴望完美。身体的病痛或许可以治愈，可是心灵的疾病呢？

旅行改变了茜茜。她快乐，活泼，重新找回了自我，她可以愉快地沉浸在搭配衣服和安排旅游路线的忙碌中。她将去马德拉，那个遥远的葡萄牙热带花园，在那里，她将忘记战火硝烟以及无聊的宫廷舞会。

这样遥远而漫长的分离令弗朗茨·约瑟夫非常煎熬；马德拉在里斯本西南部1000千米以外的地方。她在大西洋海岸线的这座中转站居住，她知道自己不会像可疑的怪物一样被监视，被检查。她开始了周游世界的逃亡之旅。这将是永恒的。皇帝必须适应独自生活，他害怕妻子的每一次启程，同时为她的每一次归来而感到兴奋。他对她说道：“我希望你在远离我的地方过着开心的日子，却不希望你在我身边感到不开心。”

这是多么无私的情感啊。

可是在心灵流放了6个月之后，茜茜道出了内心的苦痛：“我好像总是希望走得更远，不要停下。每一艘航船启程的时候，我都希望它赶紧到达目的地。不管是怎样的行程，巴西，非洲……不管去到哪里，只是不要在一个地方停留太久。”皇后曾经被帝国的皇宫囚禁，她渴望逃离，可是她不稳定的情绪再次攫住了她。她说：“我是一只海鸥，从一座岛飞到另一座岛。”为了应付自己多变的情绪，她逐渐将自己的房间改造成方便长期旅行的驿站。为了让她在欧洲的任何角落都可以舒适地停留，皇帝妥协了，他命人建造了集车厢、床和沙龙为一体的旅行工具，可以与世界上任何火车连接，甚至是闻名遐迩的东方快车。童话造就了神话！可是皇后总是喜欢匿名旅行（虽然接下来很难瞒得住），任何官方机构和组织都不会事先知道她的到来，甚至无法确认她的人身安全。西班牙、爱尔兰和埃及吸引着她。在希腊，她来去如风，使得那里的民众在得知她经过之后，借用在伯罗奔尼撒半岛最先建造的铁路线这一典故，将她戏称为“火车头皇后”。在诺曼底，麦克-马洪元帅，年轻的第三共和国总统，试图向她致意，结果一直站在火车站台上的他非常失望：车厢的窗帘始终没有掀起来。

这些旅行有些时候也并不轻松。在马赛，伊丽莎白的女侍从很难在卡内比耶大道上跟上她，连法国的安全局警察也跟不上。一个行色匆匆的女人，总是在陌生的人群中寻求一丝放松。可如何才能不被发现呢？总有50多人追前跟后地拎着她的行装。她的面包师也得陪着她旅行，因为只有他才知道如何制作茜茜爱吃的小面包！电报和急件堆满了皇帝的办公桌，他绝望而担忧。但是他还能做什么呢？只有注视逃跑者的肖像思念她。由于她长期不在维也纳，于是出现了一个意外的景象：宫殿的房间全被皇后的油画、版画和照片占满了。宫廷里从来没人被这样的方式证明其存在！著名的欧洲宫廷画师温特哈尔特给我们留下了为人津津乐道的作品。其中一幅，皇后的发间戴满了钻石星星，她穿着平纹细布裙，当时流行裸露香肩；她手拿扇子，半转着身子，像是正在和一个人说话。最令人难忘的则是一幅正面肖像，她穿着睡衣（这曾经被当成丑闻！），她的长发披散开来。这幅画做工细致，每天早上都需花费近一个小时描绘。“这才是我的皇冠。”皇后说道。

此时，另外一个目的地越来越吸引她，那就是匈牙利。

逆袭：1867年成为匈牙利王后

这是皇后最大的荣耀。被嘲笑和刁难的伊丽莎白，竟然促成了长期反抗哈布斯堡的匈牙利人民与奥地利和解，结成政治同盟。随着布达和佩斯特这两个多瑙河沿岸的城市在1837年合成布达佩斯，伊丽莎白变成了伊莎贝特。她是匈牙利的辩护人、朋友以及忠实的拥护者，在奥匈帝国（1867—1918年）二元制政权的诞生中扮演了重要角色。为了使谈判顺利进行，弗朗茨·约瑟夫的妻子使出了王牌：皇后会讲异常难学的匈牙利语，这给热情奔放的谈判者留下真诚的印象。她可以不通过翻译自由地表达自己的想法，并毫无困难地理解他人的意见，而她丈夫的外交使臣们却在谈判时陷入困境，显得易怒和自命不凡，带有强烈的民族主义情绪。很明显，捍卫匈牙利也是与皇太后索菲对抗的绝妙机会。茜茜还使冲突加剧，因为她为自己选了新的女伴读，伊达·弗朗西，匈牙利人，她将成为皇后的密友；还有新的近身女侍从官艾尔玛·斯塔蕾伯爵夫人。皇后令人吃惊地身着匈牙利民族服装，彩色的夹袄和代表高贵地位的绣有金线的头饰。她在匈牙利长居，一年里有265天都在匈牙利，这令奥地利各界议论纷纷。她不管这些流言蜚语，说服弗朗茨·约瑟夫接受"和解"。茜茜作为领袖的超凡魅力带来了所有势力的联合，甚至连匈牙利最顽强的反对派都臣服于其裙下。1867年6月8日，她身穿由英国设计师、巴黎高级时装设计先驱沃思为她量身订制的银制锦缎礼裙出现在圣马蒂亚斯教堂的王冠加冕礼上，站在自己的丈夫"国王弗朗茨·约瑟夫"身边，这无疑标志着一场精彩的翻身仗。而李斯特，指挥着大管风琴演奏由他创作的《加冕弥撒》。王后此时30岁，容光焕发。她为寄居的国家带来了解放，也同样为奥地利带来了欧洲各国的和解，与此同时，她也获得了自身的解放。为了表达感激之情，首相安德拉西赠予新王后一座巴洛克风格的城堡格德勒，位于首都东北部30千米的地方。这是以匈牙利人民的名义送出的礼物。她常在那里居住，还在那里建了个驯马场，她时常骑马，喜欢人们在花园中为她表演的查尔达什舞。而王室在这里迎来了茜茜的最后一个女儿，玛丽 - 瓦莱丽，她在布达山冈上的玛丽亚 · 特蕾西娅宫殿出生。

皇帝则身着骑兵服装追赶猎物，逐渐投身匈牙利式生活。这是茜茜的又一次胜利，因为就连维也纳的高级官员们都无法实现中欧强国联盟，这一联盟象征着奥地利的强国地位和融洽繁盛的景象。

厄运连番降临在她的亲人身上

好不容易找回的和谐安宁并不长久。一系列家庭悲剧使皇后备受打击。我们可以将其归结为三个事件。1886 年 6 月 13 日，她的表弟，巴伐利亚的国王路德维希二世的尸体在施塔恩贝格湖畔被打捞上来。从儿时的旅行到欧洲帝王首脑间的温泉聚会，他们一直都很亲密。两人都非常厌恶俗规，热爱自然和艺术，对孤独有着同样的执念。在他的尸体被发现以前，他已经被自己的政府判定并宣布为神经错乱。热爱幻想的路德维希二世一直很着迷自己美丽的表亲。皇后本来非常怨恨他突然解除与妹妹索菲间的订婚，但年轻的公爵夫人不过是帝王扭曲意志的缓和剂而已。他将自己的注意力转移至建造波旁王朝风格的幻想式城堡[1]中去了，以致敬曾经的骑士时代和波旁王朝的君主专制。

① 即非常著名的天鹅堡。——译者注

茜茜是他稀有的访客之一。当丧失权力的国王被软禁在他的城堡中时，伊丽莎白就在湖的另一面居住。她是否曾经试图去救助他呢？帮助他逃走？这一直是一个谜。路德维希二世是被谋杀的？至今，巴伐利亚的人们仍在讨论，他的死亡之谜成为游客们津津乐道的历史轶事之一。在他的葬礼上，茜茜曾手捧茉莉前去祭奠。

更加悲剧性的事件是茜茜唯一的儿子、奥地利继承人鲁道夫大公的死亡，他的死也为欧洲形势带来了无法预测的变局。1889 年 1 月 30 日，他被发现死于维也纳森林中的梅耶林行猎别墅中。官方认定他先杀死自己年轻的情人玛丽·费采拉之后再自杀；他俩无法结婚，因为鲁道夫已经与比利时的公主结婚；鲁道夫与他的母亲一样一直为死亡所惑。鲁道夫的死亡是个谜也是一桩丑闻，这一切深深地折磨着皇后。在各式各样的猜测传闻蔓延开来的时候，皇后自己是否知晓事实真相呢？她肩负着沉痛的使命告知皇帝陛下，并不断重复着：“当上帝降怒的时候，他竟如此无情。”在葬礼之后，茜茜悄悄地，彻夜待在教堂地下室里，守在她儿子的灵柩旁。她凄惨地叫唤着他的名字，她的凄切让修女们都害怕。在此之后，她一直身着黑衣，如同悲剧中的哑角[①]。

1897 年 5 月 4 日，索菲，茜茜最小的妹妹，路德维希二世曾经的未婚妻，死于巴黎慈善集市的一场大火之中。她当时已是阿郎松公爵的妻子，面对火情她表现得异常英勇，为了救其他女孩，她牺牲自己并大声喊道：“其他人先走！我最后离开……”

① 参看同一作者著《鲁道夫和梅耶林之谜》，佩兰出版社，2004 年版；2007 年与 2012 再版。

茜茜在第二天闻知噩耗，当时她在埃梅斯行宫中，这是皇帝为了让她免于旅行中的惊悸而修建的。

皇后被失去亲人的伤痛折磨得精疲力竭，她蒙着双眼，呢喃道："诅咒什么时候才能停止……"

这不过是她自身苦难的前奏而已。如今，她知道，死亡正在向她走来。她向自己的女儿玛丽 - 瓦莱丽宣称：

"这一切终有一天会结束……永恒的休憩才是解脱。"

神话的诞生：茜茜之死，世界之痛

维也纳，美泉宫，1898 年 9 月 10 日，接近下午时分。皇帝给他远方的妻子写信。以平常的习惯，才开头的几行字都用匈牙利语，因为他知道这会使她高兴："我温柔的爱人。"他说非常高兴得知远行的爱人最近的消息，一直希望与她重聚。他最后几行字是这样写的："我将你托付给上帝，我亲爱的天使，我全身心地拥抱你。我亲爱的。"被封印之后，信件随即通过特殊渠道发出。可是茜茜永远都无法看见这封信了。4 点 30 分，帕尔伯爵，皇帝的首席副官到达了霍夫堡。他面色苍白，心绪不宁，希望立即被皇帝召见，因有紧急事件。他手拿从日内瓦发出的急件，内容十分简略："皇后伤势严重。请小心谨慎告知皇帝陛下。"这是怎么了？沉浸在公务中的弗朗茨 · 约瑟夫抬起头，看着平日相当冷静的帕尔伯爵惊慌失措，非常诧异："发生什么事了，我亲爱的帕尔？"

“陛下……皇后今晚不能启程。我刚刚收到一个极坏的消息……”

皇帝突然跳了起来喊道：“从日内瓦来的？”

他从副官手中夺过电报，踉踉跄跄倒退了几步，随后恢复神智：“应该还有其他消息！发电报！打电话！我必须知道更多情况！”

这时，副官以立正姿势，拿出了第二封电文。弗朗茨·约瑟夫从上面读到了致命的消息：“皇后刚刚薨逝了。”

可怜的男人被恐惧震得愣住了，他一动不动，随后瘫软在椅子上。他将额头深埋在自己的手里。他哭了。他以平淡的声调，仿佛自言自语般，在抽泣中说道：“我无法在这个世界得到宽恕……”

日内瓦，她遇刺的地方，响起大炮，随后整个瑞士联邦都遭到打击。流言四起：“为什么茜茜没有一支警察卫队支援？”因为她希望“像普通人一样行事”。整个帝国处于巨大创伤之中，匈牙利和意大利的民众也陷入悲痛不能自拔。茜茜的葬礼上，50 多个国家元首及王储出席，气氛凝重而庄严。茜茜传奇般的生命以令人意想不到的方式戛然而止，她神秘的一生伴随了不少不负责任的议论和嫉妒，但她依然美丽灿烂，独立坚强。刺杀凶徒卢伊吉·卢切尼，随性动了杀机，他比茜茜有勇气，他的轻率正是茜茜所缺少的对抗死亡的勇气。他被审讯并被判决为公权侵犯者——这种罪名对无政府主义者来说是一种耻辱，1910 年卢切尼在监狱上吊自杀。

直到 1916 年去世以前，弗朗茨·约瑟夫都时不时地站在不幸过世的妻子的肖像前喃喃自语：“没有人知道我是多么爱她。”

茜茜从未停止引起人们的幻想、烦恼、惊讶和好奇。电影、精神分析、旅游、历史以及大众的好奇心使得这个难忘的女性形象重获尊重。1982 年 11 月 10 日，我受到了齐塔皇后的接见，她在 1916 年成为茜茜的继任者，即匈牙利王后，那时距离日内瓦的悲剧已经 28 年了。这位奥匈帝国最后一位统治者的妻子这样评价茜茜：

“她总是被过度批判，即使她有理，人们也会认为她有错。”

Zita de Habsbourg-Lorraine

奥匈帝国末代皇后：齐塔

尽职尽责的典范

Souveraine du devoir

1982年11月10日，瓦尔德施泰因城堡，施蒂利亚，奥地利南部。摄影师弗朗索瓦·盖内与我作为《费加罗报》的特约记者，被领进一间小客厅。在那里我们见到了1918年之前的古老奥匈帝国的象征和见证人。这是个身材娇小的女人，目光矍铄，身着黑服，她仍在为1914年6月28日发生萨拉热窝刺杀事件的欧洲服丧，这场谋杀引起了欧洲4年混战，最终以1919年的《凡尔赛和约》宣告结束。S.M.齐塔，奥匈帝国最后的皇后，自1922年起便做了寡妇。她坐在我们面前，两根拐杖就放在她触手可及的地方。这场会面注定令人难以忘怀。

一方面，虽然有人知道她过去的身份，但很少有人相信她还活着。几十年来，她避世、祈祷，但她关心时事，通过阅读各类报纸和亲友的书函获取信息。如果按常理推算，她曾经生活的那个时代一直延续至19世纪末期，随后消亡，这位已有90高龄的女性正是那个时代的最后幸存者，她是欧洲最后的皇后，匈牙利的末代王后——有一点我们通常会忽略——她也是传奇茜茜的继任者。另一方面，齐塔之前从未接受过法国记者的采访。那么，她为什么在经历了这么多年的悲苦和考验之后，终于选择打破沉默呢？因为她刚刚返回共和制的奥地利，而且她知道在这片土地上，哈布斯堡的烙印永远无法被磨灭，它是历史基石的一部分。在流亡了63年之后，齐塔离开了她居住的瑞士修道院，在总理布鲁诺·克赖斯基的帮助下，得以跨越奥地利的国境线。布鲁诺是一位社会党人，他的祖父曾经是弗朗茨·约瑟夫皇帝的一位官员。齐塔坐在一辆由她的女儿伊丽莎白驾驶的宽敞的蓝色德国大众汽车里，向行立正姿态的海关官员出示了在西班牙国王胡安·卡洛斯干预下签发的外交护照。63年以前，皇后开始了逃亡之旅。48小时之后，齐塔正式回到维也纳的怀抱，人们夹道欢迎。齐塔还在圣艾蒂安大教堂出席了为她举行的弥撒仪式，她是被上帝祝福的。教堂的钟声响起，兴高采烈的人们纷纷涌上街头，挥舞着帝国时期的国旗，甚至有旧帝国的狂热崇拜者身着帝国官员制服站立在教堂广场上，口中高唱着旧帝国国歌。一群年轻人举着哈布斯堡时期的武器，上面悬挂着帝国时期的衬衫、外套和大衣，他们围着前皇后的座驾不肯离去，这一切仿佛回到了旧日她乘坐四轮马车四处巡视的场景。一小组维安警察在人群中开出一条路，确保年老的女士不会因爱戴她的民众过度的热情而跌倒。一位1920年出生的男子如是说：“几乎所有维也纳人仿佛都回到了灾难发生前的那个辉煌时代。”

齐塔记忆力惊人，她态度谦和地回答着我的各式问题。她给予的答案或许将引起不少反哈布斯堡人士的议论之声，这些人已经为她伟大的回归而惊讶错愕了。她微笑着，非常配合地为拍摄摆姿势。她的归来精彩壮观，宣泄着热烈的情绪，但绝没有铺张奢华。她曾经度过一段非常艰难的时期，她从未鼓吹过复仇，她只是希望回到她母亲与她女儿的安眠之地。

这位娇小女士的命运究竟如何呢？她曾经长时间被遗忘，如今突然出现，是否像古老欧洲的幽灵呢？1980 年，她还是被奥地利最高行政法院判为“非法”流亡的皇后及王后，历经了多年的诉讼、轻视和人身限制。齐塔如今的回归，曾是一个不可预测且难以想象的事件[①]。

路易十四的后裔，欧洲旧时代的终结

她 1892 年 5 月 9 日出生在意大利的皮阿诺雷别墅，靠近维亚雷焦，这座城市一度以狂欢节闻名。她是波旁 - 帕尔马家族罗伯特与第二任妻子所生的女儿，排行 17，也是她母亲的第 5 个孩子。罗伯特是帕尔马的最后一个统治者，1860 年被萨伏依家族剥夺了封地，后者最终统治了意大利王国。虽然有 10 个连缀名字，不过只有齐塔这个称呼为人熟知。“圣女齐塔”是“13 世纪的女仆，佣人的主保，谦卑的典范，门徒的榜样”[②]。这一历史悠久的家族中流淌着多种贵族血液，家族成员一般都掌握 6 种语言：意大利语作为日常用语，法语、葡萄牙语和西班牙语则是家族遗传，还有德语及英语。齐塔的法语和德语讲得极好。

---

① 维也纳霍夫堡宫殿提供给游客的官方小册子里写着这样一段文字：“齐塔一直在流亡中，在她生命的最后几年一直生活在瑞士。她直到死方能回到奥地利。”非常荒谬且无知！一个无法原谅的错误信息！请参见英格里德·哈斯林德和卡特琳·安德莱娜为霍夫堡博物馆（Musée de la Hofburg）撰写的小册子，2002 年版，第 19 页。

② 让·塞维利亚著《勇敢的女王》，佩兰出版社，1997 年版。

公主的童年与青少年时期的境况对她一生的命运影响甚深，也造就了她的性格。一方面，贵族世袭正在崩塌，齐塔从很小的时候便很难过地意识到自己不过是个过客，她习惯避世，与世无争。我们无法知晓她的父亲究竟是法国王子还是西班牙或意大利的王子，总之他从未成为被调查和刺杀的目标。只要有王子的头衔就足够让他心满意足了。另一方面，她非常固执而且会不由自主地思考一些问题。她从来不会忘记那些贫穷和需要帮助的人，甚至在自己身处窘境的时候也不忘这一点。她同样将这种慷慨热心倾注在自己的亲人身上，因为她同父异母的兄弟姐妹中有 6 个都患有残疾。然而这样的束缚并没有影响齐塔快乐幸福的童年："我们的爸爸有 24 个孩子。我们是快乐而又喧闹的一群人。"[①]

她的大家族大都在两个地方定居：一个是施沃兹城堡，在维也纳南部；还有一个是皮阿诺雷别墅，在托斯卡纳。在施沃兹，当时还很年轻的齐塔第一次遇见了同样年轻的奥地利卡尔大公。他们是邻居，卡尔的父亲奥托大公也是皇储弗朗茨·斐迪南大公的弟弟，生活放荡，就住在隔壁的沃特洛兹别墅。在青少年时期，卡尔对齐塔"另眼相看"，因为家族惯例，他们每年夏天都会在波希米亚碰面。1909 年开始，他便全身心地爱着齐塔，不过一直等到 1911 年 1 月 16 日的宫廷舞会，齐塔正式进入社交圈的时候，他才求婚。她当时 19 岁。略显腼腆的大公遇到了敌手，当时的马德里公爵也在对齐塔献殷勤；大公只好宣

① 埃里克·费基尔著《哈布斯堡的齐塔：一个逝去女王的回忆》，弗朗索瓦·费托为其作序，标准出版社，1991 年版。

称，他的求婚早已得到他的伯祖父，弗朗茨 · 约瑟夫皇帝的同意。

帝国皇帝此时已经 81 岁了，他失去茜茜已经 13 年，他非常看好此次联姻，因为弗朗茨·斐迪南不遵从他的意愿，迎娶了捷克的苏菲·霍泰克女公爵。两人并不门当户对，是贵族与平民的联姻，导致他们的 3 个孩子都没有继承皇位的权力。根据继承顺序，斐迪南的继承者将是他的侄子卡尔，因为卡尔的父亲——好动和爱寻衅的奥托大公，恰巧在 1906 年去世。订婚仪式于 1911 年的 6 月 13 日在皮阿诺雷举行。齐塔依照传统，将她的订婚戒指放在了口袋里而非戴在手指上。婚礼于 1911 年 10 月 21 日在施沃兹举行，根据当时在场的埃里克 · 费基尔描述，这场婚礼堪称“欧洲最后一场盛大婚礼”。在婚礼前几天，热衷于航空事业的卡尔带着他的未婚妻参加了维也纳新城——位于下奥地利州的重要工业中心的会议。在被一群热烈欢呼、激动不已的人们围绕之时，卡尔和齐塔有了第一次不和。年轻的未来夫君被这些欢呼声搞得有些飘飘然，齐塔试图使他恢复理智，并提醒他专制政权的脆弱性。她同他讲述自己的家族在帕尔马的下台，他们就是当年被意大利驱逐的奥地利 - 托斯卡纳和奥地利 - 埃斯特家族，还有她母亲原来的家族布拉干萨，也被迫离开葡萄牙。齐塔非常担心当老国王去世以后奥匈帝国的走向。对于卡尔来说，未婚妻不过在向他讲述生活是多么脆弱，权力多么容易消失。他却回答说他理解她的忧虑，但他不同意她的看法，他认为奥地利绝不会重蹈覆辙，同时希望她不要再谈论这个话题。可是在 8 年后，1919 年的 3 月 24 日，他却向她旧事重提，那时他们已经跨越了奥地利边境，开始了流亡之路。在这一悲怆时刻，前帝国皇帝向他的妻子坦诚道：“你当时说得有道理……”

1914 年 3 月，弗朗茨 · 斐迪南不祥的预感

我们如今可以从一些相片和影片中观赏婚礼的盛况，弗朗茨 · 约瑟夫幸福地站在一群穿着浅色裙子的美丽女子中间，她们个个身着绫罗绸缎，珠光宝气，他非常高兴。那天天气出奇的好，年轻的夫妻也是幸福洋溢，尤其是齐塔，她的眼角满含笑意，眼睛在钻石王冠下显得格外闪耀，这个王冠是皇帝送给曾侄媳的礼物。他们的蜜月旅行横跨了整个欧洲。他们先到达了戈里齐亚[①]，当时在奥地利境内，如今在斯洛文尼亚，波旁王朝的查理十世还有尚博尔伯爵都长眠于此，他们拒绝三色旗的举动反而更加促进了共和国的成立。另外还有的里雅斯特和米拉玛赫城堡，令人想起墨西哥昙花一现、命运多舛的统治者夏洛特和马克西米利安。在经过亚得里亚海域时，年轻的新婚夫妇来到了壮观的科拉尔港口，这一位于南方的峡湾是黑山的珍宝。在重返匈牙利和维也纳的路程中，他们到达了萨拉热窝，波黑的首都，它在 1878 年被维也纳占领，并在 1908 年正式成为奥地利的一部分。卡尔和齐塔在这里受到了热烈的欢迎。俾斯麦则将萨拉热窝称作“巴尔干的火药库”，在这里游玩是否真的那么令人愉悦呢?

他们婚姻的最后几年似乎没有什么可以记述的，不过他们是一对非常幸福的父母。奥托在 1912 年 11 月出生，接着是阿德莱德，她在 1914 年 1 月出生。夫妻二人和弗朗茨 · 约瑟夫的继承人弗朗茨 · 斐迪

① “goritz”是法语和英语拼法。在德语里则写作“görz”，意大利语里写作“gorizia”，斯洛文尼亚语里写作“gorica”。

南还有他的妻子（后被封为霍恩贝格女公爵）关系融洽。卡尔和他的伯父有相同的远见，他们都希望在帝国内实施改革，尤其是行政方面，当然也包括军事方面。

1914 年春天的一个晚上，卡尔和齐塔如往常一样被邀请到美景宫用晚餐，那里是弗朗茨·斐迪南和其家人居住的宫殿。大家坐在一起，气氛相当亲密融洽，皇储大公的 3 个孩子和大人们坐在一起。不过，大公本人似乎心情很糟。当大公夫人起身离开，安排 13 岁的索菲、12 岁的马克西米利安还有 10 岁的恩斯特上床睡觉的时候，他突然向卡尔和齐塔宣称："我有预感，我即将被刺杀！"

侄子和侄媳妇对此无能为力。弗朗茨·斐迪南仿佛声明他将死于一场刺杀。他还告知卡尔有一些文件被他锁在了抽屉里。这些文件是为卡尔准备的，或许将来会派上用场。与自己的侄子和侄媳妇告别的时候，他说他非常高兴为自己修建的阿尔斯特坦陵寝快要完工了，它坐落在多瑙河岸边。由于他的妻子并非帝国统治阶层的一员，所以她没有资格被葬入皇家修道院陵寝；但斐迪南即使在死后都不愿与妻子分开，于是他也拒绝被葬入皇家陵寝。那一晚，卡尔和齐塔走出美景宫的时候心悸不已。弗朗茨·斐迪南在被多么恐怖的预感困扰着啊！还不到 3 个月，那天艳阳高照，他们在施沃兹后花园用早餐，一封电报告知他们弗朗茨·斐迪南大公和他的妻子刚刚在萨拉热窝被刺杀。那天是 1914 年 6 月 28 日。当时人们无法预料塞尔维亚的无政府主义者普林西普发出的这几声枪响会是世界大战的导火线。相反地，人们只意识到卡尔和齐塔成为帝国新的大公人选。弗朗茨·约瑟夫拒绝承认他的存在是继承人大公被刺杀的主因。齐塔回忆起刺杀之后那几天难熬的日子："萨拉热窝悲剧之后的好几个星期，我们都在惊慌失措中度过。我们等待着反复磋商的复杂过程，我们被卷入了诡谲难料的政治漩涡。卡尔以前从未这样被牵扯进去。"有多种原因可以解释为何会出现这样的继承权争夺。皇帝认为他的侄孙太过年轻，太没有经验，还没准备好进入复杂肮脏的政治场。齐塔则比较乐观，她认为为了保护她的丈夫，在必要的情况下，甚至可以发动战争。对于她来说，卡尔有如"一张白纸"，他不用为冲突负任何责任，相反他可以在其中占据优势。但这一切都是幻想。弗朗茨·约瑟夫的继承人不可能在未来的世界大战和混乱的欧洲政局中幸免于难。

7月28日，在巴德伊舍，皇帝在办公桌前签署了奥地利-匈牙利动员令。欧洲开启战争模式，而且大多数人认为战争不会持续很久。这又是一个幻想，由于欧洲各国结成不同的政治同盟，导致冲突不可能仅限在巴尔干半岛，到处都在宣战。卡尔和齐塔住在美泉宫，他们肩负着皇帝交代的一项重要使命。8月2日，下午两点半，卡尔和齐塔在布达佩斯东站（布达佩斯当时共有3个车站）坐上了为他们准备的专列。即使帝国皇帝目前可以掌控奥地利的各个政治势力，但他仍然需加强哈布斯堡与匈牙利的联盟，因此他派遣新的继承人及其妻子前去斡旋。与半个多世纪前茜茜到访马扎尔时的空前盛况相比，齐塔在布达佩斯的出现激起的反响还是相当令人满意的。齐塔戴着手套向民众挥手致意，人们激动万分，喊道："齐塔万岁！"这种狂喜来源于匈牙利人民内心深处对塞尔维亚的仇恨（当然这种仇恨是相互的）。这一次，奥地利为了匈牙利的民族主义而战。

1916年成为匈牙利王后

年轻的大公夫人的处境并不乐观。因为，齐塔出身于波旁-帕尔马家族，她是法国人，同时也是意大利人。1914年夏天意大利的立场还是中立的，而在8月3日，法国向德国宣战，与奥匈帝国成对立姿态。齐塔的两个哥哥做出了选择：勒内和菲利克斯将为奥地利而战，在意大利王国成立以后，他们就将奥地利作为自己的祖国了。可是她的另外两个哥哥西斯特和泽维尔却选择为法国人而战，可惜1889年的流亡法案不允许他们这么做；他们需要等到1915年的8月才能加入比利时军队。卡尔离家前往加利西亚（属波兰，当时被奥地利占领），齐塔则留在维也纳，照顾贫苦的人们，这些人中有平民，也有军人。1915年5月8日，她生下了自己的第3个孩子，罗伯特。1916年5月31日，她又生下了一个男孩儿，菲利克斯。在此期间，卡尔尝试着适应前线生活，他巡视军队，开始处理国内及外交上的各项事务。弗朗茨·约瑟夫经常咨询他的意见。在战前，卡尔曾经遭到排挤，如今他则被皇帝认定为继承人。1916年11月11日，皇帝得了肺炎，情况堪忧，卡尔立即从特兰西瓦尼亚前线赶回来，同齐塔一起探望皇帝。十天以后，在位68年的年迈的帝国皇帝在美泉宫——他1830年降生的寝宫驾崩。11月30日，在维也纳，白雪皑皑，天寒地冻，整个帝国陷入悲痛之中，人们遵循哈布斯堡惯例举行了隆重的葬礼，葬礼全程被摄影机记录了下来。卡尔步行跟随在送灵队伍之后，齐塔则一身黑衣，戴着黑色面纱，陪在丈夫身边。在他们中间，是可爱的金发奥托，小小的帝国继承人，4岁，一身白衣，扎着黑色领带。在公众注视下的这三个人象征着多民族化的奥匈帝国的现状和未来，承载着大家美好的期望，可惜，最终这一切都将因军事上的失败而被吞噬。

一个月以后，为了巩固奥匈帝制，卡尔和齐塔顺理成章地在布达佩斯分别加冕为匈牙利国王和王后。加冕仪式甚至有些梦幻色彩：在第一次世界大战期间，沉重的豪华四轮马车，从美泉宫珍宝库中起出，被安置在驳船上经由多瑙河而下，一直被运送到匈牙利的首都，上岸后，四轮马车则由八匹白色骏马牵引。所有的王室传统礼仪均被一丝不苟地遵守。齐塔，就如茜茜在 1867 年那样，将金线系在手腕上，匈牙利第一统治者的加冕华服上还披着一块绸缎。一切仿佛回到 11 世纪开始推行天主教的匈牙利，齐塔笃信天主教，因此她激动万分。12 月 30 日，在圣马蒂亚斯教堂，布达的山冈之上，匈牙利的卡洛伊四世接受了闪耀的王冠，顶端镶有倾斜的金色十字架，而齐塔则特意命人给自己梳了与茜茜当年加冕时一样的发式。

促使自己的两个兄弟提出和平协议

弗朗茨·约瑟夫与茜茜的加冕曾经是和平与未来的象征，而卡尔和齐塔的加冕则无法停止无止境的、毁灭性的世界大战。卡尔国王兼皇帝，无法承受他的士兵不断牺牲，也无法忍受他的民众因饥饿而死亡，必须尽快终结战争，并希望尽早弥补损失。齐塔完全同意丈夫的计划，人们无法知道究竟是哪一个先有了停战的想法。自从意大利在 1915 年宣布加入协约国参战，齐塔在家族中的处境变得愈加尴尬。

她的身上流淌着法兰西与意大利的血液。但对于她个人来说，她通过婚姻成为奥地利人，她全身心地为丈夫付出。卡尔立志在奥地利实施改革，这个古老的帝国在弗朗茨·约瑟夫长期统治下已经有些僵化。他提出设立卫生和社会事务部，这一提议在1917年11月24日付诸实施，该部门开启了医疗保险机制，并完善了地方保护，他还制定条款完善宪法，意图使奥匈帝国成为联邦国，这也是弗朗茨·斐迪南的愿望。但前提还是和平。齐塔与他一同努力，他们可以拯救数万条生命。皇后兼王后想到了她的两个兄弟，西斯特以及泽维尔王子，他们是比利时的军官，与法国政权关系相当紧密，尤其与共和国总统雷蒙·普恩加莱关系不错。他们可以成为与法国谈判的中间人。1917年3月23日，波旁-帕尔马家族的西斯特和泽维尔秘密地来到靠近维也纳的拉克森堡。谈判在意大利领土议题上受挫，在巴黎，内阁总理亚历山大·理伯向参议院泄露了这些幕后谈判交易。这一私下谈判激怒了柏林。卡尔和齐塔，真诚的和平主义者，被认为是德意志-奥地利联盟的背叛者。作家阿纳托尔·法朗士，他很难说得上是一个专制主义拥护者，却也这样写道："理伯是个老无赖，他才不会错过这样一个机会。"

于是，战争继续，和平运动和反抗运动都将赌注压在了战争的输赢上。在法国，克莱蒙梭在1917年11月17日出席了议会会议，动员整个国家为唯一的目标奋斗，那就是胜利，坚决排除任何可以停息战争的提议。他希望帝国间的联盟分崩瓦解。由于意识形态上的仇恨，他严厉抨击一个"与波旁王朝联姻的哈布斯堡政权"。绰号"老虎"的克莱蒙梭拒绝与笃信专制的人为伍。1918年3月3日，奥匈帝国在由苏俄提出的《布列斯特 - 立托夫斯克和约》上签字。一个星期后，齐塔生下了她的第 5 个孩子，卡尔 - 路易大公。

虽然儿子还在哺乳期，但是这并不能阻止齐塔陪伴她的丈夫赴君士坦丁堡对盟国奥斯曼帝国进行国事访问。“在这一艰难时期，”齐塔描述道，“我们在君士坦丁堡的访问意味着对和平的支持以及对联盟的肯定。”在帝国动乱中，苏丹面临着相同的困境，可能比弗朗茨·约瑟夫的继承人要应付的情况还要严峻许多。齐塔和她的丈夫是否会想起土耳其人曾经两次在维也纳大门口被击败呢？帝国皇帝身着匈牙利将军服饰，试图安慰穆罕默德五世，后者深深为如今的困局忧虑不安。这一次外交访问变成了令人咋舌且无用的奢华盛会。“迎宾晚会在多勒玛巴赫切皇宫举行。偌大的皇宫大厅坐落在海边，灯火辉煌，金银器皿闪耀光辉，与会者身着古老传统服装，或是奇装异服，人们仿佛见证了伟大而不可思议的《一千零一夜》重现人间。帝国皇后头戴巨大的钻石皇冠，成了伊斯坦布尔（旧称君士坦丁堡）人们长久讨论的话题。年轻而有魄力的皇帝还有美丽的皇后与众人齐聚一堂，晚会上的魔术表演精彩不断……这个夜晚令所有参与者难忘。”[①]可是，一切都太迟了。博斯普鲁斯的玫瑰很快便因为帝国军队的节节败退而枯萎了。

① 出自埃里克·费基尔，同前。

1918 年，愤怒的齐塔反对她的丈夫退位

在秋天，欧洲轴心国的命运已经掌握在了被协约国支持的民族主义者手中。10 月 29 日，波希米亚行省和摩拉维亚地区宣布独立并成立捷克斯洛伐克共和国，而南部的斯拉夫地区脱离奥匈帝国的统治，也成立了新的王国。10 月 1 日，共和国支持者掌控了匈牙利政权，并于 11 月 16 日正式宣布新政府成立。11 月 3 日，奥匈帝国签订停战协议。11 月 11 日的早晨，在美泉宫的小客厅里，厌倦了战争的皇帝在经历了长时间的挣扎之后，终于让步了。他从口袋里拿出笔来，在首相及内政部长递交的文件上签字，两人此时正在隔壁的客厅里焦急地等待着。哈布斯堡 - 洛林的卡尔宣布，暂时放弃作为奥地利卡尔一世皇帝的权力。齐塔非常愤怒。64 年以后，齐塔依然斩钉截铁地对我说："我当时宁愿去死也不希望看见自己的丈夫退位。他曾经不停地祈求停止战争，而他承担了失败后的一切责任。多么不公平啊！"皇后的指责有理。不管怎样，退位的表面文章还是要做。卡尔认为他起码还保留了对匈牙利的统治权，他还是国王卡洛伊四世。卡尔精心安排的计划能否使他们在这场剥夺政权的斗争中幸存呢？齐塔认为是的，她的丈夫也这么想。

皇家夫妻俩放弃了已经荒废了的美泉宫，转而在埃卡次奥城堡居住，它坐落在拿破仑曾经的战场埃斯灵和瓦格拉姆附近。这是一个规模很小的行猎别墅。那儿非常冷，食物短缺。流放已然以一种放弃居住权的姿态开始了。一个由伦敦派来的不列颠传教士告知卡尔和齐塔，他们在那里已经很不安全了，并建议他们尽快离开奥地利。刺杀前沙

皇尼古拉二世及其家人的事件可能会刺激革命者。1919 年 3 月 23 日，曾经的统治者和他们的 5 个孩子——齐塔又再次怀孕了——登上了前往瑞士的火车。2000 名支持者，其中大部分是农民和过去的士兵，站在科普夫斯特丹火车站的月台上为他们送行。他们最后一次听着向他们致敬的帝国国歌。第二天，3 月 24 日的黎明，作家兼传记作家的斯蒂芬·茨威格是这次流放征程的见证人，在奥地利—瑞士的边境线上，他这样写道："我透过车厢的玻璃注视到卡尔皇帝伟岸的身躯，他是哈布斯堡最后的统治者，还有一身黑衣的皇后齐塔。我震颤了：奥地利的最后一个皇帝，统治了这个国家 700 多年的王朝的继承人将离开他的祖国！皇帝！这个词象征着权势、财富，他曾经是奥地利永恒的象征，自孩童时代起，我们便学会以崇拜式的语气喊出这个词。可是现在，我竟看见王朝的继位者，奥地利最后一位皇帝，仓皇地逃离他的祖国。周围在场的所有人都感到历史的震颤，这悲剧性一幕的背后包含了历史的全部。"

一开始，一家人住在齐塔母亲家里，即帕尔马公爵夫人的瓦特格城堡中，城堡坐落在康斯坦茨湖边。这里已经挤满了波旁 - 帕尔马家族的亲属。15 天以后，被流放者在普朗沙定居，这里靠近雷芒湖，它是波拿巴家族的产业。

齐塔永远无法原谅协约国对他们的所作所为，她至今都没有息怒："我丈夫是唯一一个在卷进战争之后——尽管他并不乐意被卷进去——立马提出结束战争的统治者。"卡尔在战争乱局中继承皇位并统治国家两年，他深知帝国的脆弱，因为这个帝国由 15 个民族组成，存在 5 个宗教信仰，还有少数可疑的暴乱分子。可是协约国装聋作哑，从未停止用“落后的和平主义”和“盲目的宗教崇拜主义”来贬损他。

前皇帝受一些野心家的错误建议影响，在 1921 年 3 月末企图在匈牙利夺权。齐塔，刚刚生下了第 7 个孩子——夏洛特，因此没有陪伴在他身边。夺权行动尽管经过周密计划，但很快便彻底失败了：在布达佩斯，由海军上将霍尔蒂摄政，他是弗朗茨 · 约瑟夫曾经的副官，是哈布斯堡王朝的变节者，拒绝交出政权。另一次夺权行动在 10 月份进行，这次齐塔陪伴在丈夫身边。夫妻二人乘飞机抵达，海军上将霍尔蒂采取军事抵抗。前帝国统治者不愿意发生内战，因此退却了。卡尔和他的妻子成为阶下囚。齐塔认识到他们的行动实在太天真了。他们寄予希望的匈牙利在 1920 年 6 月 4 日签署了《特里亚农条约》以后便已经分崩离析了，领土范围缩小了三分之二，人口从 2100 万缩减到 800 万，而剩下的城邦则在凡尔赛会议上被瓜分了。新的失败对于卡尔和齐塔来说相当致命。11 月 11 日，一个维也纳政治家这样评论道：“奥地利如今成了一个没有共和分子的共和国。”而帝国的继承者们则不得不苦涩地承认一个事实：匈牙利，他们最后的希望，如今已经变成了一个没有国王的国家，被一个没有舰队的海军将领统治着。那里已经没有他们的位置了。

犹如耶稣受难般的马德拉流放

协约国决定了卡尔和齐塔的命运：1921 年 11 月 7 日，他们被交给英国处置。他们乘着皇家海军的船沿多瑙河而下，之后乘火车直至黑海，之后登上了英国巡洋舰“加的夫”。在伊斯坦布尔，他们通过电报终于得知了孩子们的下落，夫妻俩与他们失去联络已经18天了。两人仍然不知他们最终将要去哪里。直到直布罗陀，被废黜的前统治者才知道终点是马德拉岛。卡尔和齐塔于1921年11月19日登上该岛。维多利亚别墅作为著名的雷兹大旅馆的附属产业，如今归一个葡萄牙银行家所有，被提供给夫妇俩居住。一个星期以后，两人得知他们年幼的、仅6岁的罗伯特大公，需要接受阑尾炎手术，他一直在瑞士同自己的兄弟姐妹在一起。孩子们被允许在马德拉与他们的父母团聚，但罗伯特需要经历一场手术才能启程。齐塔这时已经怀孕6个月了，她得到允许去照看自己的孩子，并于1922年1月4日离开马德拉，12日抵达苏黎世。我们可以想象她一路上的孤独和悲伤，仅仅3年以前，她还是皇后和王后，而如今她几乎被所有人抛弃，只剩极少数的忠贞之士追随。旅行使她精疲力竭，并且还有苛刻羞辱的条件：她不能看望寄居在波旁 - 帕尔马外祖父母家中其他的孩子们。孩子们只能前往苏黎世诊所与她会面。在苏黎世，齐塔只被允许会见她的家人以及负责谈判拿回她私人珠宝的中间人。她被看作危险分子，人们害怕她伙同自己的儿子奥托夺取匈牙利政权！幸好，儿子的手术非常成功，齐塔在催促下于1月22日离开了瑞士领土。

在她的哥哥泽维尔的支持下，她途经法国来到了西班牙，在那里阿方索十三世与他的妻子将她视为帝国皇后盛情款待，这是自1918年11月以来的第一次。孩子们在1月27日与她汇合并且在里斯本登船与他们团聚。在经历了种种磨难之后，再次相聚使他们满心喜悦，可是快乐欣喜很快被一个新的噩耗笼罩："值得信赖"的朋友竟然带着家族珠宝人间蒸发了。因此他们失去了唯一的经济来源。很快地，卡尔和齐塔决定离开维多利亚别墅，并转而居住在丰沙尔高地的蒙特别墅，这房子是借来的。马德拉的气候特点是海岸边永远风和日丽，相反地，高岗上却经常乌云密布，被云雾笼罩。他们的房子又阴冷又潮湿，房子里的陈设既不允许他们生火，更别提体面地吃顿饭了。前皇帝陛下已经为战争和长期烦琐的政治事务折磨得憔悴不堪，如今添上被逼退位和重夺匈牙利失败，悲愤交加，身体已经大不如前。他先是着凉，之后又恶化成肺炎，由于经济困难，他竟不敢请医生。卡尔被孤立，被抛弃，在穷困潦倒中于 1922 年 4 月 1 日死于肺炎。当时他最大的孩子奥托大公才 9 岁，如今的奥托回忆起弥留之际的父亲说道："4 月 1 日那天，9 点，我们的母亲走进花园。她穿着一件轻盈的粉红色裙子，这是我最后一次看见她穿着有颜色的衣裳。她过来找我。一开始，她什么都没有说。当我们进到屋里——弟弟妹妹们也听不到我们的谈话了——她才对我说，我的父亲叫我做见证人，因为他即将作为基督徒回到造物主的身边。"[①]在他俩结婚那天，齐塔的丈夫就对她说："现在，我们要互相扶持直到天堂。"奥地利最后的皇帝是一个基督徒，他是一个好人，同时也是一个被对手消磨了意志的人，他的负担太重，他没有宣战，也是唯一希望停止战争的人。他的清廉政治被阴暗的权势所击败。卡尔是一个圣人，反而不像一个军事家或政治家，但协约国没有尊重他。

① 让·塞维利亚与埃里克·费基尔书中均有引用，出处同前。

还有一个令人愤慨的差别待遇需要在这里指出。这是齐塔提醒我的，协约国对两个宣战并加入战争的帝国统治者家族的处理方式完全不同，这令人相当气愤。德国皇帝威廉二世在1918年11月28日退位，他没有接受战胜国的任何审判，避居在荷兰，在那里他开始写回忆录。他甚至向魏玛共和国要求重新拿回“他自己以及他家族的财产”。他得到了650万金马克，而且在1924年后，每个月还有5万金马克的津贴，这笔款项甚至在德国经济危机最困难的时期都没有中断。为什么德国的统治者就可以受到这般礼遇，而奥地利的君王则惨遭流放，在35岁的青春年华于困顿中骤然离世？为什么对待霍亨索伦王朝和哈布斯堡王朝会如此不同？这不公平！

在颠沛流离之中再次怀孕

她的最后一个女儿，也就是在1982年接待我们的伊丽莎白，无缘见到自己的父亲。她于5月31日在马德里出生。得益于西班牙国王阿方索十三世的热心帮助，齐塔还有她的8个孩子在没有任何经济来源的状况下被邀请至帕尔多宫。在奥地利皇室被排挤出西班牙王位继承权两个世纪后，如今，一个波旁后裔的统治者对哈布斯堡的最后一位帝国皇后兼遗孀施以援手，接待她的打猎行宫竟然是哈布斯堡当年修建的！可见历史的阴差阳错令人唏嘘。但齐塔无法在经济上维持自己在帕尔多宫殿的生活。比斯开村庄的居民为年仅30岁遗孀的悲惨遭遇所动容，筹集了25000比塞塔并且为她提供了居所，房子里包括电路在内的各项基本设施都很完备。他们一家人在那里一直生活到1929年。齐塔得经常写信给阿方索十三世请求他给予经济上的援助，例如，他的儿子奥托在48小时之内无法走出房间，因为他唯一的一双鞋子正在村里的鞋匠那里被修理。齐塔不希望被羞辱。她一直维持尊严，于是她是这样表达自己的感激之情的："到了这个地步，我深感幸运，因为我将自己放置在上帝手中。"

1929年，齐塔和她的孩子们居住在离布鲁塞尔不远的一座城堡中，因为承载了母亲诸多希望的奥托需要在鲁汶大学完成他的学业。齐塔曾经希望奥地利有一天会恢复君主制，因为1919年反哈布斯堡的部分法令被废止，人们归还给她在维也纳的两座城堡和五座房产。但是，我们也知道，奥地利当时的情势已经完全不同了，不久以后，齐塔就害怕自己的儿子在希特勒吞并奥地利（1938年3月）后变成傀儡。他们必须远离希特勒军官们的清洗。奥托成为分崩离析的欧洲的一位清醒的代言人，他眼看着这块土地再一次走向毁灭。但人们不听他的。1940年6月19日，大公和他的母亲前往法西边界。那里的海关认出他们，并为他们放行。他们抵达葡萄牙。7月16日，齐塔前往美利坚。最终，她与自己最小的4个孩子在加拿大法语区魁北克定居，那里的主教为他们提供了住所。孩子们可以继续用法语完成他们的学业。奥托则向总统罗斯福争取奥地利的豁免权，希望它能在未来战争中幸免，毕竟它是欧洲不可或缺的一部分。奥托有看清未来情势的智慧，并警示丘吉尔，维也纳将很有可能全面苏维埃化。接下来他只剩说服罗斯福了。但此时，奥托却染上了流行性感冒。齐塔代替他在1943年的9月11日为奥地利以及维也纳的处境向美国总统求助。战争末期，前帝国皇后在加拿大各地奔走，她成为灾难中的欧洲、被摧毁的村庄以及众多受苦受难民众的发言人。总之，她为新世界注入了一股慷慨的激情还有清醒的认识，因为她是从逝去的古老欧洲走出来的人。她的会谈取得了成功，于是继续于1946年和1948年在美国办了两场，收集捐赠物资并将它们装载运送至被占领的奥地利。前帝国皇后在旅行中坐三等车厢而且经常施舍他人，即使她自己囊中羞涩，多么伟大与朴素的典范啊！奥托与齐塔不停地为熄灭欧洲战火奔走，他们极富策略地援助了痛苦的奥地利人民。1955年5月16日，在签订了《奥地利国家条约》以后，奥地利终于重获独立，他们不忘对奥托及齐塔表示衷心的感谢。

齐塔和卡尔的头几个孩子该成婚了：伊丽莎白在1949年嫁给了列支敦士登的王子海因里希，卡尔-路易则在1950年与利涅的尤朗德公主联姻。

1951年5月10日，为奥托举办婚礼

洛林公爵们居住的古老首都被欢乐的节日气氛所包围。奥托大公，也称洛林公爵，直到39岁还是单身。今天，他将迎娶萨克森-迈宁根家族26岁的瑞吉娜。在婚礼的前一天，一场盛大的晚宴在伊克塞尔大酒店举行。奥托戴着金羊毛项链，以显示他家族领袖的地位。第二天，婚礼的仪仗步行穿过南锡，由两旁身着匈牙利帝国服装的护卫们护送。这一仪式来源于齐塔统治的古老帝国的传统，这对她来说无疑是安慰。

在新婚妻子的裙摆后面，跟随着 8 位伴娘，前帝国皇后 - 王后依然一身黑衣，与萨克森 - 魏玛公爵互相搀扶走在后面。新娘的头上佩戴着婆婆送给她的珠宝首饰，这也是当年弗朗茨 · 约瑟夫送给她的结婚礼物。容光焕发的齐塔还送给了自己的儿媳一枚十字架钻石徽章，这枚徽章是她与卡尔订婚时曾经佩戴过的，象征着守护奥地利家族 200 多年的女主人地位。共和国的人群骄傲地围着欧洲贵族新婚夫妇，并为他们喝彩。前来围观婚礼的人超过 8 万人，他们不愿意错过这一盛况。众人以此怀念古老的欧洲。2001 年，为了他们的金婚纪念，奥托和瑞吉娜将重新举行这样一次盛大的洛林朝圣仪式。市长安德烈 · 罗西诺在市政府接待他们，向奥托大公的人道主义品格、孜孜不倦的践行高尚价值观以及为欧洲建设做出的伟大贡献致以敬意："宽容，慷慨，包容。我们同样需要感谢您的母亲，帝国皇后齐塔，一位拥有杰出精神品质的伟大女性。"

在奥托的婚礼之后，不知疲倦的齐塔回到了美国。在战争期间她的所作所为激起了人们的好奇心和空前的热情。她和奥托难道不是应该站在年轻的民主政治的对立面吗？她的另外两个儿子鲁道夫和罗伯特也在欧洲结婚了。齐塔希望与自己的家庭保持紧密的联系，于是在 1953 年起与自己的母亲定居在了卢森堡大公国的伯格城堡。齐塔的母亲于 1959 年去世，她的女儿竟然无法在奥地利领土上为她举行葬礼。

接着，齐塔时常去比利时旅行，时而在德国的孩子们那里暂住，1962 年，她决定隐居在瑞士齐策斯一家古老的修道院中。她当时已经 70 岁了。有 3 个小房间供她使用，家具朴素实用，属于修道院财产。

齐塔经常祈祷，她每天带着轻便的打字机，写 10 余封信。她有时也手写回复一些重要的信件。每天早晨 5 点开始，她便阅读 3 大主流报纸（奥地利的，法国的以及美国的），还听很多德语广播频道。电视则是罕有的，没有什么人知道，大家似乎也不需要它。皇后陛下有足够的渠道得知外面正在发生什么事。她从不抱怨，而且非常注重在隐居生活中保持活力，这种生活持续了 20 年之久，最后，她以长期保持的自尊、勇敢及审慎的态度重新回到了奥地利维也纳。即使从法国寄来的死亡恐吓也没有吓倒这个女人，因为她在逆境中从不气馁。

1989 年 4 月 1 日的葬礼

自从她回到奥地利，她的一言一行都受到一批年轻人的崇拜，人们为这个一身黑衣的娇小女性所疯狂，1914 年前的欧洲变成了时尚。冷战的结束使得齐塔重获新生，这是她 20 年前无法预料的。皇后兼王后是过去那个时代甚至是两个时代的绝佳写照，正适合茨威格为她写史凭吊，而这位作家恰好也认识她。齐塔变成了报纸的头条，媒体找遍了档案，然而关于她的资料非常少。早前认为她早已离开人世的一些“专家”，如今仍在恬不知耻地发表意见。

1989 年 3 月 14 日，齐塔在齐策斯离开人世，她一直活到 97 岁。如果不是她在 7 年前回到奥地利，并引起了巨大反响，那么她在偏远地区的离世很有可能也悄无声息，无人问津。在上帝的眷顾下，卡尔遗孀的葬礼将依照她自己的意愿在帝国皇帝兼国王的逝世纪念日举行。

1989 年 4 月 1 日，星期六，维也纳，继弗朗茨 · 约瑟夫死后，人们再次依照哈布斯堡王朝的宫廷礼仪举行葬礼。

从美泉宫的马车博物馆，人们借出了过去统治者们专用的灵车。它由四匹黑马牵引着，由一个捷克裔马车夫驾驶。

维也纳市中心挤满了送葬的人群，他们激动而又安静。近 100 万民众参加了葬礼，而整个国家的人口不过 800 万。这次葬礼如同国家级仪式一般，吸引了崇拜者以及诽谤者。共和国总统，库尔特 · 瓦尔德海姆参加了葬礼。维也纳市长，社会党人赫尔穆特 · 齐尔克不仅参加了葬礼，还命人制了花圈，上面挂着哈布斯堡 - 洛林家族的座右铭：“虔诚及和睦。”这是玛丽 · 安托瓦内特的哥哥——约瑟夫二世的名言，他深受启蒙思想影响。另外，奥地利总理，社会党人弗朗兹 · 弗兰斯基遗憾自己无法到场凭吊，他评论道：“齐塔女士，一位神秘的女性！”政府首脑的致辞凭吊相当简短，而这场葬礼引发的社会影响却是深远的。归功于弗雷德里克 · 密特朗，法国电视二台转播了从奥地利电视台发回的画面。一个名为《喜马拉雅》的报纸开专号回顾了最后一位皇后传奇的一生。伦敦的《每日邮报》刊登了一篇激动人心的文章，题为“Every Inch of an Empress”，翻译过来大致是“从头到脚名副其实的皇后”。

在停放皇室灵柩的教堂门口，葬礼的主持者，君主制时期的侍从官，用银质手杖敲响了大门。仪式开始了。在门后通往地下室的楼梯前，守门人开始提问：

“何人请求入内？”

人们报出了去世之人的 53 个头衔。

“我不认识她。”

第二次，葬礼主持者敲响了大门。

“何人请求入内？”修士再次问道。

“齐塔，帝国皇后及王后陛下。”

“我不认识她。”

最后，葬礼主持人第三次敲响大门。

“何人请求入内？”

“齐塔，一个死人，一个罪人。”

“她可以入内。”

于是，6个身着传统服装的蒂罗尔人抬着棺木来到了地下室。人们花了很长时间安置棺木。奥地利共和国的纳税人没有想过为齐塔的葬礼承担费用，所有花费均由她的家族负担。齐塔不仅获得了支持者永久的拥护，也使大部分的反对者对她敬爱有加。最后一位帝国皇后兼王后曾经与自己的长子奥托大公坦诚（后者于2011年离世）：“要成为一个合格的欧洲人，就必须是个合格的爱国者。”

Astrid, reine des Belges

比利时王后：阿斯特里德

赢得生前身后名

Adorée dans sa vie, adulée dans sa mort

一张罕见的，让人意想不到的照片拍摄于1933年，在不久以后还被制成了明信片：在布鲁塞尔摄政王大道的人行道边上，一名年轻的女子带着一个活泼快乐的小女孩儿站在人群当中等待欢乐的庆典仪式。这有什么值得注意的呢？因为这位高挑美丽的妈妈不是别人，她便是阿斯特里德公主，利奥波德王子的妻子，而那个小女孩儿便是他们的第一个孩子，约瑟芬·夏洛特，未来的卢森堡大公夫人及两位比利时国王博杜安一世和阿尔贝二世的姐姐。明艳照人的阿斯特里德没有要求显眼的护卫跟在她身边，这显然打破了比利时王宫的规矩。通过部分珍贵的照片资料，我们可以想见，公主首先是一位母亲和妻子，她非常骄傲地看着自己一身戎装的丈夫走在游行队伍的最前方，她从容，朴素，随性，自然。在阿斯特里德看来，她的女儿也应当与她一同参加观看游行，因为女儿看着亲爱的爸爸穿着制服，骑着骏马，一定非常高兴。比利时未来的王后不仅出现在布鲁塞尔街头，竟然还亲自推着自己3个年幼孩子的四轮童车，这是人们从未见过的，大家都在敬佩与惊奇中议论纷纷。阿斯特里德的清新气息冲淡了王室家族较为严肃的氛围。另一组照片里还有阿斯特里德自她 1911 年 6 岁生日起便结识的一生挚友。她便是安娜·阿德斯瓦德，将来的安娜·斯帕尔伯爵夫人，一个极有天赋的作家，她将为人们留下很多关于她们两人的珍贵回忆。[①]

一位从童话里走出来的公主

这阵吹进古老的萨克森 - 科堡君主制宫廷的清新之风到底从哪儿来？它来自北方，来自美人鱼、小妖精、安徒生童话森林还有传奇小说的故乡，在这些小说里，一个孩童可以骑着公鹅，带着一群母野鹅飞越整个瑞典。阿斯特里德的故事呢？我们要从北欧的冬天开始说起，那里白雪皑皑，阳光耀眼。

很久很久以前，有一位公主于 1905 年 11 月 17 日，在斯德哥尔摩卡尔王子的宫殿里呱呱落地。卡尔王子是国王奥斯卡二世 3 个儿子中的一个。卡尔 44 岁，是拿破仑手下赫赫有名的将军贝尔纳多特，即瑞典国王卡尔十四世的曾孙。在当时，对一个靠法国大革命发迹的战士来说，称王便是最好的嘉奖，人们给贝尔纳多特取了个绰号——“美腿中士”！婴儿的母亲是瑞典的英格堡公主，出生于丹麦王室。瑞典和挪威一直为联合王国，直至 1905 年才分道扬镳。新生的公主，

① 《我的朋友，阿斯特里德》，译自瑞典语，法语初版为 *Astrid, mon amie à moi*，吕克·皮尔出版社，1995 年版；2005 年新版，克里斯蒂安·科南克斯校订并改写。

一个年幼的贝尔纳多特家族成员的诞生，恰恰为1815年两国在维也纳国际会议上制定的联盟计划做了了结。她是王子夫妇的第4个孩子，也是第3个女儿。她的出生遵循了最严格的礼仪规范，人们完全没有尊重产妇的隐私：孕妇生产的一整个晚上，两个王室家族的成员、政府大臣以及50个宫廷女官都在场监督以保证孩子血统的合法性。阿斯特里德是奥斯卡二世的孙女，也是古斯塔夫五世的侄女，此二人之间的网球比赛趣事也流传甚广。人们精心挑选她的名字，最终选中了来自最古老的斯堪的纳维亚语包含词根As（上帝）、Frid（和平），也是“Godefroid”的阴性对等词的“Astride”[①]。当然，她还有一长串名字，不过最终都因阿斯特里德这个奇妙的名字而被遗忘：索菲，路易丝，蒂亚……另外，她是依照路德宗传统受洗的。

她有大大的蓝绿色眼睛，不过没有一头金发，而是栗色的。大约11个月大的时候，阿斯特里德随着她的父母离开王宫，搬到了一座19世纪建造的罗马风格别墅，它坐落在斯德哥尔摩附近的一座岛屿之上，瑞典统治着数以千计的类似岛屿。一望无际的大海是阿斯特里德对这个世界最初的认知。她的父亲记录下了她在3岁的时候对自己和大海的评价。当时她在哥本哈根北部、丹麦外祖父家的复洛腾堡皇家城堡里。她的母亲在海里给她洗澡，小女孩儿被海浪吓着了。她哭了。英格堡公主温柔地低声埋怨着她。“可是，”阿斯特里德哭着说道，“可是妈妈，不要忘了我还很小而海却这么大！”

---

① 见《阿斯特里德》，“阿斯特里德1905—1935”展览图册，布鲁塞尔皇宫，承办人：比利时共利协会，1985年7月23日至9月15日。

据她身边的人回忆，在她小时候，时而快乐时而沉默，拘谨，非常专注地观察着这个世界。这或许是小公主们唯一的乐趣。可是，阿斯特里德却有机会快乐地与伟大的小说家塞尔玛·拉格洛夫生活在同一时代，后者最出名的作品莫过于《尼尔斯·霍尔杰森穿越瑞典的奇妙之旅》，一部集想象与诗歌于一体的不朽杰作，它流传了几个世纪，至今仍然为斯堪的纳维亚的孩子们深深喜爱。还有，在斯德哥尔摩和父母一起去马戏团是多么快乐的事呀！当时阿斯特里德 4 岁，她拉着妈妈的手，跟她的两个姐姐玛格丽特和玛特一起。大街上的人翘首以待。身材高大的王子走在最前面，向街边举起圆礼帽向他欢呼的人民，还有他的家人致意。他的家庭和其他普通家庭一样，走上街头，观看表演。

将厨艺视为孩童的游戏

第一次世界大战伊始，尽管瑞典处于中立地位，事实上这一政治态度可上溯至贝尔纳多特当年拒绝支持拿破仑，但是这样的决策间接地造成一些后果，影响到瑞典人民日常生活的方方面面，就连王室家族也遭受食物紧缺。糖和黄油是奢侈品？人们可以忍受。面包？数量有限。茶叶？我们用椴花茶代替。咖啡？人们习惯用蒲公英作底，味道会有些不同。卡尔王子务实且开明，他曾经在世纪末被任命为政府首脑且担任过外事部部长一职，当时他的第三个女儿才 1 岁。作为瑞典红十字会的会长，阿斯特里德的父亲不辞辛劳。他最小的女儿也在尽自己最大的可能帮助那些女志愿者们；家里的餐厅变成了制衣间，9 岁的公主便在那里做缝纫活儿。这项工作没什么特别的，不过是制作一些生活必备品和衣物而已。在工作之余，阿斯特里德自娱自乐，为自己缝制玩具。她很腼腆，比她的姐姐们更拘谨，不过她是姐妹里最漂亮的一个。

帝制德国侵犯了比利时的中立地位，阿尔贝一世与国家军队的将领团结一致，尽量避免最坏的结果，并且加入到协约国的行动当中。卡尔王子成为众多发起人道主义援助的王室成员之一，他在瑞典帮助比利时伤兵。1917 年，众多瑞典民众反对德国的集中营政策。这一声明被刊印成瑞典语和法语，展现了他们对比利时人民“深切的同情”。

这难道不是昭示命运的信号吗？[①]从欧洲范围来看，虽然斯堪的纳维亚的专制政体实施起来似乎最简单，但在国家内部，王室成员对自己后代的培养非常严格；他们的教育十分严谨、有序，还得“抛却恐惧，心甘情愿地”接受各项规矩，因而卡尔王子非常满意自己 4 个孩子的成长。关于自己信奉的教育哲学，他这样写道：“我的女儿们必须首先被培养成品德高尚的人，之后她们才算得上是公主。她们得像其他孩子一样成长，懂得服从，懂得和其他孩子一样看待自己，无

---

① 根据安娜·凡·伊潘瑟尔·德·斯蒂布所说：“[……]在签署人中，有一位杰拉尔·德·吉尔教授。他应该是著名的列日人路易·德·吉尔的后人；在 17 世纪，这位祖先接受古斯塔夫二世的指令，向国内引进默兹河谷的冶金工人，从而引起了从比利时到欧洲北部的一场移民潮，他们大多举家迁移。这次人口变动为瑞典的工业发展做出了贡献，特别是在阿普兰。这些移民保持了他们的传统。人口迁移的负面影响：他们中的大多数人如今身在瑞典，却还有比利时民族情结。”见《阿斯特里德展览图册》前言，玛丽-若泽王后著，1985 年版。

论是上流社会的孩子，还是底层的孩子，都一样，没有什么区别对待。”[①]

阿斯特里德作为姐姐玛格丽特出嫁的伴娘，第一次在公开场合亮相。那是1919年5月19日，阿斯特里德还不到14岁。在25位身着制服或是白色纱裙、头戴软帽的家庭成员围绕和祝福下，瑞典的玛格丽特成为丹麦的阿克塞尔王妃。斯堪的纳维亚人的血液渗透进北欧各国王室之中。阿斯特里德出落得愈发美丽了，可是她因为姐姐即将离家，非常忧郁。她觉得自己被抛弃了。她瘦削的脸上经常挂着泪珠。她的父亲注意到“她从来无法停止哭泣。不过，这些眼泪不是因为外界的刺激，而是她面对自己的羞怯却又不知所措所致”。

为了摆脱伤感，小女孩儿开始学做饭，自小她便和自己的哥哥姐姐在一个儿童小厨房里学做饭菜给亲朋好友吃。为了学习烹饪技巧，阿斯特里德之后还去了厨艺学校，尽管人们觉得这对她而言未免大材小用了。不过阿斯特里德尽心尽力地培育蔬菜、喂养家禽，以及学习制作咸味蛋糕，她将会是个称职的家庭主妇。要想成为一个烹饪大师，必须得心灵手巧，阿斯特里德便是个高手，她喜欢给自己准备晚餐。她还学习如何成为完美的女主人，名流女孩儿所要具备的全套技能：跳舞、仪表……还有正襟危坐，如何打招呼，如何走路，她都完美地掌握了。1923年，她从学校毕业，成绩并不耀眼，尤其是法语——这一直是她的短板，不过接下来一年的护士课程却是她梦寐以求的。爱

① 瑞士的卡尔王子著《我记得……漫长人生回忆》，埃蒂安·阿弗纳尔译，斯托克出版社，1936年，原版1931年；重版1961年，加题献“给我挚爱的女儿”。阿斯特里德的父亲生于1861年，卒于1951年。他比自己的妻子英格堡大17岁。

护、照顾、喂养孩子们，给他们洗澡，她和自己的挚友安娜十分享受这些工作。两人非常兴奋。正如他父亲所期望的，阿斯特里德和其他人一样照看孩子们，没有被区别对待。“……我们没将她看成是公主。”安娜写道，“大家一同遵守学校规定。”

深受比利时的伊丽莎白王后喜爱

1925 年。阿斯特里德 20 岁了。她依然美丽而含蓄，她无法克服自己与生俱来的羞怯，这与她的高挑身材形成反差。在公众场合她会不自在，而且讨厌照相。不过好在她拿到了驾照。公主不爱出门交际，但她喜爱自己开车，忙里偷闲，不受规矩束缚。开车仿佛获得暂时的自由。她的家庭又一次搬家，这次还是经济原因，丹麦的一家银行破产，严重损害了英格堡公主的资产。家里再也住不起别墅了。不过她们现在的公寓很大，设备齐全，离大海也不远。公主开始去北欧以外的世界旅行。她生平第一次来到比利时的斯巴。这个著名的温泉胜地吸引了众多名人和贵族，其中包括瑞典的克里斯蒂娜。在这里，伊丽莎白王后，这位著名的“国王 - 骑士”阿尔贝一世的妻子接见了公主。阿斯特里德举止得体，无懈可击，这令王后非常叹服。后者生于维特尔斯巴赫，既是巴伐利亚人，也是德国人，在战争爆发之后，她宣称“铁帘隔开了她和她的祖国”。她曾经是比利时的王后，也曾遭受威胁和攻击。虽然生活在敌意中，但是伊丽莎白的行为值得尊重。她是个充满爱心和美德的天使，对残废或是中了毒气的比利时伤兵照顾有加。她也是伊瑟之战的主角，是富有传奇色彩的爱国者。伊丽莎白对音乐的见解也相当高深独到，尤其小提琴，是她的最爱。如此热爱音乐，以至于利奥波德二世都抱怨她说：“听音乐不过是花很多钱听噪声罢了。”

不久以后，阿斯特里德完全没有意识到，她的命运已经被总理大臣们定好了。一场瑞典王室与比利时王室间的联姻正在秘密筹划之中。两个家族还有他们的朝臣们都在讨论：年轻的布兰班特公爵——利奥波德，会在不久的将来迎娶阿斯特里德。

在斯巴，伊丽莎白参与商讨了这项计划，她几乎顷刻便被阿斯特里德的美貌和质朴而深深吸引，当然后者是决定因素。这是毋庸置疑的：公主将成为一位完美的比利时王后。阿尔贝国王非常赞赏这一联姻。而两个年轻人的第一次相遇仍为人们津津乐道：每个人都声称是见证人，因而有各种版本，诸如私人亲朋聚会，或者是偶然相遇，抑或是通过多次官方安排，在众人簇拥下见面。安娜的回忆最令人浮想联翩。1925 年年末，阿斯特里德在巴黎的索邦大学旁听艺术史课程，她向自己的好友吐露自己遇见了一个“非常不错的”男子，“给她留下了极深的印象”[①]。这次会面究竟发生在哪里呢？或许在哥本哈根，或许在卢森堡，或许就在巴黎？阿斯特里德当然知道这个男子的特殊身份，她非常谨慎小心，她称他为“神秘先生”。整个冬天，她都在谈论这个浪漫人物。1926 年 3 月，阿斯特里德告知她的密友，这位“神

① 克里斯蒂安·德·科南克斯主编《阿斯特里德 1905—1935》，拉辛出版社，2005 年版。

秘先生”便是利奥波德王子，比利时王位继承人。很有可能利奥波德因为丹麦的阿克塞尔的关系（阿斯特里德的姐夫），早就在各种家庭聚会、接待、舞会、晚宴以及其他社交活动上与她有数面之缘。

某位“菲利普先生”爱上了她

1926 年 3 月，在阿尔贝国王允准下，王后伊丽莎白带着她的长子前往瑞典。他们是匿名前往拜访阿斯特里德父母的。布兰班特公爵，即利奥波德王子，掩盖了真实身份：他在旅途中自称是“菲利普先生”，是一位在斯堪的纳维亚旅行的法语老师。他的求爱战术非常富有戏剧性。这个年青的男子有一头浓密卷曲的金发，深邃的蓝色眼睛，话不多，但在斯德哥尔摩他很难不被认出来。为了保持低调，他们在王室宫殿对面的大饭店下榻，不过为了掩人耳目，王后的贴身女官卡拉芒-希迈公爵夫人住了最好的房间，比利时大使馆则装作不知道王后和王子的驾临。

夏天，当人们渴望享受湖边与森林的金色阳光的时候，匿名人的行踪最终还是暴露了。利奥波德王子被邀请至弗里德姆别墅（Villa Fridhem，即和平屋），这是 1909 年修建的坚实建筑，面向布拉维京海峡和树木繁茂的岛屿。在那里的生活相当惬意，附近有很多农庄。阿斯特里德带着利奥波德在周边游玩。他们分享着共同爱好：驱车出游。王子非常喜欢公主，然而两人都很羞怯。阿斯特里德在面对亲密关系时有些抵触，看起来像是在抗拒，她害怕面对面，提防着爱情的陷阱。这是羞耻心和莫名的担忧在作祟。利奥波德曾经向他的妹妹，意大利短暂在位的王后玛丽-若泽吐露说："我永远都忘不了，在我向阿斯特里德第一次吐露爱意后，她长时间让人害怕的沉默。"公主的眼睛变得更加闪烁，她的脸蛋时红时白，风吹乱了她栗色的秀发，不过这个时尚的短发造型非常适合她。纸包不住火，媒体已经开始报道蛛丝马迹了。需要否认吗？这很愚蠢：利奥波德爱得太深了！她刚刚 20 岁，而他 23 岁。9 月 21 日，外交电报向全欧洲的宫廷宣布了这个令人欣喜万分的消息：阿斯特里德答应了求婚！他是用英语求婚的，因为她不大懂法语，但是这有什么关系呢？在爱情面前，语言的障碍算得了什么？在总理亨利 · 贾斯帕尔宣布了消息之后，同一天，在布鲁塞尔王宫中，阿尔贝国王召集记者们举行了媒体见面会。国王很快乐，他评价这次订婚："为了不影响他们的家庭生活，所以我们没有过早曝光。在长期的相处中，两个年轻人相互了解并相互爱慕。他们感受到了对方的感情并决定结合在一起。他们的父母非常高兴两个孩子发自内心深处且自主决定的婚姻。"伊丽莎白王后特意补充道："这是一场因爱而结合的婚姻。没有事先安排。"

未来的比利时王后是瑞典国王古斯塔夫五世、丹麦的克里斯蒂安十世、挪威的哈康七世的侄女，也是英国君主乔治五世的近亲。与此同时，利奥波德在夜晚乘着火车来到斯德哥尔摩，在比利时大使馆与阿斯特里德汇合，接着他们走上了街头，被摄影师还有录像师包围着。布兰班特公爵身着深色大衣，头戴灰色帽子，挽着他的未婚妻，后者戴着礼帽，手拿一束鲜花。

整个比利时都为她倾倒

利奥波德的一见钟情似乎很有感染力：众多新生事物都以阿斯特里德命名。比利时的甜点师纷纷给自己制作的蛋糕、蛋塔、蛋白点心、烤麸、冰淇淋还有糖衣杏仁取名作阿斯特里德。在这普天同庆的气氛中，比利时法语区和荷兰语区的众多报纸都竞相报道这一喜讯，并都用自己的方式评价着阿斯特里德。公主的家庭主妇式美德被善意地调侃着。9 月 21 日的《公报》绘声绘色地剖析了同行刊载的关于“富有超凡魅力的阿斯特里德公主”的大量细节：“多亏了他们，我们才知道她会给火鸡去毛，给鱼做清洗还有洗碗。这样的描述真是太民主了，但我们想知道这样的曝光能给王室尊严带来什么！”比利时《人民公报》似乎很遗憾如此优质的公主竟然不是比利时人！难道我们必须跑去瑞典才能找来这么一位“模范家庭主妇”吗？接着，撰文者以挖苦的口吻说道：“有些人选择结婚，因为如今还不流行让男人去煮饭或者给自己的鞋子打蜡……至于阿斯特里德小姐本人，我们可以愉快地肯定她绝对是个家庭主妇。想象一下，她会煎牛排，削土豆，切面包片……”另外一些文章则少了些刻薄，没有报道公主的厨艺，倒是强调阿斯特里德爱看书。

与工人阶级亲厚的《前进报》则赞赏，在她的旅行箱内“带来了高品质的文明、开阔的视野和高贵的民主之风，是瑞典民族的典范”。还有一些报纸，则在这场媒体竞争中表现得更为审慎，比如《最新新闻》，他们提出阿斯特里德的当务之急是学习语言：“她必须学习法语和佛拉芒语。她会很快学会的，因为她非常聪明而且非常好学。”[①]

然而，还有一个问题需要在结婚前解决。因为，利奥波德未来的妻子信奉路德宗。1923 年的 3 月 23 日，复活节前的星期四，乌普萨拉的大主教要在斯德哥尔摩王宫的小教堂给公主施坚信礼。阿斯特里德对那次宗教仪式一直留有痛苦的回忆，她被强制出席这次集会。比利时未来的王后是位新教徒，这太不可思议了！“谁会想到比利时人在骨子里都是天主教徒呢？”玛丽 - 若泽自问。整个比利时陷入了天主教和反教会间的论争。最终国王与他的政府达成协议，迅速做出决定，大家各退一步，令双方都满意。1926 年 11 月 4 日，在斯德哥尔摩，他们将遵循路德宗传统举行婚礼。六天以后在布鲁塞尔举行第二次婚礼，这次则要按照天主教仪式进行。这样，阿斯特里德既可以避免改宗，也可以在尊重天主教信仰的情况下成为比利时王后。

六天内举行两次婚礼

1926 年年末，比利时依然在经历战争带给它的战栗和创伤。阿尔贝国王和伊丽莎白王后在战时的亲切姿态为他们赢得了人民的爱戴。德国魏玛共和国因战后严重的通货膨胀而一蹶不振，这种情况在法国和比利时占领了鲁尔区后更是岌岌可危。即将举行婚礼的两人显然不

① 《阿斯特里德图册》，出处同上。

能坐着火车穿越德国势力范围抵达斯德哥尔摩。于是他们改走海路，在“玛丽-若泽公主”港口登船。船长是一位出色的航海家，名叫阿德西安·德·杰拉什·德·戈梅利，他也是一位冒险家，曾经主持了数次从比利时到南极洲，再到格陵兰岛的开拓之旅。在两人经历了一阵颠簸的海上行程后，玛丽-若泽终于得见自己未来的嫂子，她永远无法忘记“温柔的阿斯特里德的优雅现身，年轻、耀眼。她双手挽在利奥波德的颈脖上，激动得落泪。我的哥哥，有些不知所措，将她紧紧抱在怀里，他们的卷发揉搓在一起；他们一直这样相拥着，尽管在他们面前有许多人”。他们因为爱而忘了规矩。在斯德哥尔摩，王宫里举行了多次亲友间的接待会和晚宴，其中有一次，盛况空前：四位国王——古斯塔夫五世，克里斯蒂安十世，哈康七世还有阿尔贝，曾一同坐电梯赴宴。在举行婚礼的那个早晨，坚持散步的阿尔贝国王，由于担心当天诸事太多而耽误自己的室外活动，希望在没有护卫的情况下欣赏斯德哥尔摩，于是在7点的时候独自出门了。当他散步回来，哨兵花了好长时间才认出这个头戴旧毡帽、身着平民服装的人竟然就是比利时的国王，而他竟没有向他敬礼！

11月4日下午3点30分——北欧的夜晚已经到来了——在王宫的帝王厅中，阿斯特里德小心翼翼地勾着利奥波德掩在军帽下戴着白手套的手。她光彩照人，身穿一件白绉纱缎子裙。依照瑞典的习俗，她头戴香桃木树叶制成的王冠，还有布鲁塞尔花边点缀的精致面纱。利奥波德，穿着上尉礼服，与阿斯特里德站在一起，简直是一对璧人。这场仪式快得创了纪录：只用了7分钟！

胜利之旅：从安特卫普到布鲁塞尔

11 月 8 日，阿斯特里德乘坐一艘美丽的名为“甫尔吉亚号”的瑞典巡洋舰抵达安特卫普。多么隆重的欢迎仪式！33 发礼炮，接着还有两个军团的致敬礼，而阿斯特里德神圣的白色身影，在向人群示意。这是她第一次向她的子民示意问候。玛丽 - 若泽曾形容她的动作如同“北极飞来的鸟儿拍打着翅膀”。振翅的鸟儿自此成为她的象征之一。最令人沉醉的一刻发生在甲板上，两个恋人慢慢地向对方走去。玛丽 - 若泽写道：“他们深情地，温柔地拥抱在一起……将礼仪规范丢在一边……在大广场上，人们聚集在一起，如同海浪翻滚般欢呼雀跃。”这次新婚之行相当完满，它有着双重意义——“这是第一次。”帕特里克·罗杰恰如其分地评论道，“一个比利时王子在公众面前做出承诺，而这一普通的行为达到了一定的象征意义。此外，利奥波德是第一个争取到民众拥戴欢呼的未来君主。在当时，这样的屈尊降贵还未形成风尚。”①

没人能够忘怀阿斯特里德向民众致意的优雅。没人能够否认王子与公主间强大的爱的力量。安特卫普的群众欣喜到极点，他们跟随着这对夫妇从市政府大楼一直步行至火车站。维安服务队无法控制涌动的人群，整个安特卫普都被北方来的公主不可思议的魅力所征服。

人群是如此拥挤，以至于阿尔贝国王丢了他的军刀，而英格堡，

① 帕特里克·罗杰著《比利时国王的非凡历史》，佩兰出版社，2007 年版。

阿斯特里德的母亲，则掉了一只鞋！月台上人头攒动，但是他们万众一心。人们靠在路灯旁，站在火车车厢顶上或者是卡车上。每扇窗户前都有白色的手帕如同蝴蝶翅膀般拍动。公主依然害羞，但因为爱，她没有那么害怕了，反而很安心。她再次沉稳地向人群举起手来。她以高贵的手势回应人们的热情。当他们到达布鲁塞尔，阿斯特里德依然兴奋难当，她下车时忘了拿上人们送给她的兰花制成的王冠，一直深以为憾。

阿斯特里德在向无名英雄之墓致敬的时候，感受到了比利时人民正在遭受的战争之苦。瑞典公主举止得宜地从孩子们手中接过一束花，她双膝跪地，将花束放置在墓碑前的神圣石板之上，象征着个人情感与比利时民族情绪的高度统一。1926 年 11 月 8 日，人们为王子和他年轻妻子灿烂的笑容及高贵的仪表所倾倒。他们甚至忘记了头顶的乌云：天空下起了暴雨。阿斯特里德的一言一行都是大家关注的焦点。11 月 9 日晚，在王宫举行晚宴，菜单是为了欢迎阿斯特里德而精心准备的，都是她家乡的菜肴：盛宴以瑞典式麦芽糖奶油还有贝尔纳多特式龙虾作前菜；接着来宾们还品尝了佛罗伦萨的阿尔登火腿，花式天香菜，众口皆宜的烤野鸡，在水果和甜点后，还有斯德哥尔摩冰淇淋！

11 月 10 日星期三，宗教式婚礼在圣弥额尔圣古都勒主教座堂举行。[①]谁能想到，正是在 700 年前，即 1226 年的这一天，一个布兰班

① 阿斯特里德在 4 年之后的 1930 年 4 月才改信天主教。

特公爵决心在这里建一座教堂呢？公主头戴橘花冠，花冠下垂摆着马林出产的精致花边，婚纱上饰有银丝线绣成的百合花。众位宾客们都惊叹于新娘子美丽的面容和脖颈。在对外公布的照片上，有20多位嘉宾来自斯堪的纳维亚王室，还有英国王室代表，即乔治五世的儿子格洛斯特公爵。波旁-帕尔马家族的王子们也出席了婚礼。前一晚还是瑞典公主的阿斯特里德，如今变成了布兰班特公爵夫人，一个引起王室血统变革的封号。连日本大正天皇都向阿尔贝一世发来贺电。

这场婚礼称得上最早的现代媒体头条新闻之一，她是全欧洲最美丽的公主，而且是幸福美满的象征。比利时也在此时度过了经济危机；它险些破产，不过最终资本回流，相比于英镑，比利时法郎还算稳定。

王子和公主幸福地住在贝尔维王宫

新婚夫妇最终选择在古老的贝尔维宫定居。他们在第二层布置了自己的房间。室内的环境，根据玛丽-若泽回忆，非常“温馨而宽敞”，阿斯特里德当起了称职的家庭主妇，她精心布置了自己的厨房。可是，如果将布兰班特公爵夫人仅仅看成是一位爱做饭的家庭主妇，那就错了。她在厨房忙碌的时候大都不需要有人帮忙，因为阿斯特里德只需要一个带滚轮的桌子和一个小炉子就够了。尽管比利时议会并不指望未来的王后扮演什么重要角色，也没人有权利批评她懈怠，她还是积极投身到官方事物之中，有时是一个人，有时陪同在利奥波德的身边。[①]她专注，热忱，有效率。她的行程安排也非常紧凑，特别是在帮助那些贫困者的事业中。她出现的时候，举止温文尔雅，面带微笑，显现自信。她从不犯错，也不做蠢事，永远都那么雍容华贵。年轻的公爵夫人因为生活幸福而变得非常快乐，感染了身边所有人，他们见到公主，心情都很舒畅，这是一项技能。玛丽－若泽讲述了一件轶事：

外交官亚历克西斯·莱热，也是一位著名的诗人，世人都叫他圣琼·佩斯，有一天陪同阿里斯蒂德·白里安在布鲁塞尔进行国事访问，他们下榻在贝尔维宫，但是不巧因为停电在王宫里迷了路。他小心翼翼摸索着，脱下了鞋子怕引起太大声响，直到他看见楼梯口有光线照下来才松了口气。有人下楼。不一会儿，他发现有个年轻女子站在他面前，头发有些凌乱，一手拿着烛台，一手拎着她的一双浅口平底皮鞋。他相当吃惊，因为在他面前的便是阿斯特里德。而后者看见惊愕的外交官一身戎装竟然没有穿鞋，忍不住笑了起来。就在这时，宫殿里的照明系统恢复了，双方问好并相互介绍，圣琼·佩斯于是被这对年轻的夫妇邀请喝了一杯清凉饮料，大家相谈甚欢。

阿斯特里德生了 3 个孩子：约瑟芬·夏洛特于 1927 年 12 月 11 日出生（阿斯特里德当时有些抑郁，因为头胎是个女儿），博杜安在

① 通过王宫档案我可以统计她出席的众多活动。

1930 年 9 月 7 日降生，还有阿尔贝于 1934 年 6 月 6 日出生，即一位未来的卢森堡大公夫人以及两位比利时国王——这保障了王室的未来。

童话里的公主成为王后

没有任何事可以打破他们和谐的生活。除了陪同丈夫进行国事访问（印度尼西亚，远东，比利时刚果属地）及处理王室继承人应当承担的相关事务，阿斯特里德公主打破宫廷的陈旧礼节，在没有任何随从的陪伴下带着自己的孩子们出门。令人震惊吗？这是民主的显现！

她热爱运动，开始玩起高尔夫，还爱在天空翱翔（她以自己的名字命名了第一架从布鲁塞尔飞往比利时刚果属地的飞机），或是去瑞士滑雪。她学习荷兰语有些吃力，不过勉强可以应付。至于法语嘛，她那耐心的语言老师竟然名叫巴黎小姐，真是滑稽！1930 年，她和婆婆参加了比利时独立百年庆典游行，这一“环城游行”聚集了众多古老行会，是一场奢华的传统活动。

可是加速的命运齿轮很快改变了布兰班特公爵与公爵夫人的人生。1934 年 2 月 17 日的晚上，阿尔贝国王不幸意外身亡——他在马尔什莱达姆登山时，因默兹山的悬石坠落而不幸身亡。整个政界都因为他们深爱的统治者突然离世而陷入悲伤，他的儿媳更是悲愤不已。她与故去的国王、王朝的传奇人物感情很好。在餐桌前，人们低声交谈（这是战争爆发后的审慎），阿斯特里德与她的丈夫一起，使交谈变得愉快起来。欢声笑语重新回到了王宫里。在葬礼上，阿斯特里德焦虑不安：2 月 23 日，当利奥波德在议会前宣誓成为新王的时刻，他的妻子则坐在左面，当时她已经怀上了未来的阿尔贝二世。她现在已经是比利时的第 4 任王后了。她可以胜任这一必须肩负重任的角色吗？她可以同她的婆婆，令人敬仰的伊丽莎白王后相比吗，她能做到吗？

阿斯特里德王后再次振作，她全心全意应付各种困局。经济危机席卷全国。失业，社会不稳，苦难和寒冷已经使王后的微笑和美妙谈吐不合时宜了。但是，为了准备世界博览会，“1935 年，她创立了‘面见王后’的规矩，并且开放贝尔维宫，就为了方便聚集衣物和生活必需品”[①]。她在国家救助委员会的志愿者中间，看着那些物资被打包，仿佛天使一般，乐于助人，善解人意。2 月 14 日，在一封署名信中，她表示身为王后阿斯特里德，她已经积极行动起来：“我声明，在贝尔维宫，我将满怀感激地接受那些慷慨无私以及充满善心的同胞送来的雪中送炭之物，它们将帮助到众多处于水深火热之中的人。”她穿梭在遭受不幸的国度里，走家串户，慰问孤寡之人和病人。她的行动激起了比利时人民一番热忱。她不仅仅是高雅的化身，还诠释了幸福和团结。这一切并没有使她忽略文化界、戏剧界以及音乐界，她也关注图书馆的修建以鼓励大家多读书。

① 克里斯托弗·德·福萨，亨利·凡·戴尔著《六位王后》，拉辛出版社，1996 年版。

令人心碎的屈斯纳赫特惨剧

与她的丈夫一样，阿斯特里德也很爱爬山。在休假期间，他们毫不犹豫地选择去山间徒步，即使阿尔贝国王的意外死亡都没有令他们的兴致减少分毫。1935 年 8 月 29 日，两人住在瑞士的别墅哈斯里霍，就在四州湖边，卢塞恩附近。在回布鲁塞尔与他们的儿女汇合之前，他们决定进行第二次徒步。为了增添乐趣，在迷人的景色间穿行，利奥波德三世叫人带来了他妻子的“帕卡德 120”，一辆马力超强的敞篷车，是当时非常流行的运动型汽车，轮胎侧翼是白色的。这是双人游山的最佳交通工具了。其实最终也并非双人出游，王后的司机皮埃尔·德福斯特，坐在不是很舒服的后排横座上，行李则装载于车后。之前两天阴雨绵绵，今天终于放晴了。他们定在 9 点出发。阿斯特里德没有开车，她坐在了死亡之座上。国王决定由他来驾驶汽车。车子发动了。多么幸福啊！一路欣赏湖上风景，还有路边的葡萄园，景色壮观，视线清晰，路上车量又少。大概 15 分钟以后，在驶向库斯纳什村的道路上，悲剧发生了。据皮埃尔·德福斯特回忆，王后低头看地图寻找路线。天啊！国王以 70 千米每小时的速度开着车，靠向妻子帮助她一同看地图。不过 2 秒或是 3 秒的时间，在转弯的时候，由于柏油马路依然潮湿，车子打滑了。国王加速，试图将失控的车子调转过来，可惜事与愿违：车子猛烈地冲进凹陷的车辙，撞破了护栏，接着撞在了一棵树上，继而撞上第二棵，翻滚了好几下，最后终于在湖边的芦苇丛里停住了。惨剧酿成了：阿斯特里德被弹了出去（如果她绑安全带的话，或许就会没事了），当场便不省人事。

国王在被撞昏之后，终于恢复意识。他的一条肋骨骨折，脸上和手上也有伤口。他摇摇晃晃地同司机一起向阿斯特里德靠近，显然两人都无能为力。他喊了么？“阿斯特里德！阿斯特里德！阿斯特里德！”或许吧？绝望的呼喊。

一辆车停了下来。这是海尔维第的安全部门，根据惯例，小心翼翼地跟在旅行的国王和王后后面。一名医生赶来了。一切都太晚了。美丽的、高雅的、完美的阿斯特里德王后将她的灵魂献予了上帝。她还不到 30 岁。

当比利时人民听到这一噩耗的时候，离上一次王室成员的不幸身亡不过 18 个月。最终，人们举行了国葬，然而伤痛仍然盘踞在人们心中，最具象征意义的欧洲王室夫妻就此阴阳两隔，浇灭了人民心中的希望，令人景仰和爱戴的阿斯特里德王后竟然就这样骤然离世，整个国家都无法接受这一惨痛的事实。屈斯纳赫特，在之前还是爱人们在醉人夜晚亲吻的向往之地，如今不过是悲剧的代名词。人们在事故发生的地方修建起了一个小礼拜堂以纪念在此逝去的王后。

比利时在哭泣，王后成为传奇

由于事发突然，舆论推测这并不是一次简单的事故，大家提出了很多假设。这真的是一场事故吗？国王没有谋杀他的妻子？难道那辆车不是被刚上台的希特勒的特务们做了手脚的么？器械专家经过检查后百分之百确认：国王的大意酿成了这次惨剧。利奥波德三世再也没有从悲剧中走出来，他今后的人生仿佛行尸走肉一般。

在王宫的沉思者沙龙里，停放着王后的遗体，自 8 月 31 日起，停放三日，数以万计的悲痛的民众前来悼念他们敬爱的王后，阿斯特里德在死后依然美丽，白色细带子遮盖着她的伤口。这间客厅名字因一件米开朗基罗的《沉思者》的复制品青铜大吊钟而命名，这件作品的灵感来源自佛罗伦萨美第奇家族洛朗的陵墓。每当有王室成员去世，这间客厅都会当作停尸房使用。

王后的葬礼在 1935 年 9 月 3 日星期二举行。数百万的男女老少看着王后的灵柩在他们面前经过，都痛哭流涕，国王步行跟在灵柩之后，脸上的伤痕犹在，他神色绝望，左臂仍然绑着绷带，走路轻微地一瘸一拐。在葬礼前一晚，就有人拿着折叠式椅子在葬礼游行必经的路旁等候。布鲁塞尔被悲痛席卷。生活停滞了。当悲剧发生之后，所有的报纸都刊发专号，讣闻都饰以黑色镶边。我研究了相关报道、评论和分析，大家议论纷纷。安放在巨大葬礼帷幔的银质家族徽章上，本镶有阿尔贝和阿斯特里德名字的首写字母“A”，如今已经被拆卸下来。先是登山的阿尔贝国王，继而又是质朴人民的王后，她年纪轻轻就已离世，不得不使人相信厄运正在追逐着比利时第一家族。假期中的两场事故，犹如上天所降的两次惩罚，已经破坏了王室的幸福和从容。

利奥波德三世步行跟着灵柩，他身着制服，没戴帽子，步履艰难地来到拉肯教堂的地下室。比利时《晚报》报道称：“……王后的伟大和高尚深入人心，她是值得尊敬的权威象征，她的英年早逝令人扼腕，她的母性光辉永远闪耀。”《标准报》写道：“母亲与王后，您将王冠抛给了子民，将裹尸布抛给了子女。因为有双重的爱，如今便有双重的痛。”比利时《人民报》缅怀道：“这一年轻的女子延续了比利时王室简朴亲民的一贯作风。人们向她致以敬意，是因为她本能地视人民犹如自己的孩子。她是妻子，也是母亲，毫不浮夸做作。她充满活力地做好自己，她欢乐的生活态度就连最忧郁的人都会为她所吸引。”

如何解释这样一位人物在今天还被人们津津乐道呢？帕斯卡尔对她的传奇人生做了相当严谨的分析和考证。[①]将她的悲剧与当代其他王妃的驾车死亡事故（摩纳哥王妃格蕾丝，英国王妃戴安娜）相提并论是不得体的，也很愚蠢。她的生命短暂，而她的信念却使她的形象升华，因此产生了梦幻般的动力使我们永远怀念她。阿斯特里德作为比利时王后不过短短的 18 个月，她真诚的付出和最终取得的成就却超过了她身为布兰班特公爵夫人的时候。她没有机会令人失望，令人震惊或是招致非议。无论在私人生活还是公共生活中，她都表现得完美无瑕。她清除了对她不利的声音，即她的信仰问题。在经过长时间的努力后，她才被天主教的信仰打动，最后改宗天主教，并付出真挚的情感。她是当时最年轻，也是最迷人的欧洲王后，人们从未停止对她的迷恋和同情，她也总是实现自己对人民许下的诺言，付出爱心和质朴、神圣的恩典。她是理想的幻影。

① 帕斯卡尔·达耶-比尔让著《阿斯特里德王后：传奇历史》，标准出版社，1995 年版。

Elizabeth Ⅱ

英国女王：伊丽莎白二世

全世界消息最灵通的女人

La femme la mieux informée du monde

2012年6月3日星期日下午，伦敦。女王陛下走下了她的老式敞篷小汽车，一身素白。为了庆祝她登基钻禧纪念，整套礼服上点缀着金银圆点，如钻石般闪耀着光辉。她在左肩上佩戴了一枚钻石胸针，名叫雅尔迪内之星（jardine star）。她的耳环之前属于她的祖母，严肃的玛丽王后，即乔治五世的遗孀。太阳同这场盛典赌气，派来一场典型的英伦小雨迎接这位身材娇小但灵魂伟大的女性。到这一天为止，这个女人已经统治了英国共63年3个月，20世纪下半叶的50年以及跨世纪的这十几年都在她的统治下。狂风暴雨都无法吓倒伊丽莎白二世。她已经86岁了，女王已经以她一贯克制甚至有些固执的态度面对过无数政治、经济、社会、家庭及王朝风暴，其中有一些危机实在令人难以预见，但女王的处理方式就连一些反对君主制的政敌都惊叹。从前一天晚上，就有上百万满怀敬仰之情的民众聚集在泰晤士河岸边，等待庆典开始，一睹女王真容。庆典令人叹为观止：一千多艘船鱼贯进入港口，井然有序。人们可以欣赏到大小不等的各个时期的船，从气垫船到贡多拉，从捕鱼船到旅游小艇（为了纪念二战受伤的老兵），还有皇家巡洋舰“贝勒法斯特”（belfast），1960 年以后就已经不再出海了。另外还有法国巴洛克式三桅帆船“贝仑”（belem）。为什么这一规模宏大的船只游行仪式无法复制呢？这正是伊丽莎白女王一生的象征，无论时代风云如何变幻，女王依然屹立不倒，她是跨越各个时代风浪的象征。1662 年，在泰晤士河上举行了第一次船队庆典，人们叫泰晤士河为“the River”，之所以用大写的 “R”，是因为泰晤士河和王室的十几个王朝紧密相连。查理二世国王，也是斯图亚特王朝复辟后的第一位君主，英国内战后，共和党人克伦威尔杀死他的父亲。之后，查理二世在汉普顿王宫度过了他的新婚之夜，并且乘船回到了如今的威斯敏斯特地界。作为一名海上运动爱好者，他是第一位给自己买游艇的人。他和他的妻子布拉干萨王朝的凯瑟琳一起，曾经驾驶着小艇到达伦敦港口。350 年后，伊丽莎白二世与她穿着海军制服的丈夫站在老式皇家汽艇——“布列塔尼亚”小型护卫舰上，在 20 多名训练有素的划桨人帮助下，在河中前进着。这艘船自 1998 年便已退役了，之后停泊在爱丁堡港口，成为一座博物馆。（人们发现了女王脸上挂有泪珠，这是很少见的。）之后，女王独自一人站在一艘装饰有 17 世纪风格金红色的平底大驳船上，欣赏着沿河两岸的歌剧、合唱、哑剧还有其他表演节目，为了这一刻，很多节目甚至反复排演长达一年之久。人们与女王之间的互动也是一景。大家不约而同地向女王致敬，充满感激和爱国之情。伊丽莎白女王一直站着，没有显露一丝疲倦，她看着人们向她致意，也无比感动。那一天的天气犹如透纳画笔下的雾景，泰晤士河上的风景也犹如卡纳莱托的油画再现。伊丽莎白二世步伐稳健，不过因一不小心踩在了她的一只柯基的尾巴上而身体稍稍摇晃了一下。庆典持续了 4 个小时，悠扬的管风琴演奏持续了五天，令人难忘，人们忘记了正在经历的经济衰退。这一次庆典不可复制，充满了热忱和亲民的气氛，无比神圣。这显然并不意味着“统治的终结”。不同于 20 年前的“annus horribilis”[①]，也不同于 15 年前黛安娜的死造成的动荡，80% 的英国人都支持君主政体，尤其是支持他们的女王，愿她屹立不倒。

年轻的莉莉贝丝公主并没有当上继承人

1926 年 4 月 21 日，伊丽莎白公主出生了，她是乔治五世国王的第二个儿子约克公爵与伊丽莎白·鲍斯 - 莱昂（一个热爱鬼魂的苏格兰贵族）的第一个孩子。约克公爵及其夫人非常恩爱，4 年以后，他们还将迎来自己的第二个女儿，玛格丽特·罗斯。公爵名叫阿尔伯特，不过大家都习惯叫他“贝蒂”，他很害羞，长期受口吃困扰，讨厌在公共场合演讲。他的大女儿，在温莎王朝，大家都叫她“莉莉贝丝”，是一个开朗的女孩儿，她喜欢跳舞，不过偶尔也会露出沉思和严肃的神色。丘吉尔评价这位公主在年轻的时候便已经表现出惊人的自主个性，这大概是遗传自她的高祖母维多利亚。约克公爵非常信任莉莉贝

① 拉丁语，指“可怕的一年”。伊丽莎白当时在一年之内面临多桩家族丑闻从而承受了前所未有的社会压力，于是在面向民众发言时自称她度过的一年是“可怕的一年”。——译者注

丝，因为她很有责任感而且注重维护王室家族形象。8 岁的时候，美丽的、讨人喜欢的公主为王室拍摄了官方照片。她身着公主裙——长长的丝绸和朱罗纱裙，她在穿着制服的父亲身边，盘腿坐在地上。他的父亲很喜欢逗弄他最喜欢的小女儿罗斯，她模仿当时的歌星和名人的样子滑稽又可爱。这对姐妹非常喜爱彼此，相处融洽。他们的生活非常和谐，低调，欢乐，换句话说，非常“布尔乔亚”（中产阶级）。这家人有时住在诺福克的桑德林汉姆宫，或者是位于苏格兰的巴尔莫勒尔堡，坐落在森林和山丘之中，这两处住宅都是王室的私人产业。

没人能够预料到一场灾难的发生，足以撼动君主政体和莉莉贝丝公主的命运。她的伯父爱德华，她叫他大卫，人称威尔士亲王，是王位继承人。他非常善于结交人脉，关心经济危机下工人阶级的疾苦——后者面临失业和贫困，可是他的个人生活让王室和政府非常困扰。他不大遵守自己的义务，经常流连夜店，和多名已婚女性有染。他的身边围绕着丑闻，导致政府和他父亲对他颇有微词。乔治五世甚至询问他的首相任性妄为的爱德华是否足以胜任国王这个角色。历史上记载，爱德华王子非常恐惧自己成为国王。他的统治只持续了 325 天，在一片政治恐慌和王朝震荡中，爱德华八世甚至还没有完成加冕典礼，便在 1936 年 12 月 10 日退位，原因是他爱上了一个声名狼藉的美国女人——沃利斯·辛普森夫人。这个女人曾经离过一次婚，而且她刚刚宣布自己结束了第二次婚姻。爱德华八世的退位在英国历史上史无前例，因此造成的直接后果是，约克公爵毫无准备地成为乔治六世，从他还活着的哥哥温莎公爵那里继承了王位。他的长女则成为新的王位继承人。她亲眼见证自己的父亲为了克服口吃而做出的超人努力，正如精彩的电影《国王的演讲》所表现的那样。1937 年 4 月 27 日，在伦敦国家海军博物馆的开馆典礼上，乔治六世发表了演讲。伊丽莎白，坐在她母亲身边，专注而不安地看着他的父亲跟随着医生莱昂内尔·罗格的指示发音。得益于这个澳大利亚人的治疗，乔治六世最终克服了他的口吃。

然而战争的乌云笼罩整个欧洲，君主政体也处于风雨飘摇之中。在她 13 岁的时候，乔治六世在广播中发表了演讲，当时他讲话依然很吃力。他宣布，英国将加入对抗德国的战争。伊丽莎白热爱父亲发表的字句简单的演讲，它们打动了英国的每一个民众，他们团结在一起支持着王室，而在国王身边，他富有魅力的妻子带着微笑，掩饰着她坚强的个性。

在国家机密中成长的制服公主

尽管面临炸弹威胁，国王和王后拒绝离开伦敦。两人的爱国之情获得了民众的普遍爱戴。他们的两个女儿也处于危险之中，即使在温莎城堡里也不安全，另外还有食物紧缺。伊丽莎白无法忘记她的父亲严格控制家里澡盆水的高度：18 厘米。在这一艰难时刻，为了避免浪费，女王养成了节约的个人习惯，在之后甚至被人诟病为吝啬。1940 年 9 月 13 日，继承人公主在广播节目《儿童时间》上发表了支持“大英帝国孩子”的演讲。这是她的第一次官方演讲。她当时 14 岁，她的妹妹在她身边。在这次公开演讲背后，显露着乔治六世对公主的希望,培养她成为一名合格的继承人,将来担负重任。1942年4月11日,在白金汉宫的办公室里，伊丽莎白靠在她父亲的肩头，一同阅读藏在盒子里的国家机密文件，这些装有机密文件的红色皮革盒子上镶有国王的花字缩写。她还常常学习阅读机密报告、军事情报分析以及丘吉尔办公室里的外交电报。这一传统一直保留到现在，这意味着伊丽莎白二世在70多年里一直是全世界消息最灵通的女人。伊丽莎白在战争时期接受的教育非常珍贵。1942年的秋天，她的父母接待了埃莉诺·罗斯福夫人，可以说这是一位不大遵守繁文缛节的美国总统夫人。略感窘迫的到访者细心地发现国王时刻不忘国家正经历战争，迫使家人和宾客一同减缩日常用度。尽管使用金银器用餐，菜单却是规定好的：冷汤、火腿慕斯、冷鸡，还有草莓奶油冰淇淋。没有一样是热的！几乎和英国每个普通家庭一样。伊丽莎白亲自为罗斯福夫人倒茶，夫人对公主“展现的性格和魅力”印象深刻。国王和王后忍受着感冒造成的不适，因为暖气不足。伊丽莎白坐在父亲和丘吉尔中间，焦急地听着北非前线的战报，还不停向罗斯福夫人询问美国的生活。

这样的生活状况并没有妨碍伊丽莎白、她的妹妹与王后以梦幻的姿态一起现身在一张彩色照片里：一家人在温莎城堡的后花园里，饶有兴致地检查着在两个炸弹坑间种植的土豆秧。

1945年4月，公主加入了女子辅助服务团，这是一支支援前线的女性服务部队。伊丽莎白·亚历山德拉·玛丽·温莎少尉接受了驾驶和维护救护车的培训。公主两手沾着油污，成为一名优秀的机械能手，她用心地修理引擎，运送伤员和药物，来往于医院和诊所间。姐妹俩还穿上了海上游侠的制服，作为未来继承人的姐姐悄然地在国家机构中建立起了声望。

1945年5月8日，加入了欢庆的人群

身着制服的国王和他的亲人们站在白金汉宫的阳台上，同激动的民众一起庆祝反法西斯胜利。乔治六世和他的妻子以及两个女儿6次挥手致意，而人们的热情不减，欢呼声震天。不同寻常的是，国王邀请首相一同登上王室专属的阳台，丘吉尔摆出了他6年来一贯的招牌动作——“V”字手势，它象征胜利。这一天是伊丽莎白一生中最难忘的一天。多年以后，当她接受BBC采访时，吐露了她与妹妹当时的情绪：“我当时相当激动，如释重负，因为我们度过了那么多的日日夜夜，只盼望欧洲的战争结束……我们请求父母让我们到王宫外面去感受周围发生的一切。我们在街上走了好几公里。我目睹了好多民众挽着手臂登上白厅。穿过格林公园以后，我们回到了王宫前，同人群一起站在那里，呼喊着：‘我们要见国王，我们要见王后！’”[①] 1918年11月11日的景象如今重演了，王室之所以获得如此多的民众支持，是因为它在战争期间与人民团结一致，众志成城。君主制得以巩固，继承人公主也起到了模范作用。

---

① 纪尧姆·卡隆著《伊丽莎白二世，世纪女王》，《观点报》，2001年。

伊丽莎白也会玩耍。1947 年 2 月，伊丽莎白开始了她第一次离开英伦的官方访问。在皇家海军“先锋号”的甲板上，公主与船员们玩起了躲猫猫游戏。她非常高兴。这次活动被摄影机记录了下来，媒体异常惊讶她的行为。穿着普通裙子的未来女王同穿着百慕大制服和白色长袜的海军士官生们在一起玩耍是否不妥？这是对公主的误解，她不过是享受自然快乐的人生，随心而动。他的父亲为她辩白：“别忘了由于她们伯父不光彩的退位和残酷的战争，她们度过了相对阴郁的童年和青少年时期。”

两个月以后，4 月 21 日，在她 21 岁生日时，伊丽莎白在南非的开普敦发表了演讲。她将亲自撰写的演讲稿放在桌子上，坐在桌子前面，说：“我在此向大家宣誓，不管我的生命有多长，我将终生服务于我的帝国家族。”这是一个未来统治者的宣言，而此时英国的殖民地统治正在逐渐瓦解：4 个月以后，印度宣布独立，并一分为二，新的国家由此诞生，即巴基斯坦。1948 年年初，斯里兰卡宣布独立。347 年以前，伊丽莎白一世曾经发布宪章，宣布英国在印度的垄断地位。殖民时代结束了。

1947 年，伊丽莎白再也无法掩饰自己对一名海军军官的一见钟情，他就是希腊与丹麦的菲利普王子，出生于科孚岛。在很久以前，莉莉贝丝便很喜欢海军。那个时候，作为爱德华七世的外曾孙以及蒙巴顿爵士的侄子，落魄贵族菲利普参与商谈印度独立事宜。在 1939 年 7 月，他与伊丽莎白相识在达尔茅斯的海军基地。那年她 13 岁，而他 18 岁。他高大而英俊，莉莉贝丝很快便为之倾倒。在上尉的批准下，他们再次见面。公主本来就很有幽默感，经常和菲利普开怀大笑，因为菲利普很擅长出其不意给人惊喜，思维敏捷，对答如流。不过菲利普也有痛苦的童年回忆，他的父母在他儿时离异。他的母亲是黑森-巴腾堡公主阿利克斯，也是俄国末代皇后——沙皇尼古拉二世妻子的一个外甥女。

1947 年夏天，未婚夫不得不更改姓氏

他们彼此钟情，因此希腊的乔治二世国王在 1944 年 3 月，便正式提出，希望伊丽莎白与他的日耳曼堂弟菲利普联姻。乔治六世并没有拒绝，只说他的女儿还很年轻，希望她在战后可以多出去旅行，好好考虑之后再做出决定，因为它将影响她的一生。在她前往南非的旅行中，伦敦政府便开始讨论菲利普作为英国公民的可能性。这是个极为重要的问题。不过它很快便被解决了，因为菲利普在皇家海军服役表现优异。不过，还有另外一个问题需要解决，那就是他应该取一个新名字。这个希腊王子还有着丹麦血统，使得他有了一个很长的姓氏，即石勒苏益格-荷尔斯泰因-宗德堡-格吕克斯堡，这个很长的日耳曼姓氏，在二战结束两年后，依然很敏感。最后，大家决定采用他母亲的姓氏，巴腾堡（Battenberg），在 1917 年已经英化为 Mountbatten（蒙巴顿）。温莎城堡的人需要再一次规避德国血统称号，正如乔治五世在一战期间所做的那样。

1947 年 7 月 10 日，《宫廷公报》刊登了一则白金汉宫的公告，其他报纸也相继转载：“我们非常荣幸地得知，国王和王后宣布他们

亲爱的女儿伊丽莎白公主，将与希腊的安德烈与阿利克斯之子——皇家海军上尉菲利普·蒙巴顿订婚。他们的联姻已经得到了国王热烈的支持。”

婚礼定在11月20日。很快圣詹姆斯王宫便堆满了从世界各地寄来的礼物，大概有1500件，既奢侈又新奇。其中一件礼物竟然是100双尼龙短袜，在当时这种布料算奢侈品了，还有一块很奇怪的白色棉料，玛丽王太后非常不喜欢，她推测这是甘地送的，因为它很像缠腰布！事实上，那是圣雄甘地亲自用他著名的纺车织出来的桌布。鉴于敏感的外交因素，玛格丽特公主在和自己的姐姐商讨之后，藏起了这个不大合时宜的礼物。国王的礼物则是另外一回事了。11月12日，他授予自己的女儿嘉德勋章。在11月19日，他授予自己未来的女婿同样的勋章。菲利普被宣布为王室成员，他被授予多个封号，但大家通常称他为爱丁堡公爵。发婚礼邀请函的时候也很伤脑筋，因为按照规定，不能邀请德国的亲戚。因此，菲利普的三个姐妹都不在宾客名单之内，她们都嫁给了日耳曼贵族。而且我们可以预想到，温莎公爵及其夫人也不在邀请名单之列，因为这对夫妇在1937年成为希特勒的座上宾，他们对纳粹的好感令大不列颠国民不悦。更糟糕的是，乔治六世唯一的妹妹玛丽公主拒绝参加婚礼，因为她为自己的哥哥爱德华，即温莎公爵抱不平，认为他受到了排斥。

1947年11月20日，伊丽莎白与她少年时期的爱人正式结合在了一起。在威斯敏斯特的仪式很神圣，同时也是一次历史的重演：1816年，夏洛特公主，汉诺威王朝乔治三世的女儿，王位继承人，也是在这里与萨克森-科堡的弗雷德里克举行婚礼的。在这个战后的冬天，人们身心的创伤还未完全愈合，这个英雄主义的帝国仍被笼罩在悲惨和忧虑的愁云中，丘吉尔宣称这场婚礼犹如“前进路上的一道彩色闪电引领着人们”。虽然乔治六世非常高兴在有生之年可以看见自己的女儿收获爱情和幸福的婚姻，但同时与女儿分离也令他伤心。不管是童年还是青少年时期，伊丽莎白和玛格丽特从来未曾远离过她们的父母，他们是温馨互爱的四人帮。而现在，伊丽莎白即将以一个全新的姿态站立在世人面前。可能正是因为这样，国王在婚礼上缄默不语，在11月20日的晚上，国王给新婚的女儿写了一封感人至深的信，最后他深情地写道：

> 你的离去使我们的生活变得空虚，
> 要记得你昔日的房间一直给你留着，
> 我们希望你尽可能经常回来看看。
> 我知道你和菲利普在一起非常幸福，因为他很完美，
> 但是不要忘了，这里还有一个永远爱你的爸爸。[①]

① 萨拉·布拉德福德译《伊丽莎白》，企鹅书屋，2002年再版。

幸福的她很担心病重的国王

公主沉浸在幸福中。如今她经常代替父亲履行义务，周车劳顿，前往遥远的澳大利亚和新西兰。她的幸福都写在脸上，比方说 1951 年在加拿大，快乐的伊丽莎白和丈夫一起跳舞。两人都穿着时髦的乡村服装，菲利普打扮成伐木工，身着大格子衬衫，而他的妻子则兴奋地与他一起跳起了广场舞。巴尔莫勒尔的夏天，人们在城堡里举行舞会，气氛尤其热烈，伊丽莎白玩得很尽兴。在完成未来王位继承人应有的义务之后，她总是这么自如随性。在婚后，她的丈夫很快被调动至马耳他，在那里，伊丽莎白是一名海军军官的妻子，也是家中的女主人，她经常接待海军的妻子们。大家对公主的印象很一致：公主擅长招待宾客，她成为女王以后也一直保持这一优点。她很快成为一位母亲。1948 年 11 月 14 日，她生下了查尔斯王子。1950 年 8 月 15 日，安妮公主出世。不过，有时伊丽莎白会在公共场合偶尔发挥一下独特的英式幽默感。比方说，在一次盛大的晚宴上，一名笨拙的工会积极分子没有好好用叉子，不幸地让一块白薯掉落在地上。这位客人显然不想让大家注意到，于是极力将软塌塌的白薯往椅子底下踢。伊丽莎白向他报以温柔的微笑，说道：“人生有时候真是艰难啊，不是吗？”

令人伤心的是，乔治六世的身体每况愈下。国王的亲人们，尤其是伊丽莎白清楚地知道自己的父亲是如何艰难地度过战争年代，如何夜以继日地工作，在 7000 千米的距离间往返奔波（任何一个国王都没有像他这样在英国境内出这么远的差），他抽很多烟，与他的三方敌人持续斗争着：因疲劳而变得难以控制的口吃；希特勒的威胁；

还有他自己的哥哥温莎公爵，后者一直在要求收回曾经放弃的特权。自 1948 年起，国王一直受腿部痉挛困扰，严重到需要做切除手术。1951 年春天，乔治六世发烧，很快被诊断为肺炎，但通过照 X 光查出他胸部有一颗肿瘤。国王并没有被告知这一噩耗。人们向他解释疼痛是由支气管炎引起的，因此必须切除左肺。1951 年 9 月 23 日在白金汉宫实施了手术。

这一次，国王的病况已不再是秘密了。5000 多民众聚集在王宫大门口，等待关于国王病情的最新消息。终于，晚间公布了手术后的情况。医生们给国王安排了预后，以防出现术后综合征。这位日渐虚弱的国王，在 10 月 25 日迎来了健壮的丘吉尔时隔 6 年再次赢得大选，并再一次任命他为首相。丘吉尔那时已经 77 岁了！

1951 年圣诞节，王室按照传统在桑德林汉姆宫过节。坚毅的国王在 BBC 的话筒前，为全国人民发表祝福。他如此疲倦，以至于需要提前录下他的讲话。这是头一次。他以不凡的毅力，没有出现任何语调偏差或舌头打结完成了演讲。1952 年 1 月 29 日，国王重回伦敦接受专家会诊。他们宣布对治疗很有信心，虽然国王变得相当瘦弱。第二天的傍晚，重拾欢乐的一家人出席了西街著名的德鲁里巷皇家剧院排演的戏剧《南太平洋》。这次现身相当重要，因为这证明国王的身体已经好转。“上帝救了国王！”大家集体起立，呼喊着，整个大厅瞬间沸腾。伊丽莎白强迫自己露出微笑。第二天，她和丈夫便要远行去津巴布韦、澳大利亚和新西兰。其实，年轻的夫妇此次是为了完成 4 年前国王放弃的海路访问计划。国王坚持送他的女儿和女婿去机场。这是一次意外的举动，但昭示了一切。丘吉尔当时也在场，他在之后说道:“国王当时已经知道他将不久于人世。”这不是一次简单的送别,而是永别。他的女儿在肯尼亚的萨加纳得知噩耗,而且消息还被延迟送达了,因为加密的电报上写的寄送地址为“海德公园角”。可是,邮寄部门将这个地方与伦敦著名的同名地点搞混淆了!伊丽莎白当时还在一棵树下,站在树顶酒店安置的平台上欣赏动物。按照王室的传统,出席丧礼的服饰一直都在旅行箱里。继承人公主必须时刻准备好,她做到了。伊丽莎白二世,26 岁,她的统治在离伦敦 6000 千米的地方开始了。国王薨逝,女王万岁!她的母亲沮丧消沉,无法掩饰自己的悲伤。如果不是国王的兄弟爱德华八世那么不负责任地退位,她的丈夫如今或许还活着。新女王拒绝迎接她的伯父前来悼念自己的兄弟,因为爱德华曾将帝国丢弃,使它声望跌进谷底,而乔治则使君主制深入人心。

首次由电视直播的加冕仪式

伊丽莎白二世是继征服者纪尧姆以来大不列颠的第 41 任君主,也是温莎王朝的第 4 任继承者,在她以前,英国历史上已经有两位闪耀的女王,伊丽莎白一世与维多利亚,这两位伟大的传奇女王都曾为国家带来辉煌。自从 1948 年以后,风云变幻,时代早已不同,澳大利亚联邦,这个“独立联邦自由共同体联盟的象征”已经失去了它的“不列颠”属性。伊丽莎白已经不是印度的女王了,她是包括英国在内的英联邦的国家元首和领袖,其中就有澳大利亚和加拿大,这些国家的人口总数已有数亿。当所有政府官员在机场守候的时候，安东尼·艾登，外交部部长，永远忘不了“一个年轻的黑色身影出现在飞机出口的那一刻，她在那里停了一会儿才踏上悬梯逐步走下，走向她一生都要履行的职责”。一到达伦敦，伊丽莎白二世已经令周边的人刮目相看。丘吉尔很快便评论道：“她如此年轻，还是个孩子。”当每半个月举行听证会的时候，女王和她自1952年起便任命的首相谈起了他们共同的爱好——慢跑，但根据丘吉尔的建议，其他运动项目都不能碰。这位年轻的女孩敬业、决断、认真。为了更好地了解国家领导人所做的决策，她会长时间工作。在原本就对此比较熟悉的情况下，再加上从小接受的教育和她的使命感，女王获得了三项特权：咨询权、知情权以及监督权。任何人不能打扰每周二下午6点女王与首相的会晤，人们知道当女王向首相询问某个决定是否恰当的时候，那便意味着她并不同意。不过，女王不会对政治决策做评论。对外，女王不会表现出倾向于保守党或是工党，也不会表露她的喜好、满意或是失望等情绪。她虽然是国家的象征，但并不代表可以摄取国家的灵魂，更没有所属阵营。不过有人怀疑她和左派领袖似乎较为亲密，对右派领袖则稍有冷落。

加冕典礼的日子定在1953年6月2日。伊丽莎白二世是20世纪最后一位抹圣油加冕的君主。这一宗教仪式将在威斯敏斯特教堂举行。这一历史性仪式是否可以电视直播呢？在经历了一场围绕现代技术与神圣宗教间的讨论之后，人们做出了妥协：官方发言和加冕将会被直播，可是抹圣油和祈祷以及领圣体仪式将会保密。这是一次标志着媒体时代到来的历史事件。当时像素很差，人们围坐在边长不超过

22 厘米的黑白屏幕前，见证了这些影像。当天晚上，各路人士乘飞机参加圣典。加拿大因为时差的缘故，在同一天的晚些时候也将看到实况转播。伊丽莎白二世也是第一位受媒体追逐的女王，她和她的家庭将成为世界媒体闪光灯下的常客和报纸上永久的话题。这再好不过，也再糟不过。

作为家长的女王简直操碎了心！

伊丽莎白二世在诸多盛大庆典及其他官方活动中，除了注意维持备受国民爱戴的“女王母亲”形象，还得应付她的妹妹玛格丽特·罗斯。这个小妹妹，22 岁，年轻貌美，俘获了众多男人的心，连他的父亲都不禁用法语唤她“可怕的小孩”。玛格丽特甚少参与官方活动，她觉得自己一无是处。自从乔治六世去世后，她与母亲住在克莱伦斯屋。尽管她看上去放荡不羁，但其实已爱上一个刚刚离婚的英国飞行员英雄，38 岁的上校彼得·汤森。女王完全不知道她妹妹正计划与这位有魅力的男人结婚，这位上校曾经是他父亲的侍卫官。当她得知后，深爱着玛格丽特的伊丽莎白二世建议妹妹再等一等。因为她还不到 25 岁，根据 1772 年的法案，她的婚姻必须得到女王的批准。如今，还需要询问首相的意见并且解决一系列牵涉政体的难题。当年她们叔叔退位的阴影还在，说不定历史又将重演。在她 25 岁之前，玛格丽特可能一直会是众人猜测议论的话题。谁会让步呢？最终，女王的妹妹还是害怕失去她的贵族身份以及她的王位继承权。1955 年 10 月 31

日，她与彼得·汤森分手，成为“伤心的公主”，她的痛苦情绪立即见诸报刊之上，一时间战后的报纸销量出现了一次小高潮。女王陛下并未料想到王室家庭的私人事件会在如此大的公众范围内产生影响并持续发酵。这样的情况将反复上演。

在与彼得·汤森分手之后，玛格丽特又爱上了一个天才摄影师，安东尼·阿姆斯通-琼斯，两人于1960年5月6日结婚。女王在白金汉宫为她的妹妹举行了盛大的舞会，祝贺她最终获得幸福，她甚至还借给她“大不列颠号”皇家游艇去加勒比度蜜月。可惜，尽管他们的孩子大卫和萨拉在1961年和1964年相继出生，但两人相处并不融洽。玛格丽特经常一个人居住在穆斯提克岛的家中，借酒精度日，过着放荡的生活，她的行为震惊了国家议员们，也让王室蒙羞。抑郁的公主和热衷社交的摄影师最终在1978年离婚。

伊丽莎白二世在做公主的时候非常幸福，当时她的婚姻生活还未成为沉重的负担，也并未被烦琐的公务所占据。爱丁堡公爵不久便痛苦地发现自己永远扮演婚姻中的次要角色，幸好在私人范畴，尤其是孩子们的教育问题上，他还能说上话。他的个性确实暴躁，经常干一些蠢事向陈旧的教条宣示自己的独立。为了远离是非之地散散心，菲利普王子经常和他的侍从官及好友迈克尔·帕克流连于“星期四酒吧”。关于公爵不忠的流言甚嚣尘上，不过它们从未被证实过。女王深知这些谣言的危害性，为了使他的丈夫远离舆论压力，她建议他出席1956年8月的墨尔本奥林匹克运动会开幕式。菲利普好好地利用了这几个月的假期，蓄起了胡须，还参加了一次科学探险。

菲利普长久不归似乎更加坐实了王室家庭即将崩溃的谣言。夫妻俩重聚里斯本，女王为了解决危机，在此四天之后，于1957年2月22日，她宣布授予菲利普“王夫”头衔。两人最终和解。1960年，伊丽莎白最钟爱的儿子安德鲁出生，之后是爱德华，出生于1964年。

我们无法忘记1972年5月29日，巴黎，温莎公爵在布洛涅森林自己的宅邸内去世。当时女王正在法国首都，被告知自己的伯父不久于人世，她最后来到他的床前。她还是将他的灵柩安置于温莎城堡圣乔治礼拜堂内的家族墓地。1986年，公爵夫人也被安葬在他身边。在那天，不管怎么说，第一次也是最后一次，这个曾经动摇英国王位的美国女人终于成为王室的一员。

“可怕的一年”：4个孩子，4段婚姻，3场离婚

女王经常被亲人们给她出的难题伤透脑筋，幸好与首相的会晤可以让她放松。1965年，温斯顿·丘吉尔的去世对她来说有如晴天霹雳，她将他视为导师。她要求必须给予这个伟人举行庄严的葬礼，她只有一句话总结他：“他很有趣。”她对接任者，1979年5月继任并重组内阁的玛格丽特·撒切尔夫人可没有这样的评价。有史以来第一次，一个女人入住唐宁街10号并在1982年亲自主持了“马岛战争”。这也是女王的战争，因为她的第二个儿子安德鲁，当年22岁，作为皇家战舰“坚不可摧号”的直升机飞行员也参加了战斗。

1992年对女王来说是灾难性的一年。最开始她要宣布安妮公主与马克·菲利浦斯上校离婚。随后，安德鲁与莎拉·弗格森的婚姻也

岌岌可危。女王非常喜爱这个无拘无束的女孩，她让每个人都很快乐。但她的宠溺以及约克公爵夫人自己不大成熟的个性——尽管她已经是两个女儿的母亲，使她成为媒体追逐的对象。报纸上登出了她在泳池边与一个叫约翰·布莱恩的男子的亲密照，弗格森作为女王的儿媳，令王室蒙羞，舆论哗然。离婚紧随其后。最后，我们还不得不提到当时传出了查尔斯与他著名的妻子戴安娜严重不和的消息。1981 年结婚以来，戴安娜很快便觉得自己如同活在地狱中一般，因为她的丈夫再次与卡米拉·帕克 - 鲍尔斯纠缠在一起。查尔斯在 1971 年的时候便对她一见钟情。“在我们的婚姻中，一直有三个人。”戴安娜在接受电视采访中说道。接下来发生的一切对女王来说犹如噩梦一般，因为 1992 年 12 月 9 日查尔斯与戴安娜正式分居，而当时距离发生在温莎城堡的那场火灾还不到 3 个星期。大火在一夜之间吞噬了城堡的一部分。一切好像征兆一般！大火中的温莎，意味着整个君主政体都在被焚烧。直到 1997 年，女王才将他们的离婚事实宣告天下。1997 年 8 月 31 日，戴安娜和她的情人因车祸死于巴黎阿尔马隧道中。

在她的前儿媳过世后，女王表现出的冷漠引发了新一轮的地震。很有可能，这是伊丽莎白二世作为祖母保护自己孙子们的举动，她并没有按照王室家族族长的身份行事。自她即位以来，英国民众第一次对女王表达了强烈却沉默的敌意。一直等到五天以后，在首相托尼·布莱尔的劝说下，女王才同意发表悼言。即使女王是唯一一位在戴安娜的灵柩前低头的王室成员，君主家族的形象也无可挽回地跌入了低谷，需要长时间艰难的修补才可使舆论转向。女王与媒体、人民的友好关系直到 2011 年 4 月 29 日才得以重建，这一天，她的孙子威廉王子与美丽的凯特在数十亿电视观众的见证下结婚了。

钻禧庆典再次赢得人心

在此期间，女王还经受了两次苦难。2002 年 2 月 9 日，玛格丽特罹患脑溢血，这是致命一击，结束了她悲惨堕落的一生。在此之后的 7 个星期，备受人民爱戴的女王的母亲也撒手人寰。她是王室成员们的导师，是大不列颠人民最敬爱的祖母。她爱喝杜松子酒，喜欢听伊迪丝 · 琵雅芙的歌曲，还有她爱开玩笑的个性让她活到了 101 岁。人们都希望她永远这么活下去,就连共和制的少数派都希望她活得久些。

爱丁堡公爵是女王唯一的依靠了，女王在登基 60 周年之际，也有 86 岁高龄了。女王非常担心她丈夫的健康状况，因为他曾经在 2011 年的圣诞节因冠状动脉硬化而入院治疗并接受手术。2012 年 6 月 3 日星期天，在泰晤士河游行接近尾声的时候，菲利普尿道剧痛而不得不谨慎地退出庆典。女王的统治经常被反复攻击和质疑，但是女王总能从一直陪伴她的菲利普那里寻得安慰，他是她的亲密同盟，帮她渡过各种难关。他从未抱怨过。

令人称绝的幽默高手

她的钻禧庆典安排了一个秘密的、出人意料的余兴节目，在

2012年3月间秘密筹备。在7月27日晚，为了奥林匹克运动会的开幕式，女王平生第一次参与了一则短片录制，本色出演的女王显得非常有趣，给人们留下难以磨灭的印象。86岁高龄、维多利亚的重孙女向人们证明了“英式幽默”的真正价值。伊丽莎白突然间成了影视明星，被调侃的对象，她与赫赫有名的“誓为女王陛下效忠”的情报局特工，不死神话007，詹姆斯·邦德（由丹尼尔·克雷格扮演）演对手戏。

一辆出租车停在了白金汉宫的荣誉之院里。一个男子下了车，身形帅气，西装笔挺，气质优雅。詹姆斯·邦德，最为人称道的间谍特工，迎面遇见了欢迎他的三只黄褐色小动物，那是女王豢养的短腿狗，芒弟、霍莉还有维克罗，007的四脚敌人。随后，邦德行走在红毯上，一路登上二楼，最后停在女王的办公室门前。

女王一身粉色裙子，头戴醒目的插着羽毛的女式小帽，抬眼看着来访者，以严肃的语调说道：“晚上好，邦德先生。”

邦德持立正姿态回答道：“晚上好，陛下。”

他走上前去搀扶女王，一同去完成奥林匹克开幕式这一特殊使命。他递出了手臂，两人穿过走廊走下大理石楼梯。他们登上了直升机，只留下三只小狗恼怒地狂吠：“影片怎么能少了我们三只呢？”5秒钟以后，镜头转到了奥林匹克运动场。引擎的轰鸣声吸引了8万现场观众及亿万电视观众的目光。两个人的身影在空中飘荡。在众目睽睽之下，女王和邦德跳伞了。他们打开了英国国旗图案的彩色跳伞，引发了如雷般的掌声。当然，随后王宫官方发言人指出，女王并没有跳伞，而是使用了替身。噢！谁在乎呢？和人们一起玩游戏还不忘调侃的女王陛下，不仅在60多年的公务上兢兢业业，而且用真心打动了所有大不列颠人民。而且，据王宫发言人说，她“非常高兴”能与导演丹尼·鲍尔合作，她又在自己的个人成绩单上加上了浓重的一笔。

干得好，女王！

致谢

我要在此向比利时国王阿尔贝二世（Albert Ⅱ）致以诚挚的谢意。感谢国王陛下允许我借阅布鲁塞尔王宫档案处有关他的母亲阿斯特里德王后的档案。这些档案证明了她在1926年至1934年作为布兰班特公爵夫人，以及1934年至1935年作为王后，一直专注热心地为国家和人民服务。我还要感谢雅克·范·伊贝赛尔（Jacques Van Ypersele）先生，国王内阁大臣古斯塔夫·朗森（Gustaaf Janssens）先生，皇家档案管理者，以及他的助手塞缪尔·多德奇（Samuel Daudergnies）先生，他们都热心地给予我很大的帮助。感谢布鲁塞尔的CadeauRetro公司，他们丰富客观的媒体资料对我的写作提供了众多素材，在此感谢克里斯蒂安·科希（Christian Cauchie）先生和斯蒂芬妮·马洛（Stéphane Maroy）女士的帮助。我也不会忘记经营个人历史资料馆的托马斯·德里克斯（Thomas Dolinckx）先生以及学者玛丽-海伦娜·西蒙（Marie-Hélène Simon）女士对我的写作与研究给予的关心和帮助。

我还需向佩兰（Perrin）出版社致以敬意，在此特别感谢出版社主任贝鲁瓦·伊凡特(Benoît Yvert),编辑主任洛朗·泰斯(Laurent Theis),编辑格雷戈里·贝尔捷-加布里埃尔(Grégory Berthier-Gabrièle),美编玛丽·德·拉特尔(Marie de Lattre),以及编辑助手席琳·德劳特尔(Céline Delautre)。

最后,感谢我的妻子莫妮克(Monique)对我的写作提供意见和建议,它们一如既往地对我弥足珍贵。在此特别感谢。

让·德卡尔(Jean des Cars)

图书在版编目(CIP)数据

女王传奇 ：欧洲12位女王的荣耀与宿命 / (法) 让·德卡尔著 ；涂悦玥，沈亚男译. -- 重庆 ：西南师范大学出版社，2017.3
书名原文：La Saga des Reines
ISBN 978-7-5621-8662-5

Ⅰ. ①女… Ⅱ. ①让… ②涂… ③沈… Ⅲ. ①女性－历史人物－生平事迹－欧洲 Ⅳ. ①K835.07

中国版本图书馆CIP数据核字(2017)第048250号

女王传奇——欧洲12位女王的荣耀与宿命

NÜWANG CHUANQI——OUZHOU SHI'ERWEI NÜWANG DE RONGYAO YU SUMING

[法] 让·德卡尔（Jean des Cars）著　涂悦玥　沈亚男　译

出 品 人：米加德
总 策 划：卢　旭　彦吴桐
责任编辑：何雨婷　赵　静
特约编辑：刘　应
装帧设计：谷亚楠　朱海英
出版发行：西南师范大学出版社
重庆市北碚区天生路2号　邮编：400715
http：//www.xscbs.com
市场营销部电话：023-68868624
印　　刷：重庆紫石东南印务有限公司
字　　数：219千字
开　　本：890mm×1240mm　1/32
印　　张：10.125
版　　次：2017年7月第1版
印　　次：2017年7月第1次
著作权合同登记号：2017年第062号
书　　号：ISBN 978-7-5621-8662-5

定　　价：48.00元

姓名：________ 性别：____ 年龄：____ 职业：______ 教育程度：______

邮寄地址：______________________________ 邮编：________

E-mail：________________ 电话：________________

您所购买的书籍名称：《女王传奇——欧洲12位女王的荣耀与宿命》

您对本书的评价：

书名：□满意 □一般 □不满意 | 故事情节：□满意 □一般 □不满意

翻译：□满意 □一般 □不满意 | 书籍设计：□满意 □一般 □不满意

纸张：□满意 □一般 □不满意 | 印刷质量：□满意 □一般 □不满意

价格：□便宜 □正好 □贵了 | 整体感觉：□满意 □一般 □不满意

您的阅读渠道（多选）：□书店 □网上书店 □图书馆借阅 □超市/便利店 □朋友借阅 □找电子版 □其他 ________

您是如何得知一本新书的呢（多选）：□别人介绍 □逛书店偶然看到 □网络信息 □杂志与报纸新闻 □广播节目 □电视节目 □其他 ________

购买新书时您会注意以下哪些地方？

□封面设计 □书名 □出版社 □封面、封底文字 □腰封文字 □前言后记 □名家推荐 □目录

您喜欢的书籍类型：

□文学-奇幻小说 □文学-侦探/推理小说 □文学-情感小说 □文学-散文随笔 □文学-历史小说 □文学-青春励志小说 □文学-传记

□经管 □艺术 □旅游 □历史 □军事 □教育/心理 □成功/励志 □生活 □科技 □其他________

请列出3本您最近想买的书：________、________、________

请您提出宝贵建议：______________________________

____

★感谢您购买本书，请将本表填好后，扫描或拍照后发电子邮件至wipub_sh@126.com和xscbsr@sina.com，您的意见对我们很珍贵。祝您阅读愉快！

图书翻译者征集

为进一步提高我们引进版图书的译文质量，也为翻译爱好者搭建一个展示自己的舞台，现面向全国诚征外文书籍的翻译者。如果您对此感兴趣，也具备翻译外文书籍的能力，就请赶快联系我们吧！

您是否有过图书翻译的经验：□有（译作举例：____________________）
□没有

您擅长的语种：□英语　□法语　□日语　□德语
□韩语　□西班牙语　□其他________________

您希望翻译的书籍类型：□文学　□生活　□心理　□其他________

请将上述问题填写好、扫描或拍照后，发电子邮件至wipub_sh@126.com和xscbsr@sina.com，同时请将您的译者应征简历添加至邮件附件，简历中请着重说明您的外语水平等。

期待您的参与！

西南师范大学出版社
上海万墨轩图书有限公司